딕시
목화밭에서 오바마까지,
미국 남부를 읽는다
_삼성언론재단 총서

초판1쇄 인쇄 2013년 2월 25일
초판1쇄 발행 2013년 3월 1일

지은이 안수훈
펴낸이 이영선
펴낸곳 서해문집
이 사 강영선
주 간 김선정
편집장 김문정
편 집 허 승 임경훈 김종훈 김경란 정지원
디자인 오성희 당승근 안희정
마케팅 김일신 이호석 이주리
관 리 박정래 손미경

출판등록 1989년 3월 16일 (제406-2005-000047호)
주 소 경기도 파주시 문발동 파주출판도시 498-7
전 화 (031)955-7470 | **팩스** (031)955-7469
홈페이지 www.booksea.co.kr | **이메일** shmj21@hanmail.net

ⓒ 안수훈, 2013
ISBN 978-89-7483-592-7 03300
이 도서의 국립중앙도서관 출판시도서목록(CIP)은 e-CIP홈페이지(http://www.nl.go.kr/ecip)와
국가자료공동목록시스템(http://www.nl.go.kr/kolisnet)에서 이용하실 수 있습니다.(CIP제어번호: CIP2013000718)

삼성언론재단 총서는 삼성언론재단 '언론인 저술지원 사업'의 하나로 출간되는 책 시리즈입니다.

딕시
DIXIE

목화밭에서
오바마까지,
미국 남부를
읽는다

안수훈 지음

서해문집

들어가는
글

한미 관계는 2012년 수교 130주년을 맞은 데 이어 2013년 동맹 60주년을 맞았다. 양국 관계는 쌓인 연륜만큼이나 질적·양적으로 비약적인 발전을 거듭해왔다. 하지만 국제정치 무대에서 차지하는 미국의 비중과 한반도에 미치는 영향력을 고려할 때 미국에 대한 우리의 이해가 이에 상응할 정도로 늘었는지는 의문이다. 양국 간 교류가 대폭 증가한 데 비해 미국에 대한 우리의 지식과 이해는 아직도 짧고 부족한 게 아닌가 싶다. 다행히도 사회 전반적으로 맹목적인 친미나 일방적인 반미를 넘어 미국을 올바로 알고, 이를 토대로 미국을 적극 활용해 우리 운명을 개척해나가자는 지미知美·용미用美론이 나오고 있다. 미국에 관한 서적의 출간도 늘고 있는 추세다. 다만 아쉬운 점은 워싱턴 DC와 뉴욕을 중심으로 한 정치, 경제, 외교, 안보에 관한 총론적 서적은 많지만 분야별 각론서는 아직도 충분치 않다는 점이다. 특히 미국 남부나 중서부에 관한 책은 관광 안내서는 쉽게 찾을 수 있지만, 이 지역의 사회상과 역사 및 삶에 관한 책은 드문 실정이다. 그런 차원에서 이 책은 미국의 주요 지역 중 남부만을 집중적인 탐구 대상으로 삼아 알리는 소개서라 할 수 있다.

나는 2008년 8월부터 2011년 8월까지 한국 언론으로서는 처음으로 미국 남부를 전담하는 연합뉴스의 애틀랜타 특파원으로 근무했다. 남부 중심 도시인 조지아 주 애틀랜타에 주재하면서 북으로는 노스캐롤라이나 주에서 남으로는 텍사스에 이르는 남부 지역을 집중 취재했다. 담당 구역이 넓은지라 한 달에 한 번꼴로 출장을 다니며 남부의 많은 지역을 관찰할 기회가 생겼다. 한국에서 청춘을 바쳐 봉사하다 은퇴한 선교사 할머니들이 모여 사는 노스캐롤라이나 산골 마을 블랙마운틴에서부터 현대자동차 공장이 들어선 앨라배마 몽고메리까지, 허리케인 구스타프가 엄습한 뉴올리언스에서부터 원유 유출로 오염이 된 멕시코 만 해상까지. 또 대지진으로 수도가 초토화된 카리브 해의 아이티에서부터 이라크전 포로가 수감돼 있는 쿠바 관타나모 해군기지 수용소도 방문했다.

특파원을 마치고 돌아와 귀중한 기회를 통해 얻은 미국 남부와 남부인에 대한 지식과 정보를 체계적으로 꿰어보자는 생각 속에 저술을 시작했다. 3년간 쓴 기사와 취재 수첩을 토대로 추가 취재와 연구를 통해 내용을 보완했다. 무엇보다 애틀랜타에 다녀왔다고 하면 거기는 아직도 '흑인이 많이 사는 도시'라고만 생각하는 분이 많은 것을 보면서 미흡하더라도 남부에 관한 소개서를 쓸 이유가 있다고 판단했다.

이 책은 우선 남북전쟁 패전 이후 근 100여 년간 경제적 낙후와 정체를 면치 못했던 남부 사회가 잠에서 깨어나 비약적인 발전을 하고 있는 최근의 모습을 상세하게 전달하려는 데 초점을 두었다. 이제 남부는 남북전쟁으로 폐허가 되고, 극심한 인종차별로 주민이 대거 일자리와 차별 없는 세상을 찾아 떠나는 곳이 더 이상 아니다. 1980년대 이후 도요타, 폴크스바겐, 현대, 기아 등 외국의 자동차 회사가 몰려와 공장을 차렸고, 정보통신과 바이오산업 등 첨단산업의 핵심 기지가 곳곳에 들어서며 서부 대개척 시대에 버금가는 남부 대부활의 시대가 도래하고 있다. 주 정부의 기업 유치 노력과 노조를 기피하는 보수적 풍토, 기업과 사회의 공생적인 노력 등 남부 부활의 배경도 집중 분석했다. 또 남부 사람들의 기본적인 특질과 문화 및 삶에 관해서도 짚어봤다. 동부나 서부와는 달리 매우 보수적인 남부인의 사고와 '바이블 벨트'라는 말이 상징하듯 기독교적 전통을 유지하고 있는 남부 사회의 특징 그리고 100년간 민주당의 아성이었다가 1960년대 이후 공화당의 텃밭으로 변한 정치적 환경도 분석했다.

  미 역사가 쉘비 푸트Shelby Foote는 미국을 이해하려면 150여 년 전에 발생한 동족상쟁의 비극인 남북전쟁을 알아야 한다고 강조했다. 미국 남부 사회를 알려면 남북전쟁과 함께 노예제로부터 시작된 흑인에 대한 폭력과 차별의 역사 그리고 흑인 민권운동을 이해해야 한다고 생각한다. 남북전쟁이 남부에 미친 영향을 알아보고, 남부 곳곳에 산재해 있는 흑인 민권운동의 성지를 살펴보면서 그 유산을 정리해봤다. 이와 함께 10년째 계속된 이라크전과 아프가니스탄 전쟁의 후방 기지로서 남부의 역할도 조명해봤다. 마지막으로 취재 현장에서 만난, 한국인 이상으로 한국을 사랑하는 남부인 그리고 이역 땅 미국에서 활발한 활동을 전개하고 있는 한인도 소개한다.

  이 책은 미국 남부에 관한 전문서가 아니라 특파원으로 3년간 체류하면서 보고 느낀 바를 토대로 미국의 남부 사회와 남부인의 특징에 관해 서술한 소개서에 불과하다. 부족한 점이 많지만 남부 사회를 알고 이해하는 데 조금이나마 도움이 될 수 있기를 기대하며 출간의 용기를 냈을 뿐이라는 점을 다시 한 번 밝힌다.

책이 나오기까지 많은 분의 도움을 받았다. 남부 사회의 다양한 분을 소개하며 미국 주류 사회를 이해하도록 도와주신 '좋은 이웃되기 운동본부'의 박선근 회장님, 남부의 기독교 특성에 관해 조언해준 후배 류계환 목사 그리고 여러모로 도움을 주신 애틀랜타 한인분들에게 감사드린다. 그래픽을 도와준 회사 장성구 팀장에게 고마움을 전한다. 평생 교육자로 사시며 인생의 바른 길을 알려주신 아버님과 자애로움으로 막내를 보살펴주신 어머님께 감사드린다. 또 3년간의 애틀랜타 체류 기간 동안 특파원 활동을 적극 도와주고, 언론과 출판의 전문 경험을 살려 원고를 꼼꼼히 살피며 지적해준 사랑하는 아내 고주미, 그리고 새로운 문화에 잘 적응하며 자라준 딸 정현에게 이 책을 바친다. 애틀랜타에서 입양돼온 조이의 천진한 눈망울은 책 준비 과정의 스트레스를 해소시켜줬다. 남부 사회에 관해 보도할 기회를 제공해준 연합뉴스와 마지막으로 졸저를 출간할 수 있도록 도와준 삼성언론재단 그리고 편집과 교열을 통해 멋진 책을 내준 서해문집 관계자에게 감사한다.

2013년 2월
안 수 훈

머리말 ——————————————— 4

제1장 남부 대탈출과 부활

01 떠나는 남부에서 돌아오는 남부로 ——————— 15
남부는 어디인가 | 100년간의 남부 대탈출 | 새해 완두콩 먹는 풍습의 유래 | 남부로의 대귀환
선 벨트의 부흥 | 외로운 별 텍사스의 나 홀로 호황

02 남부의 디트로이트 벨트 ——————— 29
남하하는 미 자동차 벨트 | GM과 포드의 공장 폐쇄
문 닫은 GM 공장 직원들의 집시 인생 | 세계 1위를 향한 폭스바겐의 야심, 테네시 공장
현대자동차의 미국 공략 전초기지, 앨라배마 공장
'하나님이 주신 선물' 기아자동차 조지아 공장
치열했던 기아자동차 조지아 공장 유치전

03 일할 권리 보장과 노조 기피 분위기 ——————— 49
노조 권리보다 일할 권리가 우선 | 델타항공에 노조가 없는 이유
시애틀 떠나 남부로 가는 보잉사 | 남부행 열차 타는 한국 기업
에모리대 최초 해외 유학생 윤치호

제2장 남부의 다양한 성장 동력

04 기업 친화적 환경과 공생 발전 ——————— 63
남부에 포진한 글로벌 기업
벽촌 오클라호마 주의 대변신 | 델타항공과 애틀랜타의 공생 발전
애틀랜타에 살아 숨 쉬는 우드러프의 기부 | 중남미로 향하는 관문, 마이애미
파나마 운하 확장에 대비하는 남부의 항만

05 남부의 미래 성장 동력 ——————— 75
남동부의 실리콘밸리 리서치 트라이앵글 파크 | 세계 최대 의료 복합 단지, 텍사스메디컬센터
명성 날리는 한인 의사 | 세계 최고 보건 기관 질병통제예방센터
신종플루와의 전쟁으로 본 CDC의 24시
우주로켓 연구 중심지 커밍즈 리서치 파크 | 남부 IT 산업의 핵심 텔레콤 코리도

06 경제 효과 뛰어난 스포츠 이벤트 ——————— 88
세계 최고의 마스터스 골프 대회 | 오거스타와 아이젠하워의 인연
켄터키를 먹여살리는 켄터키 더비 | 골프의 성인 바비 존스의 전설
바람과 함께 사라지다 개봉 73주년

차 례

제3장 미국 보수의 아성과 다양한 자연환경

07 보수의 아성, 남부 ——————— 103
남부의 독특한 문화적 배경 | 보수주의의 마지막 보루 | 바이블 벨트 | 금주(禁酒)의 전통
뇌졸중·비만 벨트 | 상대적으로 낮은 교육 여건
일요일에 문닫는 칙필레 | 빌리 그레이엄 목사

08 솔리드 사우스에서 레드 스테이트까지 ——————— 116
민주당의 100년 아성 | 공화당의 마지막 텃밭 | 남부 민주당의 오바마 기피
남부 출신 대통령과 기념관 | 기승부리는 반이민 정서
이민자의 애환과 집단 마을

09 남부의 이색 지역 ——————— 128
사랑·평등 실천하는 코이노니아 공동체 | 80여 개국 난민의 보금자리 클라크스톤
'원수의 땅'에 정착한 탈북자 | 뉴올리언스와 마디그라 | 걸라 회랑 지대와 케이준
최초의 골드러시 마을 덜러니가 | 미·멕시코 국경 지대의 미니트맨
켄터키프라이드치킨의 고향, 노스 코빈

10 남부의 위대한 자연과 거듭되는 재해 ——————— 143
애팔래치안 트레일과 스모키 마운틴 | 미시시피 강과 대홍수
남부인의 또 다른 성지, 스톤 마운틴 | 멕시코 만과 원유 유출 | 하절기의 재앙 허리케인
매년 급증하는 토네이도 피해 | 남부 세 개 주의 물 분쟁

제4장 민권운동의 전통과 유산

11 흑인 대통령 탄생과 투표권리법 논란 ——————— 161
흑인 대통령 탄생의 감격 | 변화된 흑인들의 삶 | 투표권리법 존속 논란
인구 분포 변화와 소수계 우대 정책 논란 | 변신 시도하는 유색인지위향상협회
남침례교단의 변화 | 인종차별의 대명사 미시시피대학의 변모

12 계속되는 과거 단죄 ——————— 175
피의 일요일 촉발 경관 구속 | KKK단원에 대한 잇단 단죄
흑인 지도자, 경범죄 사면 거절 | 아직도 남은 미제사건 | KKK단의 유산

13 흑인 민권운동의 성지 ——————— 182
승차 거부 운동 시발지, 몽고메리 | '투표권을 달라', 셀마 | 인권 운동의 요람, 버밍햄
킹 목사의 고향, 애틀랜타 | 식당 내 차별 철폐 운동, 그린즈버러
흑인 조종사의 고향, 터스키기 | 콘돌리사 라이스 전 국무 장관의 고향 사랑
미 흑인 약사, 노예제에서 백악관까지

제5장 끝나지 않은 남북전쟁의 상흔과 과거 반성

14 남북전쟁 150주년과 여론분열 ———————— 199
4년간의 동족상쟁 | 전쟁이 남긴 영향과 감정의 골
남북전쟁 150주년과 분열된 여론 | 계속되는 남부연합 복고시도
링컨 탄생 200주년 켄터키 생가를 가다 | 남부연합의 불운한 지도자, 제퍼슨 데이비스
잠수함 헌리호의 최후 | 앤더슨빌 전쟁포로수용소

15 과거사 바로 세우기, 노예제에서 단종법까지 ———————— 223
연방·주 의회의 노예제 사과 결의 | 에모리대학의 노예제 사과
노스캐롤라이나, 탄핵한 전 주지사 복권 | 20세기 또 하나의 수치, 단종법
단종법 첫 피해자의 아픈 사연

16 인디언의 슬픈 역사 ———————— 231
체로키족의 '눈물의 여정' | 세미놀족의 끈질긴 투쟁과 나바호족의 '머나먼 여정'
오클라호마 보호구역과 연방 차원의 사과

제6장 미 국방 전략의 핵심 거점

17 군사기지가 산재한 남부 ———————— 241
남부의 핵심 군사기지 | 최대 병참기지 미 육군전력사령부
미 육군보병학교와 한국전 기념관 | 포트 베닝과 폐교요구 시위
전직 주한 미군 장성

18 이라크·아프간전의 사령탑 ———————— 251
양대 전쟁 최고 사령탑, 미 중부사령부 | 중부사의 한국군 협조단
대테러전의 첨병 기지, 포트 브랙

19 지옥과 천국이 교차하는 관타나모 수용소 ———————— 259
쿠바 땅에 위치한 관타나모 해군기지 | 테러범 수용소와 《해리포터》
미국과 쿠바 간 '남북 대화'

제7장 한국을 사랑한 남부인, 남부의 자랑스런 한국인

20 한국을 사랑한 미국인 ─────────── 271
한국 파견 미 선교사 마을, 블랙마운틴 | 전쟁고아 돌본 미 선교사
미 최대 지한파 '한국전참전용사회' | 푸에르토리코 한국전 참전 용사
제임스 레이니 전 주한 미국 대사 | 한국 문화 알리는 미 쌍둥이 자매

21 남부의 자랑스런 한국인 ─────────── 283
여성·인권운동 앞장선 한인 여의사 | 고교 중퇴 청소년의 멘토, 서니 박
테네시의 슈바이처, 톰 김 박사 | 독도와 동해가 새겨진 오거스타 한국전 참전비
플로리다 아팝카의 한인 화훼 마을 | 이민자에게 '밥퍼' 봉사하는 애틀랜타 한인
남부의 북한 연구 주도한 박한식 교수

주석 ─────────── 299
참고 문헌 및 사이트 ─────────── 303

남부 대탈출과 부활

01 떠나는 남부에서 돌아오는 남부로
남부는 어디인가 | 100년간의 남부 대탈출 | 새해
완두콩 먹는 풍습의 유래 | 남부로의
대귀환
선 벨트의 부흥 | 외로운 별
텍사스의 나 홀로 호황
02 남부의 디트로이트 벨트
남하하는 미 자동차 벨트
GM과 포드의 공장 폐쇄
문 닫은 GM 공장 직원들의 집시 인생 | 세계

1위를 향한 폴크스바겐의 야심, 테네시 공장
현대자동차의 미국 공략 전초기지, 앨라배마 공장 |
'하나님이 주신 선물' 기아자동차 조지아 공장
치열했던 기아자동차 조지아 공장 유치전
03 일할 권리 보장과 노조 기피 분위기
노조 권리보다 일할 권리가 우선 |
델타항공에 노조가 없는 이유
시애틀 떠나 남부로 가는 보잉사 |
남부행 열차 타는 한국 기업
에모리대 최초 해외 유학생 윤치호

제1장

떠나는 남부에서
돌아오는 남부로

남부는 어디인가

미국 남부 Southern United States는 구체적으로 어딜 지칭하나? 이 문제는 미국에서도 명확한 개념 정립이 안 돼 오랜 동안 논란이 돼왔다. 역사적으로 미국의 남과 북을 구분하는 상징적인 개념으로 메이슨 딕슨 선 Mason and Dixon Line이 있다. 이는 영국 식민지 시대인 1763~66년 메릴랜드·펜실베이니아·델라웨어·버지니아 주 등 북동부 네 개 주 간 경계 분쟁을 해결하기 위해 영국 천문학자이자 측량사인 찰스 메이슨 Charles Mason과 제러마이어 딕슨 Jeremiah Dixon이 그은 경계선이다.[1] 북위 39도 43분을 따라 373킬로미터에 걸쳐 그은 이 선은 세월이 흘러 미국 북동부와 남부를 나누는 선으로 여겨졌고, 남북전쟁 Civil War을 전후해서는 노예제도를 인정하

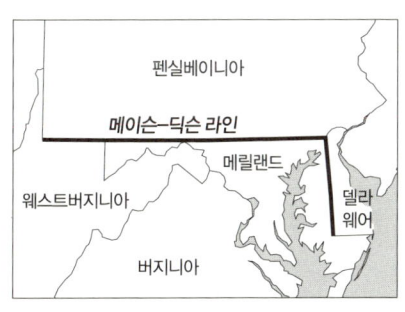
▎메이슨 딕슨 라인

던 노예 주Slave State와 노예제를 인정하지 않던 자유 주Free State를 나누는 기준이 됐다.

일반적으로 아메리칸 사우스American South, 딕시Dixie 혹은 더 사우스the South로 불려온 남부는 지정학적으로는 미국 대륙의 남동부와 남중부를 포괄한다. 10년마다 전국적인 인구조사를 하는 미연방 인구센서스국U.S. Census Bureau은 남부를 남대서양권플로리다·조지아·메릴랜드·노스캐롤라이나·사우스캐롤라이나·버지니아·웨스트 버지니아·델라웨어 동남 중부권앨라배마·켄터키·미시시피·테네시 서남 중부권아칸소·루이지애나·오클라호마·텍사스 등 세 개 권역, 열여섯 개 주를 포괄하는 지역으로 본다. 일각에서는 1970년대 이후 눈부신 경제적 부흥이 계속된 남동부와 남서부를 포괄하는 '선 벨트Sun Belt' 개념을 원용하기도 한다. 즉, 노스캐롤라이나 주부터 텍사스를 거쳐 캘리포니아의 프레즈노Fresno 남부까지 북위 37도선 이남의 열다섯 개 주를 지칭하지만 통상 남부에 캘리포니아 등 서부 지역은 포함시키지 않는다.

하지만 일반적으로 남부를 가리킬 때는 1861년 남북전쟁 당시 미 연방에서 탈퇴해 남부연합Confederate States of America, CSA을 결성한 사우스캐롤라이나·미시시피·플로리다·앨라배마·조지아·루이지애나·텍사스·버지니아·아칸소·노스캐롤라이나·테네시 등 열한 개 주를 말한다. 미 합중국USA에 맞서는 CSA를 결성한 주들을 통칭 '딕시Dixie'로 부르기도 한다. 여기에 당시 주는 아니었지만 남부연합과 공조를 취한 오클라호마를 포함시키기도 한다. 또 남북전쟁 때 노예제를 유지하면서도 연방에 잔류한 켄터키, 미주리, 메릴랜드, 델라웨어 등 경계 주Border States 가운데 켄터키 주는 연방에 잔류했지만 많은 병사가 남부연합에 가담했고, 지리적으로

딕시Dixie
목화밭에서 오바마까지,
미국 남부를 읽는다

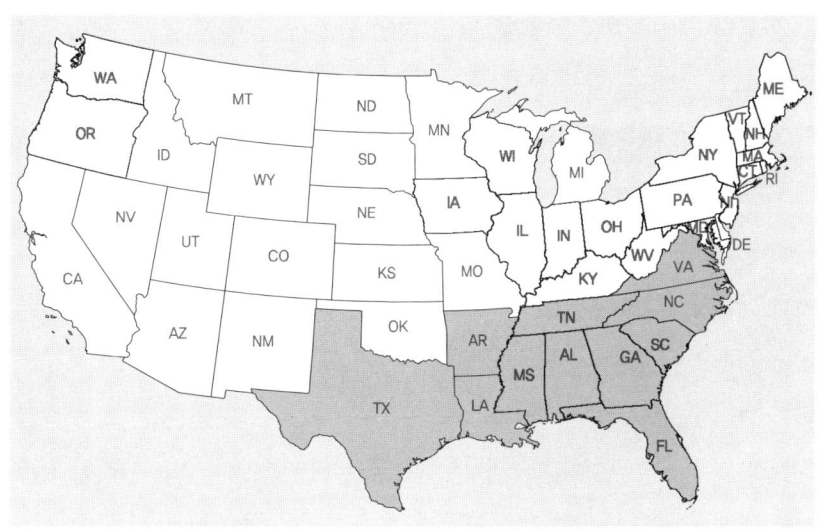

┃ 남북전쟁 당시 남부연합 구성한 열한 개 주

도 남부 생활권에 속해 남부로 분류한다.

남부는 특정 성향이나 세부 권역에 따라 각기 별칭도 많다. 한 예로 버지니아·델라웨어·메릴랜드·조지아·노스캐롤라이나·사우스캐롤라이나 주 등 1776년 미국 건국 당시 노예제가 유지되고 있었던 주 또는 여기에 켄터키·테네시·앨라배마·플로리다·미시시피·미주리·아칸소·루이지애나·텍사스 주 등 1860년 당시 노예제를 인정했던 주를 포괄해 '올드 사우스Old South'라 한다. 정치적으로는 남북전쟁에서 패배한 뒤 공화당 정권에 대한 반감으로 100여 년간 민주당을 강력하게 지지한 남부의 정치적 성향을 '솔리드 사우스Solid South'로 표현한다. 또 버지니아에서 플로리다에 이르는 남대서양에 위치한 주들을 가리켜 '뉴 사우스New South' 그리고 플로리다에서 텍사스까지 멕시코 만Gulf of Mexico에 인접한 주들을 '걸프 사우스Gulf South'라 부른다. 또 루이지애나, 앨라배마, 미시시피, 조지아, 사우스캐롤라이나 등은 목화 벨트Cotton Belt에 속하는 주들로, '디프 사우스Deep South'로 부른다.

남부연합에 소속됐던 열한 개 주의 현재 경제 규모는 2010년 기준으로 미국 국내총생산GDP의 28.63퍼센트를 차지한다. 남부는 2010년 센서스 기준으로 미국 인구의 37퍼센트에 해당하는 1억 1000만 명의 인구가 거주하는 최대 인구 밀집 지역이다.

보통 남부 또는 남부인을 언급할 때 딕시라는 단어가 주로 사용된다. 딕시는 원래 남북전쟁 당시 남부연합에 가담한 열한 개 주를 가리킨다. 또 남북전쟁 당시 청색 군복을 입은 북부군과 달리 회색 군복을 입었던 남부연합 병사들은 당시 'Dixie'라는 노래를 거의 국가처럼 불렀다. 1859년 대니얼 에멧Daniel Emmett이 지은 〈I Wish I Was in Dixie's Land〉라는 행진곡으로 지금도 애창되고 있다. 딕시라는 단어의 유래에 관해서는 남북전쟁 직전 루이지애나 주 은행들이 발행한 10달러 지폐에 10을 의미하는 프랑스어 디스Dix가 적혀 있었던 데서 시작됐다는 설이 있다. 또한 뉴욕 맨해튼에 거주하던 미스터 딕시Dixy가 노예를 인간적으로 대우해 다른 농장의 노예가 그의 농장을 부러워하며 'Dixy's Land'라고 불러서 유래했다는 설 등 다양하다.

딕시Dixie
목화밭에서 오바마까지,
미국 남부를 읽는다

100년간의 남부 대탈출

농업에 기반한 남부 사회는 17세기 담배 재배에 이어 18세기부터 목화 재배가 증가하면서 경제가 발전해왔다. 하지만 1861년부터 4년간에 걸친 남북전쟁으로 대부분의 지역이 폐허가 됐고, 노예제도의 폐지로 경제도 완전히 붕괴됐다. 남북전쟁 이후 12년에 걸친 재건 시대Reconstruction Period, 1865~77를 비롯해 오랫동안 남부 주민은 초근목피로 연명해야 할 정도로 삶이 어려웠다. 남부의 경제적 낙후와 가난은 20세기 초반까지 계속됐다. 남북전쟁 직후 남부 사회의 가난이 얼마나 심각했는가는 아래 사례를 봐도 알 수 있다. 미국의 가계와 족보를 연구하는 사이트인 앤세스트리닷컴Ancestry.com에 따르면 남부연합군 참전용사의 직계 아들 가운데 현재 30여 명이 생존해 있다. 당시 남북전쟁 후 가난에 지친 일부 젊은 여성이 참전으로 군인연금을 받아 형편이 조금 나은 6, 70대 재향군인의 재취로 들어간 경우가 많았다. 30여 명의 참전용사 자식은 이런 커플 사이에서 태어난 경우가 많다.

생활고를 견디지 못한 많은 남부인은 정든 고향을 등지고 떠났다. 특히 남북전쟁 중 노예해방으로 자유는 얻었지만 별반 달라지지 않은 인종차별과 가난 속에 살던 흑인은 노예제가 다시 부활할 것이란 소문까지 나돌자 대거 남부를 탈출했다. 1878년부터 1880년 사이에 수십만 명의 남부 흑인이 노예제를 인정하지 않는 자유 주인 캔자스 주로 이주했다. 이들을 '엑소더스터스Exodusters'라 부른다. 1896년에는 목화 바구미boll weevil라는 병충해가 크게 번져 핵심 산업인 목화 산업이 큰 타격을 받았다. 또 1929년부터 시작된 대공황 그리고 오랜 가뭄으로 흙먼지 폭풍이 계속되면서 농작물에 심각한 피해를 준 모래 폭풍 '더스트 볼dust bowl'이 1930년대 계속되면서 상황은 더욱 악화됐다.

1790년부터 1910년 사이에 흑인 인구의 90퍼센트는 남부에 거주할 정도로 남부는 흑인의 고향이었다. 하지만 흑인에 대한 폭력과 차별이 계속되면서 흑인의 남부 탈출은 20세기에도 이어졌다. 캘리포니아 대학교 리버사이드 소수인종학과의 장태한 교수가 쓴 《미국의 흑인, 그들은 누구인가》에 따르면 1884년부터 16년 동안 무려 2500여 명의 흑인이 미 전역에서 린치를 당했다. 또 20세기 초부터 1차 세계대전 직전까지도 1000여 명의 흑인이 린치를 당했는데 이 중 대부분은 남부에서 행해졌다. 이에 따라 남부 흑인은 1910년부터 1940년까지 그리고 1940년대부터 1970년 사이에 일자리와 인종차별 없는 세상을 찾아 디트로이트, 시카고 등 중서부와 뉴욕 등 북동부 그리고 캘리포니아 등 서부로 대거 이동했다. 이를 '대이동Great Migration'이라 부른다.[2] 대이동 대열에는 남부의 많은 백인도 가세해 1880년부터 1910년 사이에 남부를 떠난 백인이 100만 명을 넘었다. 1차 세계대전 이후 북동부 지역에서 노동력 부족 현상이 발생했고, 2차 세계대전 때는 백인 청년이 대거 입대했다. 북부와 서부의 군수산업이 발전하면서 흑인이 군수공장에 취업하기 위해 대거 이주하는 '국방이민defense immigration'이 발생했다.[3] 하지만 낯선 도시에 도착한 흑인에게 일자리 문호가 그리 넓지는 않았고, 백인 중심의 노동조합은 흑인의 회원 가입을 거부하는 등 흑인 앞에 놓인 환경은 녹록하지 않았다.

새해 완두콩 먹는 풍습의 유래

미 남동부에는 새해 첫날에 검은 눈이 있는 완두콩black-eyed pea을 먹으며 만복을 비는 전통이 있다. 조지아 주 등 남부 주민은 격식을 갖춘 대규모 연회부터 친척, 친구끼리 모이는 간단한 모임에 구분없이 섣달 그믐날 밤이나 새해 첫날, 검은 눈이 있는 삶은 완두콩을 먹으며 행운을 빈다. 확실하게 행운이 찾아오기를 빌려면 새해 첫날 최소로 365개의 완두콩을 먹어야 한다는 속설도 있다. 또 완두콩 음식 속에 1페니 동전을 집어넣고, 이를 배식받으면 큰 행운이 찾아온다는 속설도 있다.[4] 이 콩과 함께 베이컨, 돼지고기, 야채를 넣어 만든 하핑 존Hoppin'John 요리도 많이 먹는다.

유명한 힙합 그룹의 이름이기도 한 '블랙 아이드 피스'는 아프리카에서 건너온 것으로, 애초에는 가축 사료용으로 재배됐고, 흑인 노예가 먹던 구황작물이었다. 새해 첫날 이 콩과 관련된 요리를 먹는 전통은 남북전쟁 때까지로 거슬러 올라간다. 남북전쟁 당시 북부군의 윌리엄 서먼Willam Tecumseh Sherman 장군이 애틀랜타를 불지르는 등 초토화 작전을 전개했지만 완두콩 밭은 그냥 놔둔 채 진격했다. 모든 게 불에 타 먹을 게 거의 없던 남부군에게 비록 보잘것없지만 영양분은 많았던 완두콩은 중요한 주식 중 하나가 됐다. 남북전쟁 당시 굶주림에 시달리던 남부인이 생존을 위해 먹던 구황작물이 새로운 식생활 문화를 창조해낸 셈이다.

남부로의 대귀환

낙후와 침체의 상징이던 남부의 경제가 1970년대 이후 기지개를 켜면서

100여 년간 지속됐던 남부 대탈출 현상은 반전의 계기를 맞는다. 100여 년 전 가난과 차별에서 벗어나기 위해 남부를 떠났던 흑인의 후손이 살기 좋아진 선조의 고향으로 돌아오는 회귀 현상이 나타나고 있다. 백인도 온화한 기후와 번잡하지 않은 생활 여건 등 삶의 질이 높은 남부로 이동하는 경우가 늘고 있다. 2000년부터 2009년까지 10년 새 동부와 서부 도시의 인구 증가는 둔화 추세인 반면, 남부는 신규 인구의 유입이 두드러졌다. 특히 북동부와 중서부에 살던 흑인이 남부로 이주하는 현상이 뚜렷하게 나타났다. 미 인구센서스국 통계에 따르면 2008년을 전후로 인구가 최대로 증가한 열 개 도시 중 일곱 개는 선 벨트 지역에 속한 도시인데 특히 텍사스의 인구 증가가 두드러졌다. 2010년 인구 센서스 결과, 미 전체 흑인의 57퍼센트는 남부에 거주할 정도로 흑인 인구가 다시 증가했다. 한 예로 2000~10년 사이에 플로리다·조지아·텍사스 주의 경우 흑인 인구가 각각 50여만 명씩 증가했다. 애틀랜타·댈러스·휴스턴·마이애미·샬럿 등 남부 주요 대도시 지역은 흑인 인구가 1990년대부터 꾸준히 증가했고, 2000년 이후 75퍼센트 증가했다. 메트로 애틀랜타는 흑인 인구가 10년 새 50만 명이 늘어 메트로 뉴욕 다음으로 흑인 인구가 많은 대도시가 됐다. 또 조지아 주는 흑인 인구가 293만 명으로 전국에서 흑인 인구가 가장 많은 주로 조사됐다. 이들은 특히 과거 저소득층 흑인이 많이 살던 다운타운 슬럼가가 아니라 쾌적한 환경의 교외로 대거 이주했다. 흑인의 남부행은 선 벨트의 경제적 부흥으로 일자리를 얻을 기회가 많아졌고, 젊은 전문직 종사자와 은퇴자가 쾌적한 환경과 온화한 기후를 선호한 점 그리고 친척이 많이 살아 정서적·문화적 유대감이 강한 점도 작용했다. 인구센서스국에 따르면 남

딕시Dixie
목화밭에서 오바마까지,
미국 남부를 읽는다

부를 포함해 댈러스·캔자스시티·시카고·디트로이트를 잇는 선의 동쪽에 미국 인구의 80퍼센트가 거주하고 있다. 인구센서스국은 2030년까지 미국의 인구 증가 중 88퍼센트는 선 벨트 지역에서 이뤄질 것으로 예상할 정도로 남부로의 회귀 현상은 당분간 계속될 전망이다.

물론 2008년말부터 계속된 경기 침체로 선 벨트 지역 중 일부는 부동산 시장의 붕괴에 따라 엄청난 타격을 받아 고전하는 경우도 적지 않다. 온화한 기후로 유명한 플로리다 주가 부동산 버블 붕괴로 엄청난 고전을 했고, 서부 네바다 주 라스베이거스Las Vegas도 부동산 버블 붕괴로 지역 경제가 상당한 타격을 받아 2009년에는 인구가 1000여 명 감소했다. 네바다 주의 실업률은 2012년 6월 11.6퍼센트로 전국 최고를 기록할 정도로 경제적 고통이 심했다.

선 벨트의 부흥

흑인의 남부 대귀환 현상이 발생한 것은 일차적으로 선 벨트의 경제적 호황으로 일자리가 크게 증가한 게 결정적 요인이 됐다. 선 벨트는 1970년대부터 풍부한 노동력과 주 정부의 기업 유치 노력 및 온화한 기후 조건 등으로 각종 산업이 급속하게 발전한 동부 노스캐롤라이나부터 시작해 텍사스를 거쳐 캘리포니아 남부에 이르는 남부 열다섯 개 주를 가리킨다.[5] 선 벨트는 춥고 눈이 많은 북부의 '스노우 벨트Snow Belt'에 대칭되는 개념이다.

선 벨트의 호황은 물론 하루아침에 이뤄진 것은 아니다. 프랭클린 루스

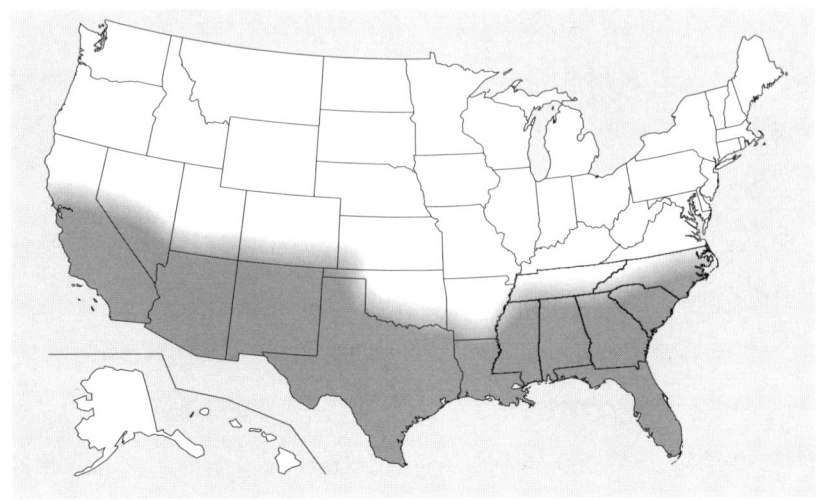

▌선 벨트 지역

벨트Franklin Roosevelt 대통령은 1930년대 대공황기 때 남부를 최우선 지원 대상으로 정해 대규모 투자를 했다. 대표적인 예가 남부 테네시 강 지역 개발 프로젝트인 테네시강유역개발공사TVA 사업으로 30여 개 댐을 건설해 전기 등 인프라 구축을 지원했다. 이 프로젝트는 테네시, 켄터키, 앨라배마, 조지아 등 낙후된 남동부 지역 일곱 개 주의 인프라 확충에 핵심적 기여를 했다. 또 1935년에 제정된 농업조정법은 남부 공산품 시장 환경을 개선시켜 지역 경제 발전에 크게 공헌했다. 2차 세계대전 때는 연방 정부의 적극적인 지원 속에 많은 군사기지와 조선소, 항공기 공장 등 군수공장이 대거 남부에 들어섰다. 이런 과정을 거쳐 남부는 침체 일로의 농업 중심 사회에서 벗어나 1970년대 이후 본격적인 경제 발전을 거듭한다. 항공·군

수·석유산업이 남부의 저렴한 노동력과 무노조 분위기 속에 발전했고, 대표적인 제조업인 자동차 산업도 일본, 한국, 독일 등 외국 업체가 1990년대부터 조립 공장을 대거 남부에 설립해 '남부의 디트로이트 벨트'가 형성되었다.

물론 선 벨트의 호황이 오랫동안 가난과 정체 속에 있던 남부에 획기적인 변화를 가져왔지만 그 혜택이 골고루 스며들지는 못한 것으로 나타났다. 인구센서스국이 2012년 9월 발표한 통계에 따르면 2011년 미국의 중간 가구 소득은 5만 502달러였다. 가장 높은 주는 메릴랜드로 7만 4달러인 데 비해 가장 낮은 주는 미시시피 주로 3만 6919달러였다. 미시시피 주 다음으로 웨스트버지니아, 아칸소, 켄터키, 앨라배마, 테네시, 루이지애나, 뉴멕시코, 사우스캐롤라이나, 오클라호마 등 남부와 남서부 주가 대거 뒤를 이었다. 한마디로 선 벨트의 부활로 남부 경제가 많이 발전한 게 사실이지만 여전히 동부나 서부에 비해 뒤쳐져 있는 셈이다.

외로운 별 텍사스의 나 홀로 호황

미국은 2008년부터 금융 위기와 주택 시장의 붕괴가 이어지면서 수년간 혹독한 경기 침체를 경험했다. 특히 2009년에는 70여 년 만에 찾아온 최악의 경기 침체가 미국을 강타해 실업률이 1983년 이후 최고인 10.2퍼센트를 기록했다. 전미경제조사국NBER은 2007년 12월 시작된 미국의 경기 침체가 대공황 이후 최장 기간인 18개월 동안 계속되다가 2009년 6월 끝났다고 선언했다. 하지만 2009년 10월 10.8퍼센트로 정점을 찍은 실업률은 2011년 10월에서야 9.0퍼센트로 떨어졌다. 이후, 2012년 9월에서야 7.8퍼센트로 떨어져 '마魔의 8퍼센트' 실업률이 44개월 만에 깨졌을 정도로 경기 침체의 어두운 그림자는 지속됐다.

이런 가운데 '외로운 별Lone Star'이란 별칭의 텍사스 주가 나 홀로 번영을 구가해 다른 주의 부러움을 샀다. 댈러스 연방준비은행에 따르면 2009년 6월부터 2011년 6월까지 2년 새 텍사스 주는 모두 26만 2000개의 일자리를 새로 창출했다. 이는 미 전역에서 새로 창출된 일자리 52만 4000개의 절반에 해당한다. 2012년 6월 기준으로 미국 전체 실업률은 8.2퍼센트였지만 텍사스 주는 이보다 낮은 7.0퍼센트였다. 또 2010년부터 2011년 사이에 주내 총생산GSP이 3.31퍼센트 증가해 50개 주 가운데 네 번째로 빠른 증가율을 자랑했다.

텍사스 주 면적은 남북한을 합한 면적보다 세 배 이상으로, 미국에서 알래스카 주 다음으로 넓고, 인구는 2400만 명으로 캘리포니아 주 다음으로 많다. 경제 규모는 스칸디나비아 3국의 경제 규모를 모두 합친 것보다 큰 규모로 전 세계 15위를 차지한다. 경제 전문지 포천Fortune 선정 500대 기업 중 100여 개 기업의 본사가 텍사스에 있다.

텍사스가 나 홀로 호황을 구가한 배경에는 고유가로 인해 핵심 산업인 석유산업이 활기를 띠었고, 여기에 지역별로 다양한 업종의 산업이 골고루 발전한 점이 작용했다. 한 예로 세계의 에너지 수도로 불리는 휴스턴과 멕시코 만을 포함해 미 원유 생산의 17퍼센트, 천연가스 생산의 30퍼센트가 텍사스에서 이뤄진다. 이 산업이 지난 몇 년간 고유가로 활황을 거듭했다.

최근에는 차세대 자원인 셰일가스 개발 붐이 샌안토니오San Antonio를 중심으로 일고 있다. 텍사스는 앞서 오일 산업이 침체하기 시작하던 1980년대부터 첨단 기술 산업을 적극 육성했다. 즉 휴스턴을 중심으로 한 세계 최대의 석유화학 단지 외에 댈러스 북쪽 리처드슨의 '텔레콤 코리도Telecom Corridor'를 중심으로 한 정보 통신 산업 단지, 오스틴을 중심으로 한 반도체 산업 그리고 포트워스를 중심으로 한 항공 군수산업 등 주요 산업이 고르게 성장한 게 텍사스 주 성공의 비결이다. 여기에 주 차원의 소득세나 법인세를 부과하지 않고, 주요 세수를 판매세와 부동산세에 의존해 기업하기 좋은 환경을 구축하고, 노조의 영향력이 약한 점도 장점으로 꼽힌다. 프로 골퍼 최경주·양용은 선수가 나란히 텍사스 주 댈러스에 거주하는데는 텍사스 주가 미 대륙 중간에 위치해 있고, 아메리칸 항공의 거점이어서 이동하기 편리한 점도 있다. 하지만 텍사스 주가 플로리다 주와 함께 소득세가 없어 매년 벌어들이는 상금에서 내는 세금이 적어 절세 효과를 볼 수 있는 점도 크게 작용한다. 텍사스 주는 2010년 7월 미국의 경제 전문 방송인 CNBC가 매년 발표하는 기업하기 좋은 주 순위에서 1위를 차지했다. 2011년 경기 침체가 극심해 실업률이 치솟던 시절에도 미국에서는 '일자리를 얻으려면 텍사스로 가라'는 말이 유행어가 됐다.

반면 텍사스의 라이벌인 캘리포니아 주는 경기 침체로 2009년부터 3년간 대략 120만 명이 일자리를 잃었고, 2011년 3월 실업률이 전국에서 두 번째로 높은 12퍼센트를 기록하며 고전했다. 이에 따라 2011년 4월에는 개빈 뉴섬Gavin Newsom 부지사와 공화당 의원 열 명으로 구성된 캘리포니아 주 대표단이 텍사스를 방문해 불경기 속에서도 건실한 경제를 유지하

는 비결을 배우고 가기도 했다.⁶

텍사스는 물론 과거부터 낙후와 침체로 대변되는 남부에서 거의 유일하게 발 빠른 변화를 추구하는 전통을 자랑해왔다. 19세기 말부터 철도 네트워크를 대폭 확충해 주요 도시와 남부 멕시코 만 연안의 갤버스턴Galveston 항구까지 연결해 철도·수로·항구 등 종합적인 수송 시스템을 구축했다. 특히 1901년 1월 보몬트Beaumont와 스핀들톱Spindletop에서 처음으로 대규모 유전이 발견되면서 '오일 붐'을 주도했다. 이러한 전통을 경기 침체기에도 다시 살린 셈이다.

남부의
디트로이트 벨트

남하하는 미 자동차 벨트

미국 자동차 업체인 제너럴 모터스GM, 포드, 크라이슬러 등 소위 '빅3'의 생산 공장이 몰려 있던 미시간 주 디트로이트 일대는 대표적인 공업지대로 2차 세계대전 이후 수십 년간 번영을 구가했다. 하지만 1970년대 석유 파동 이후 미 제조업이 경쟁력을 잃으면서 쇠퇴함에 따라 '러스트 벨트Rust Belt'로 전락했다. 물론 러스트 벨트는 2011년 중반부터 제조업 경기가 살아나면서 다시 부활할 조짐도 있지만 과거 전성기 수준에는 못 미치는 형편이다.

   반면, 조지아·앨라배마·미시시피 등 남동부의 초원 지대에는 외국 자동차 업체 공장이 대거 들어서 '남부의 디트로이트 벨트'가 새로 형성됐다. 외국 자동차 업체 중 미국에서 제일 먼저 공장을 가동한 회사는 폴크스바겐으로, 1978년 펜실베이니아 웨스트모얼랜드Westmoreland에서 크라이슬러 공장을 개조해 소형차 '래비트Rabbit'를 생산했으나 노사 갈등으로 10년 만에 철수했다.

┃ 남부에 포진한 외국 자동차 업체

    이런 가운데 일본 자동차 업체인 혼다가 1982년 오하이오 주 메리즈빌 Marysville에 현지 완성차 조립 공장을 세워 '트랜스 플랜트'의 첫 테이프를 끊으며 미국에 진출했다. 혼다의 메리즈빌 공장 설립 이후 30년이 지난 2012년 현재 열 개의 외국 자동차 회사가 미국에 진출해 조립 공장을 가동하고 있다.[7] 혼다는 이후 1989년 오하이오 주 이스트 리버티East Liberty, 2001년 앨라배마 주 링컨Lincoln 그리고 2008년 인디애나 주 그린즈버그 Greensburg 조립 공장을 잇따라 완공해 각각 오딧세이와 시빅을 생산해오고 있다.

    혼다의 진출 이후 일본의 닛산 자동차는 1983년 테네시 주 스머나Smyrna에 조립 공장을 세워 알티마 등을 생산하면서 남부 진출의 신호탄을 쏘아 올렸다. 닛산은 2003년에는 미시시피 주 캔턴Canton에도 조립 공장을 세웠다. 또 1997년 테네시 주 디처드Decherd에 엔진 공장을 설립했고, 테네시 주 프랭클린Franklin에는 닛산 북미 본부가 들어서 있다. 도요타 자동차도 1988년 켄터키 주 조지타운Georgetown에 조립 공장을 완공해 아발론과 캠리를 생산하는 것을 시작으로 미국 현지 진출을 본격화했다. 이후 앨라배마 헌츠빌Huntsville, 인디애나 주 프린스턴Princeton, 텍사스 주 샌안토니오San Antonio, 웨스트버지니아 주 버팔로Buffalo 및 미시시피 주 투펠로Tupelo 등 미국 내 여섯 개의 조립 공장을 가동 중이며, 이는 대부분 남동부에 포진해 있다. 이밖에 미쓰비시는 1988년 일리노이 주 노멀Normal, 스바루는 1989년 인디애나 주 라파예트Lafayette에 조립 공장을 설립하며 경쟁에 가세했다.

유럽 자동차 업체 중에는 BMW가 1994년 사우스캐롤라이나 주 스파튼버그Spartanburg에 5억 달러를 투자해 조립 공장을 세웠고, 메르세데스 벤츠는 1997년 앨라배마 주 밴스Vance에 공장을 세워 미국 시장 공략에 나섰다. 이어 2011년 4월에는 유럽 최대 자동차 그룹 폴크스바겐이 다시 미국에 진출해 테네시 주 채터누가Chattanooga에 북미 공장을 완공했다. 여기에 자동차와 연관된 제철 회사인 독일의 세계적인 철강 그룹 티센크루프ThyssenKrupp는 미국 10대 항구도시인 앨라배마 주 모빌Mobile에 제철소를 건설했다. 한국의 현대자동차는 2005년 앨라배마 몽고메리Montgomery에 조립 공장을 설립했고, 기아자동차도 2009년 조지아 주 웨스트포인트West Point에 현지 공장 문을 열었다. 1990년 이래 외국 자동차 제조업체가 미국 내에 열다섯 개의 조립 공장을 지었는데 이 중 3분의 2는 남부에 들어섰다. 30년 전 혼다가 오하이오에 처음 진출할 당시 미국 내에서 판매되는 자동차의 75퍼센트는 미 자동차 3사 '빅3'의 제품이었지만 그 비율은

2012년 47퍼센트로 감소했다. 반면 미국에서 판매되는 자동차의 48퍼센트는 이제 미국에 완성차 조립 공장을 가동 중인 외국 자동차 회사의 제품이 차지했다. 미국 남동부의 자동차 생산량은 북미 전체 생산량에서 차지하는 비율이 2000년 18퍼센트에서 2010년 23퍼센트로 급성장했다. 시카고 인근에서 출발해, 인디애나·켄터키·테네시를 거쳐 남부 앨라배마의 모빌까지 중동부를 남북으로 가로지르는 65번 주간고속도로는 주위에 자동차 업체가 몰려 있어 '자동차 회랑Auto Corridor'으로 불린다. 이 회랑을 따라 자동차 업체의 남하 현상은 갈수록 두드러지고 있다. 남동부와 중남부 지역은 미국의 새로운 자동차 산업 클러스터로 발전했다.

푸른 숲과 초원이던 남부에 새로운 자동차 벨트가 들어선 배경에는 우선 각 주 정부의 적극적인 투자 유치 노력이 결정적인 역할을 했다. 앨라배마 주는 현대자동차 공장 유치를 위해 210만 평에 달하는 공장 부지를 매입해 소유권을 내주는 등 모두 2억 2000만 달러 규모의 지원을 했다. 조지아 주 정부도 기아자동차 공장 유치를 위해 공장 부지 및 연수원 등 인프라 무상 제공, 고용 창출 지원금, 교육 훈련 및 세금 감면 등 총 4억 1000만 달러 규모의 인센티브를 제공했다. 여기에 디트로이트 등 북부 자동차 산업 핵심 지역에서 강력한 영향력을 발휘하는 전미자동차노조UAW가 보수적인 남부 지역에서는 제대로 힘을 쓰지 못하고 있는 점도 큰 요인 중 하나. 애틀랜타 주재 한국 총영사관 관계자는 "미 남부 지역은 기본적으로 보수적이며, 가정적인 전통을 갖고 있어 노조가 별다른 영향력을 행사하지 못한다"면서 "UAW가 최근 남부 일본 자동차 업체 직원을 상대로 공략을 시도했지만 아직까지 큰 영향을 미치지 못하고 있다"고 전했다.

조지아 주 정부 한국 사무소의 피터 언더우드Peter A. Underwood 소장의 분석은 더욱 구체적이다. 언더우드 소장은 우선 월등한 물류 시스템과 지리적 이점을 남동부의 가장 큰 장점으로 꼽았다. 그는 "공항·항만·철도·도로 등 물류 인프라가 잘 구축되어 있고, 조지아 주는 미국 시장의 80퍼센트 이상을 비행 시간 두 시간 이내, 트럭 운송 2일 이내에 도달할 수 있다"고 강조했다. 그는 이어 "인건비 및 운영비는 미국 북부 대비 3분의 2 수준이고 노조 가입률이 4퍼센트 미만으로 낮아 가격 경쟁력과 사업 안전성을 동시에 갖추고 있다"고 말했다.

GM과 포드의 조지아 공장 폐쇄

미국 자동차 업체 빅3의 퇴조와 외국 자동차 업체의 선전이라는 대조적인 현상은 조지아 주에서 극명하게 볼 수 있다. 조지아 주는 거의 100여 년 동안 미국의 자동차 생산 거점 중 하나였다. 빅3 중 포드와 GM이 조립 공장을 가동해왔고, 세계 최대의 학교 버스 제조 회사인 블루버드의 본사 그리고 전 세계 최대의 부속품 유통망을 갖춘 제뉴윈 파츠Genuine Parts의 본사가 모두 조지아 주에 있다. 포드 자동차는 1909년부터 조지아 주에서 자동차 생산을 시작했고, 특히 1947년 애틀랜타 인근 헤이프빌Hapeville에 조립 공장을 본격 가동했다. 헤이프빌 공장은 60여 년간 중형 승용차인 토로스와 머큐리세이블을 생산해왔다. 1986년 첫선을 보인 토로스는 지난 30년 동안 애틀랜타가 낳은 가장 위대한 산물The Greatest Product 중 하나로 선정

▎문 닫은 GM 도러빌 공장

될 정도로 인기를 끌기도 했다. 헤이프빌 공장은 그러나 경영난으로 2006년 10월 문을 닫았고, 130에이커의 부지는 부동산 개발 회사에 매각됐다가 2011년 5월 독일 스포츠카 제조업체인 포르셰가 입주했다. 포르셰는 애틀랜타 북동부 샌디 스프링스Sandy Springs에 있던 북미 본부를 포드 공장 터로 이전했다.

GM도 1947년 도러빌Doraville에 공장을 설립했다. 애틀랜타의 첫 한인 타운이 있던 곳에 위치한 이 공장은 시 외곽을 한 바퀴 도는 285번 순환 고속도로 선상에 있어 시를 상징하는 대표적인 공장 중 하나였다. 지난 60년간 미니 밴을 생산하며 GM의 핵심 생산 기지 역할을 하면서 전성기 때는 직원이 최대 3000명을 넘기도 했으나 2008년 경영난으로 역사의 한 페이지 속으로 사라졌다. 일본과 유럽 및 한국 등 외국 자동차 업체가 남동부에 핵심 생산 기지를 건설하며 새로운 자동차 벨트를 형성하고 있는 것과는 대조적으로 미국 자동차 '빅3' 중 두 개 사의 공장이 경영난으로 문을 닫아 희비 쌍곡선을 그린 셈이다. 자동차 업계 전문가들은 "GM과 포드의 조지아 공장은 모두 전미자동차노조에 가입해 노조의 영향력이 강했던 공장들"이라면서 "특히 최근 고유가가 계속되면서 주요 생산 차종이던 트럭과 미니 밴의 매출이 급감하면서 경영난을 견디지 못하고 문을 닫았다"고 지적했다. 조지아 주에는 두 공장이 폐쇄된 반면 기아자동차 웨스트포인트 공장이 2009년 말 문을 열어 고속 성장을 거듭함에 따라 주내 유일한 자동차 업체에 대한 조지아 주민의 자부심과 기대는 더욱 커지고 있다.

문 닫은 GM 공장 직원들의 집시 인생

디트로이트를 근거지로 한 미 자동차 업체 빅3가 2008년 말부터 부도 위기에 몰리고, 남부 지역 공장 문을 닫게 된 배경에는 무슨 일이 있었던 걸까? 미국에서 GM, 포드, 크라이슬러 등 자동차 3사는 생산직 근로자에게는 꿈의 직장이었다. 높은 임금으로 중산층 생활이 가능하고, 퇴직 후에도 두둑한 연금으로 노후 생활이 보장됐기 때문이다. 이들 회사는 건강보험료가 엄청 비싼 미국에서 퇴직 후에도 노사 협약에 따라 이를 회사가 부담하는 '신이 내린 직장' 중 하나였다. 하지만 퇴직 직원의 건보료까지 부담해야 하는 상황은 회사의 경쟁력을 약화시켜 빅3 중 GM과 크라이슬러는 2009년 파산 신청을 해야 하는 지경에까지 이르게 된다. 2009년 4월 19일 조지아 주 최대 일간지인 애틀랜타 저널 컨스티튜션AJC의 '문 닫은 GM 조지아 공장 직원들의 인생유전'이란 기사는 빅3의 문제점을 잘 보여준다.

··· 2008년 9월 문을 닫은 GM의 조지아 주 도러빌 공장. 이 공장 폐쇄 후 7개월이

지난 지금 도러빌 공장에 근무했던 GM 직원들은 퇴직을 하거나 텍사스, 미시간 등 전국의 다른 공장으로 옮겨갔다. 하지만 전근 간 상당수 직원조차 새 공장마저 문을 닫을 것이란 소문 속에 불안한 나날을 보내고 있다. … GM에서 10여 년째 일해온 크리스 크럼블리 씨는 도러빌 공장 폐쇄 방침 발표가 난 2006년 텍사스 주 알링턴 공장으로 옮겨 왔다. 현재 이 공장에는 도러빌 공장에서 옮겨 온 직원이 200여 명이 넘는다. 그는 "다른 공장에서 옛 동료를 만나니 이상한 느낌이 든다"면서 "집시 같은 느낌이 드는데 우리끼리는 'GM 집시'라고 자조한다"고 말했다. 그들은 현지인으로부터 '우리 고장의 일자리를 빼앗아간 사람'이란 눈총까지 감내해야 한다. 도러빌 공장 출신의 브라이언 킥부시는 99년 위스콘신 주 오크 크릭에서 일을 시작한 이래 2003년 도러빌 공장으로 옮겨 왔고, 2006년에 텍사스 공장으로 옮겨 10년째 GM에서 근무 중이다. 그는 "정말 GM 집시는 되기 싫었는데 어쩔 수 없었다"고 토로했다. GM에서 근무하다 퇴직한 한 직원은 "시간당 10불짜리 일이라도 하고 싶은 생각이 들 정도"라고 솔직하게 털어놨다. 그는 이어 "대학을 못 나온 근로자도 상당한 급여를 받을 수 있어 선망의 대상이었던 회사가 GM이었는데 이제는 망해가는 회사의 대명사가 됐다"고 허탈해 했다. …

이를 입증하듯 지난 2009년 2월 기아자동차 조지아 공장의 부품 업체인 '세원 아메리카'의 직원 모집에는 시급 14불 정도의 임금 수준에도 불구하고 300명 모집에 2000여 명이 몰렸다. 이 중에는 GM 도러빌 공장과 포드자동차 헤이프빌 공장 출신도 여럿 원서를 냈다.

2008년 12월 심각한 경기 침체로 미 자동차 업체 빅3가 부도 위기에 몰리자 이 업체들을 지원하는 구제 법안이 추진됐다. 당시 남부의 외국 자동차 업체 직원들과 남부 출신 상하원 의원들은 이 법안이 미시간 주州의 디트로이트를 중심으로 북부에 밀집한 자동차 '빅 3'에게 과도한 혜택을 주는 것이라고 반발했다. 논란 끝에 미국 정부는 지난 2007~09년의 금융 위기 때 잠정적으로 실행된 '부실자산구제프로그램TARP'에 따라 2009년 크라이슬러에 125억 달러, GM에 500억 달러의 구제금융을 했다. 당시 미 정부는 GM에 구제금융을 하면서 26퍼센트의 지분을 확보했고, 이에 따라 GM은 '거버먼트 모터스'라는 놀림을 받기도 했다.

하지만 오바마 행정부의 자동차 빅3에 대한 구제금융은 2012년 대선에서 결정적인 효과를 발휘했다. 2012 대선에서 자동차 벨트의 핵심 지역 중 하나인 오하이오 주는 최대 경합 주이자 최대 승부처였다. 오하이오 주민은 GM과 크라이슬러에 구제금융을 해 이들 회사를 살려낸 오바마 대통령과 시장주의를 강조하며 구제금융에 반대한 밋 롬니 공화당 후보 중 오바마의 손을 들어줬다. 또 위스콘신, 아이오와, 미시간 등 중서부 러스트 벨트에서도 실업률이 개선되고, 정부가 주도적으로 고용을 창출하겠다는 오바마의 공약이 효과를 발휘해 승리했다.

세계 1위를 향한 폴크스바겐의 야심, 테네시 공장

폴크스바겐은 2018년까지 일본 도요타 자동차를 제치고, 세계 1위 자동차 회사로 발돋움한다는 야심찬 목표를 세워놓고 있다. 이를 위해 2011년 테네시 주 채터누가Chattanooga에 10억 달러를 투자해 연간 25만 대 생산 능력을 갖춘 조립 공장을 완공해 가동 중이다. 이 공장은 세계 최고 자동차 시장인 미국을 공략하려는 폭스바겐의 글로벌 경영 전략과 자동차 업체를 유치해 일자리를 창출하려는 테네시 주 정부의 합작품이라 할 수 있다. 채터누가 공장은 폴크스바겐이 미국에 건설한 첫 번째 생산라인으로, 북미 시장 공략을 위한 전초기지다. 폴크스바겐은 중국에서는 이미 열 번째 공장을 설립해 최대의 외국 자동차 업체로 부상했다.

 반면 미국에서는 1950년대 '딱정벌레차'로 유명한 비틀Beetle 판매를 통해 잠시 기세를 올렸고, 1978년 펜실베이니아 웨스트모얼랜드Westmoreland에 조립 공장을 세웠다가 10년 만에 철수했다. 하지만 세계 최고 자동차 시장인 미국 공략을 위해서는 현지 공장이 필요하다는 판단에 따라 멕시코에 공장을 세우려던 계획을 취소하고 테네시에 전초기지를 세운 것이다. 한마디로 세계 1위로 도약하려는 폴크스바겐의 강력한 의지가 엿보이는 대목이다. 과거 강력 폭약인 TNT를 생산하던 미 육군 탄약 공장 터 1400에이커의 광활한 부지에 들어선 채터누가 공장은 연산 15만 대 생산 규모로 운영되지만 최대 50만 대 생산 규모로 확장할 수 있다.[8] 테네시 주 정부도 과거 일본 도요타 현지 공장을 유치하려다 미시시피 주에 밀리고, 기아자동차 공장을 유치하려다 조지아 주와의 경쟁에서 패한 전철을 밟지 않기 위해 총력전으로 나섰다. 결국 5억 7700만 달러 규모의 경제적 인센티브 제공을 약속해 유치에 성공했다. 채터누가 공장은 이미 미국인의 취향에 맞게 실내 공간을 넓힌 중형 세단 파사트를 만들어 시장에서 호평을 받고 있다. 이 공장은 현대자동차의 앨라배마 공장에서 자동차로 다섯 시간 거리에 있다. 특히 현대자동차 그룹의 정몽구 회장이 2012년 3월 제네바를 방문해 폴크스바겐 등 유럽 차와의 경쟁을 공식 선언한 터라 양사의 경쟁은 더욱 관심을 모으고 있다.

현대자동차의 미국 공략 전초기지, 앨라배마 공장

앨라배마 주도州都인 몽고메리 시市. 이곳에서 65번 주간고속도로를 따라 승용차로 10여 분 달리다 보면 광활한 초원을 배경으로 파란색의 'HYUNDAI' 로고가 선명한 거대한 공장이 나타난다. 자동차의 본고장 미국 시장을 공략하기 위한 현대자동차가 전초기지로 세운 앨라배마 공장HMMA이다. 총 14억 달러를 투자해 2005년 5월 완공한 이 공장은 210만 평의 부지에, 공장 규모 5만 6000평, 직원 수 3200명, 연간 30만 대 생산 능력을 갖추고 있다. 몽고메리는 과거 남부연합의 수도였던 유서 깊은 도시지만 이 공장이 들어서기 전까지는 목화와 목축에 의존하던 남부의 행정도시에 불과했다. 공장 앞을 가로지르는 현대 블러바드 거리 건너편에 수십 마리의 소가 한가로이 풀을 뜯고 있는 모습은 이 도시의 과거의 한 단면을 단적으로 설명해준다.

현대자동차는 2001년 6월 미국 현지 생산 법인 설립 방침을 정하고 본격적으로 현지 공장 건설을 추진했다. 이 과정에서 앨라배마·켄터키·오하이오·미시시피 등 네 개 주를 후보지로 정했고, 장고 끝에 2002년 2월 말 앨라배마 주 몽고메리와 켄터키 주 글렌데일Glendale을 후보지로 압축했다가 최종적으로 몽고메리를 선택했다. 앨라배마 주가 각종 세제 혜택 및 인센티브를 제공하며 적극적인 유치전에 나서 승리한 것이다. 당초 앨

▌현대자동차 앨라배마 공장

라배마 주 정부는 공장 부지에 대해 99년 무상 임대 조건을 내세웠지만 현대 측은 "우리 명의의 땅이 아니면 공장을 지을 의사가 없다"고 고집해 이를 관철시켰다. 앨라배마 공장은 준공과 함께 중형 소나타와 준중형 엘란트라를 양산해온 데 이어 2006년 4월부터는 스포츠 유틸리티 차량SUV 산타페도 생산하며 북미 시장 진출의 거점이 돼왔다. HMMA는 2011년 1억 7300만 달러를 투자, 엔진 생산 설비를 대폭 확충해 엔진 생산 능력도 35만 대 수준으로 향상됐다. 2012년 6월 877명의 생산직을 뽑는 공개 채용에 2만 명이 넘는 응시자가 몰려 화제가 되기도 했다.

　HMMA는 몽고메리 시는 물론 앨라배마 주 전체에도 많은 변화를 몰고 오고 있다. 우선 농업과 섬유산업 중심이던 앨라배마가 새로운 자동차 산업의 메카로 변신하는 촉매제 역할을 했다. 현대자동차는 앨라배마 주 총생산GDP의 2퍼센트를 차지한다. 침체 일로였던 몽고메리 시는 인구 유입으로 주내 최대 도시인 버밍햄에 이어 인구 규모 2위로 부상했다. HMMA에 3200여 명의 직원이 채용됐고, 모비스 등 21개 동반 진출 업체에서 6000여 명 등 모두 1만여 명의 신규 고용이 이뤄졌다. 몽고메리 시청은 현대자동차를 관용차로 구매해 사용하고 있고, 주한 미군 출신 직원을 선발해 현대자동차 직원의 가족 문제를 지원할 정도로 각별한 관심을 쏟고 있다. 2012년 9월부터 앨라배마 공장이 3교대로 전환함에 따라 현대·기아자동차 미국 생산량은 60만 대에서 72만 대로 20퍼센트 늘어나게 됐다. 현대와 기아는 도요타·폴크스바겐·GM·르노–닛산에 이어 세계 5위의 자동차 메이커로 부상했다. 1986년 2월 포니와 엑셀을 처음 수출하며 미국 공략에 나섰다가 대규모 리콜을 당했던 현대자동차가 20여 년 만에 세계적인 메이커로 우뚝 솟은 것이다. 뉴욕타임스는 2011년 2월 19일 특집으로 몽고메리 공장을 집중 보도했다.

> … 미 자동차 생산의 중심지인 미시간 주 디트로이트가 높은 실업률로 고전 중인 가운데 디트로이트에서 800마일 남쪽에 위치한 현대자동차와 기아자동차 공장은 주력 산업이던 직물 산업의 사양화로 쇠퇴를 거듭하던 앨라배마 주를 남동부 지역에서 실업률이 가장 낮은 주로 발전시키고 있다. …

HMMA의 한 현지 직원은 "시내에 나가면 많은 사람이 현대자동차가 직원을 언제 채용하는지 물어오는 경우가 많다"면서 "주민 사이에 현대자동차의 인기가 높아 자연스럽게 현대 로고가 새겨진 옷을 입고 다닐 정도"라고 전했다. HMMA는 조지아 주 웨스트포인트의 기아자동차 공장과 승용차로 한 시간 30여 분 거리에 위치한 이점을 살려 시너지 효과를 최대한 발휘하고 있다. 현대 앨라배마 공장은 한마디로 과거 남북전쟁 당시 남부연합의 수도 그리고 1950~60년대 흑인 민권운동의 성지라는 과거의 유구한 전통을 자랑하는 몽고메리의 미래를 상징하는 아이콘으로 부상했다.

'하나님이 주신 선물' 기아자동차 조지아 공장

기아자동차 조지아 공장KMMG은 애틀랜타에서 남서쪽으로 134킬로미터 떨어진 승용차로 1시간 반 거리인 웨스트포인트라는 작은 도시에 위치해 있다. 인구 2000여 명의 시골 동네인 웨스트포인트는 남북전쟁 당시 북부군의 윌리엄 셔먼 장군이 애틀랜타를 점령한 뒤 서배너까지 '바다로의 진군'을 시작하며 초토화 작전을 벌일 때 주부들이 나서 격렬하게 저항해 '미국 판 행주치마' 항전을 벌인 동네로 유명하다. 조지아 주와 앨라배마 주를 관통하는 85번 주간고속도로에 인접한 이 공장으로 통하는 고속도로 입구에는 빨간 'KIA' 마크가 새겨진 55미터 높이의 대형 물탱크 타워가 방문객을 맞는다. 85번 고속도로에서 공장으로 연결되는 인터체인지와 공장 정문 앞으로 이어지는 도로의 명칭도 '기아 파크웨이Kia Parkway'다. 그리고 공장 인근의 트레이닝 센터로 연결되는 도로의 명칭은 '기아 블러바드Kia Boulevard'다.

기아자동차는 10억 달러를 투자해 278만 평의 부지 위에 연면적 79만 평 규모의 공장을 완공해 2009년 말부터 양산을 시작했다. 이 공장에서는 옵티마한국명 K5와 소렌토, 산타페가 주로 생산된다. 2011년에 27만 2000여 대를 생산했고, 특히 2011년 6월부터 기존 2교대제에서 3교대제로 근무 형태를 변경해 연간 생산 능력도 6만 대 증가한 36만 대로 확대했다. 기아 공장이 들어선 부지는 이전까지는 소를 키우던 목초지였다. 1990년대 초반 방직 회사인 웨스트포인트 스티븐스Westpoint Stevens가 웨스트포인트 공장 등 주변의 여섯 개 방직 공장을 폐쇄하면서 유령 마을로 쇠락했다. 하지만 KMMG가 들어선 이후에는 마을 한 구석의 폐허가 된 직물 공장을 제외하곤 과거의 쇠락한 모습을 찾아볼 수 없다.

"기아자동차 조지아 공장은 하느님이 주신 선물이며, 웨스트포인트는 기아마을이다." 웨스트포인트 시내에서 '펄스 커피숍'을 운영하는 에이프럴 로스 씨의 말이다. 로스 씨는 "일부 동네 주민은 '기아를 신의 은총이며, 기아를 보내주셔서 감사합니다'고 말한다"고 강조했다. 이를 입증하듯 다운타운에 새로 영업 중인 한식당 '수원갈비' 인근 한 주택 앞에는 'Thank you Jesus for bringing KIA to our town, 예수님, 기아자동차를 우리 마을에 보내주셔서 감사합니다'라는 푯말이 내걸려 있다. 웨스트포인트 시에는 한식당이 서너 개 영업을 시작했고, 일식당과 중식당도 문을 열었다. 공장 근처, 2010년 문을 연 구두 상점은 기아 직원들의 작업화 판매로 최고의 순익을 기록할 정도로 각종 서비스 산업도 붐을 이루고 있다. 인근 콜럼버스 주립대학은 웨스트포인트에 분교까지 열었다.

조지아 주 최대 일간지인 애틀랜타 저널 컨스티튜션AJC은 2009년 11월

■ 기아자동차 조지아 공장 전경

■ 기아자동차 공장 입주에 감사하는 주민의 표지판

8일 일요판에서 본격적인 양산 체제에 돌입한 KMMG를 네 페이지에 걸쳐 특집으로 분석했다. 이 보도에 따르면 조지아공대 기업혁신연구소는 기아와 협력 업체 및 관련 서비스 업종이 2012년까지 인근 아홉 개 카운티에 2만 296개의 일자리를 창출할 것이며, 경제적 효과가 65억 달러에 달할 것으로 전망했다. 신문은 특히 KMMG 및 협력 업체가 약 20억 달러를 조지아에 투자한 셈이며, 월급이 상당한 5300여 개의 일자리가 창출됐고, 2016년까지 4억 달러의 투자 수익이 예상되는 만큼 조지아 주도 파티를 열어 축하할 만하다고 평가했다. 드루 퍼거슨Drew Ferguson 웨스트포인트 시장은 "몇 년 전 만해도 목장과 연못밖에 없던 이곳에 세계적인 자동차 공장이 들어선 것을 믿을 수 없다"고 말했다. 주 정부 경제개발국의 하이디 그린 부청장은 "조지아 주에서 가장 가난한 카운티에 세계 정상급 공장이 들어선 것"이라고 평가했다.

웨스트포인트의 KMMG에서부터 앨라배마 주의 HMMA를 잇는 85번 주간고속도로 선상에는 현대자동차와 기아자동차의 100여 개 한국 협력 업체가 들어서 있다. 이에 따라 이 일대는 '현대·기아 벨트웨이Hyundai-Kia Beltway'라 불린다. 또 기아자동차 공장의 가동은 조지아 주 전체에도 큰 파급효과를 낳고 있다. 조지아 남부 서배너 항구를 통해 연간 선박 네다섯 척 분에 해당하는 1만 5000TEU의 기아 부품이 들어온다. 또 전력 회사인 '조지아 파워'가 기아자동차에 전기를 제공한다. 잭슨빌에 있는 철도 회사 CSX가 소렌토의 수송을 맡는 등 기아자동차의 경제적 영향은 주 전체로 확산되고 있다.

현대·기아자동차는 2012년 미국 시장에서 126만 1000대를 판매해 시장

점유율 8.7퍼센트로 6위를 차지했다. 이는 GM17.9퍼센트, 포드15.5퍼센트, 도요타14.4퍼센트, 크라이슬러11.4퍼센트, 혼다9.8퍼센트에 뒤이은 것이다.

치열했던 기아자동차 조지아 공장 유치전

현대·기아자동차가 미국 현지 공장 부지로 앨라배마와 조지아 주를 최종 선택하기까지에는 재미있는 일화가 많다. 현대자동차는 조지아 주에는 남부 해안에 서배너라는 큰 항구가 있고, 세계에서 이용객이 가장 많은 하츠필드 잭슨 국제공항도 있는 교통의 요충지라는 점에서 앨라배마보다 조지아를 공장 후보지로 검토했다. 하지만 조지아 주 정부는 "외국 회사가 공장을 짓는데 우리가 왜 인센티브를 줘야 하느냐"며 기아자동차 유치에 별로 관심을 보이지 않았다. 조지아 주 정부는 그러나 앨라배마 주가 현대자동차 공장을 몽고메리에 유치해 많은 일자리가 생기는 등 상당한 경제적 혜택을 보는 점을 보고 뒤늦게 땅을 쳤다. 이에 따라 현대자동차에 뒤이어 기아자동차가 미국 공장 건설에 나서자 총력 유치전에 나섰다. 특히 2002년 민주당 출신의 로이 반즈Roy Barnes 주지사를 꺾고 당선된 공화당의 서니 퍼듀Sonny Perdue 주지사는 서울로 날라와 정몽구 회장을 만나 각종 세제 혜택과 인센티브를 약속하며 공을 들였다. 당시 기아자동차 공장 유치를 위해 인근 미시시피 주도 각별히 공을 들였다. 머스 그로브 미시시피 주지사는 물론 조지 W. 부시 정권에서 부시 대통령, 체니 부대통령과 함께 공화당 내 3대 실력자로 알려진 이 지역 출신의 트렌트 롯Trent Lott 상원 원내 총무까지 나섰다. 롯 총무는 우리 정부가 여러 차례 방한 초청을 했으나 바쁘다는 핑계를 대며 거절할 정도의 거물이었지만 지역구의 기아자동차 공장 유치를 위해 직접 서울을 방문했다. 롯 총무는 주지사와 하원 의원 등 미시시피 대표단을 이끌고 방한해 정회장을 만나 기아자동차 유치를 위한 로비를 펼쳤다. 하지만 기아 공장이 최종적으로 조지아 주를 선택하자 롯 총무는 나중에 당시 이태식 주미 한국 대사를 만나

아주 강하게 섭섭함을 토로했다는 후문이다.

조지아 주는 기아자동차를 위해 202억 원을 들여 연수원을 지어줬고, 60억 원을 들여 인근 철도에서 공장까지 인입선을 따로 깔아줄 정도로 각종 지원을 아끼지 않았다. 조지아 주 정부 산하 직업교육 기관인 '퀵 스타트Quick Start' 담당자들이 공장 인근에 상주하며 열심히 지원했다. 정몽구 회장은 당시 현재 공장이 들어선 지역의 언덕 위에 올라가 주변 지형을 면밀하게 관찰한 뒤 공장 부지를 결정했다. 이 언덕은 '체어맨의 언덕Chairman's Hill'으로 불린다.

현대와 기아 직원은 채용 직후 3, 4개월간의 교육 훈련을 마친 뒤 한국의 남양연수원에서 마무리 훈련을 받았다. 한국을 아시아의 작은 나라로만 알던 직원은 방한 이후 한국에 대한 인식이 180도 바뀌었다. 기아자동차 관계자는 "한국에 연수를 갔던 800여 명의 현지 직원 중 상당수가 한국을 처음 방문했고, 한국의 발전상에 감명을 받고 돌아와 사기가 굉장히 높다"고 말했다. KMMG 직원 가운데 한국 방문 준비 과정에서 드러난 이채로운 사실은 약 90퍼센트가 여권이 없어 새로 만들어야 했다는 점. 한마디로 남부의 농촌 마을에 거주하던 상당수 직원은 미국 내 다른 지역은 여행을 했어도 외국은 거의 나가지 않았을 정

┃기아자동차 조지아 공장

도로 소박한 사람이었다. 이는 도시 생활이 중심인 동부와 서부 지역 주민은 직장을 따라 자주 이사하는 반면, 농촌에 주로 거주하는 남부인은 조상대대로 한 고장에 머물며 살아왔다는 반증으로 보인다. 이들은 또 디트로이트에서 강력한 영향력을 발휘했던 전미자동차노조UAW가 노조 결성을 위해 강력한 설득 활동을 전개하는데도 불구하고 이에 호응하지 않을 정도로 노조에 무관심한 태도를 보였다. 그 배경에는 기본적으로 남부 주민이 보수적이어서 반反노조 성향이 강한 데다 현대와 기아 직원은 시간당 20달러 이상의 급여에 토요일 초과근무 수당을 받아 북부의 UAW 소속 근로자 수준의 급여를 받는 경우가 많기 때문. 한국에서는 노조의 반대로 3교대 근무제 전환이 난항을 겪고 있지만 조지아 공장은 직원들이 '일한 만큼 받는다no work no pay'는 생각을 갖고 있어 3교대제 전환에 큰 어려움이 없었다고 한다. 한국에서 노조 문제로 골치를 앓아온 현대와 기아 경영진은 미국에서는 노조 문제로 인해 신경을 쓰지 않기 위해 선제적으로 직원들의 애로 사항 해소에 나서고 있다. 기아자동차의 한 임원은 "직원을 보면 굉장히 순수하고, 생산성도 높다"면서 "이에 따라 직원의 애로 사항은 뭐든지 들어주고 싶을 정도"라고 말했다.

딕시Dixie
목화밭에서 오바마까지,
미국 남부를 읽는다

일할 권리 보장과
노조 기피 분위기

노조 권리보다 일할 권리가 우선

남부에 많은 기업이 몰리는 배경에는 상대적으로 값싸면서도 우수한 노동력과 지방정부가 제공하는 각종 인센티브도 크지만 가장 큰 요인은 노조 문제라는 게 중론이다. 노동조합이 강한 영향력을 발휘하는 북동부나 서부 지역의 기업들은 물론, 강성 노조의 잦은 파업으로 곤욕을 많이 치른 외국 기업들에겐 노조에 부정적인 남부야말로 최적의 입지 조건을 갖춘 곳이라 할 수 있다.

1935년 미국의 노동헌장으로 불리는 와그너법Wagner Act 제정을 계기로 미국 노동운동은 급속히 발전했다. 그러나 2차 세계대전 후 노사 간 충돌이 심해지고, 불황까지 겹치면서 막강한 노조에 대한 견제 여론이 대두됐다. 이런 분위기 속에서 1947년 노사관계법Labor-Management Relations Act이 제정됐다. 일명 태프트-하틀리법Taft-Hartley Act으로 불리는 이 법은 노동자의 전면적인 파업을 막는 데 목적이 있었다.⁹ 이 법은 노조 가입을 강제하는 클로즈드숍closed shop 대신 노조 가입 여부를 자유롭게 결정할 수 있는 오픈숍open shop 제도를 채택했다. 또한 노동자가 파업에 들어가기 전에 60일간 냉각기를 두도록 했다. 각 주에 노동 입법권을 부여하고, 근로자가 원치 않을 경우 노조 회비를 내지 않는 것도 허용했다. 그리고 각 주에 노동 입법권을 부여하는 것을 골자로 하고 있다. 한마디로 일할 권리, 근로권right to work을 보장하는 데 초점이 맞춰진 이 법률은 스물네 개 주에서 시행되고 있는데 남부 주가 대부분이다. 남부 주민이 기본적으로 보수적 성향으로 노조 결성과 가입을 꺼리는 데다 법률로 일할 권리까지 보장함으로써 남부야말로 기업에게는 안성맞춤의 환경을 갖춘 지역이 됐다. 디트로이트에서 강력한 영향력을 행사하는 전미자동차노조UAW가 남부의 도요타 공장과 현대자동차 앨라배마 공장 등에 운동원을 파견해 노조 가입 캠페인을 집중 전개했지만 큰 성과를 거두지 못한 점은 이를 잘 보여준다. 미국 노동통계국 자료에 따르면 2011년 현재 미국의 평균 노조 조직률은 11.8퍼센트를 보이는 가운데 뉴욕은 24.1퍼센트, 미시간은 17.5퍼센트 등 북동부 주들은 매우 높은 조직률을 보이고 있다. 반면 노스캐롤라이나는 2.9퍼센트, 사우스캐롤라이나 3.4퍼센트, 조지아 3.9퍼센트, 루이지애나 4.5퍼센트 등 남부의 주는 매우 낮은 조직률을 나타내고 있다. 조지아 주 정부는 2012년 12월초 애틀랜타를 방문한 대한상공회의소 등 한국 경제사절단에게 주의 노조 가입률이 3퍼센트대에 불과한 점을 강조하며 적극적인 투자를 요청했다. 조지아 주에 대한 기업 투자는 2010년 37억 4000만 달러에서 2012년에는 59억 7000만 달러로 급상승했는데 이 중 30퍼센트는 외국 기업의 직접투자였다고 강조했다.

　노조 결성을 꺼리는 남부의 보수적 분위기는 상공업 등 각종 제조업의 발전 속에 산업화가 급속하게 이뤄진 북부와는 달리 남부가 담배, 목화, 쌀 등 농업에 기반한 경제구조여서 노동운동의 경험이 일천한 점이 작용한 것으로 보인다. 여기에 과거 노예노동이 경제활동의 근간이었던 전통이 이어져 오고 있다는 분석도 있다. 즉 과거 노예를 많이 고용해 대규모로 목화 농장을 경영해온 남부 지주층은 노예의 반란이나 항거를 물리력을 동원해 무자비하게 탄압하거나 제압했다. 이러한 분위기가 현재까지 이어져 노조 결성을 꺼리는 형태로 나타나고 있다는 분석도 있다.

남부의 일할 권리 보장이 외국 기업 유치에 긍정적 요소로 작용하자 미국 노동운동을 주도해온 노조의 요람이던 미시간 주도 2012년 말 근로권을 보장하는 법률을 통과시켜 미국에서 스물네 번째 근로권법을 시행하는 주가 돼 주목을 받았다. 미시간 주의 근로권법에 대해서는 노조가 격렬하게 반대했지만 앞서 인근 인디애나 주에서 유사한 법이 통과되어 미시간 주의 90여 개 기업이 인디애나 주로 소재지 이전을 결정하는 것을 본 주정부로서는 선택의 여지가 없었다는 분석이다.

델타항공에 노조가 없는 이유

애틀랜타에 본사를 둔 세계적인 항공사인 델타항공Delta Airlines 직원들이 수차례 노조 결성을 시도했지만 성공하지 못한 사례는 남부의 반노조 분위기를 잘 보여준다. 델타항공은 보수적인 남부 특유의 노사 문화로 인해 조종사 직종을 제외하곤 노조가 없었다. 그러다가 2008년 중서부 미네소타 주 미니애폴리스에 본사를 둔 항공사로, 노조 활동이 왕성했던 노스웨스트항공Northwest Airline과 합병한 이후 직종별로 노조 결성이 시도됐다. 먼저 항공사 승무원이 2010년 10월 노조 결성을 시도했지만 51퍼센트의 반대로 무산됐고, 수화물 담당 직원도 찬반투표를 했으나 반대가 많아 무산됐다. 탑승구와 발권, 예약 담당 등 고객 서비스 담당 직원도 상급 노조인 국제기계항공노조협회IAM가 자신들을 대표하도록 할 것인지를 묻는 찬반투표를 했으나 70퍼센트의 반대로 부결됐다. 특히 델타의 노조 결성을 위한 찬반투표는, 전미중재위원회NMB가 2010년 6월 항공사와 철도 회사는 전체 직원 과반 이상의 찬성을 얻어야 노조 결성을 할 수 있다는 규정을 투표 참가자 과반 이상의 찬성으로 결성할 수 있도록 완화했는데도 부결돼 노동계에는 충격으로 받아들여졌다. 이에 대해 조지아주립대 베리 허쉬 교수경제학는 노조 결성을 꺼리는 남부 특유의 문화 그리고 노조가 없었지만 다른 항공사 수준의 높은 급여와 수당을 유지해온 점이 작용한 것 같다고 분석했다. 허쉬 교수는 또 "직원들 입장에서는 매달 43달러의 노조비를 내가면서 노조를 설립할 뚜렷한 동기를 찾지 못한 것 같다"고 분석했다.

시애틀 떠나 남부로 가는 보잉사

미국 최대의 항공기 제조업체인 보잉사Boeing가 2009년 말부터 생산 거점을 서부 시애틀에서 남부로 이전하기 시작한 것도 노조 문제가 결정적으로 작용한 대표적인 예다. 보잉사는 2009년 11월 야심적으로 개발해온

787 드림라이너 제트여객기의 제2 조립 공장 부지로 사우스캐롤라이나 주 노스찰스턴North Charleston을 선택했다. 그동안 드림라이너를 생산해온 시애틀 북부의 에버렛Everett 공장을 확장하는 방안과 노스찰스턴에 신규로 공장을 건설하는 방안을 놓고 고심하다 후자를 선택한 것. 보잉이 노스찰스턴을 택한 데는 회사의 명운이 걸린 드림라이너 개발 사업이 2008년 시애틀 공장의 기술직 근로자들의 두 달간 파업으로 2년 이상 지연된 게 결정적이었다. 보잉 경영진은 이 사태를 계기로 1916년 창업자 윌리엄 보잉William Boeing이 레이크 유니언에 첫 공장을 설립한 이래 90여 년간 둥지를 틀어온 시애틀을 떠나기로 결심했다. 시애틀은 보잉사 기술직 근로자들이 가입해 있는 국제기계항공노조협회IAM의 영향력이 매우 강한 만큼 노조 무풍지대에 가까운 사우스캐롤라이나를 대안으로 택한 셈이다. 보잉은 이미 2001년 시카고로 본사를 이전하고, 군용기 제작 본부를 세인트루이스로 이전한 데 이어 찰스턴의 제2 조립 공장도 2011년 7월부터 본격 가동해 시애틀 탈출은 가속화되고 있다.

보잉의 시애틀 탈출 현상이 가속화되는 가운데 라이벌 항공기 제조사인 유럽의 에어버스도 남부에 현지 공장을 건설해 주목을 끌고 있다. 에어버스는 2012년 6월 세계 최대의 소형 항공기 시장인 미국의 앨라배마 모빌에 수억 달러를 투자해 현지 공장을 설립해 인기 기종인 'A320'을 매년 수십 대씩 조립 생산키로 했다. 에어버스가 앨라배마를 택한 이면에는 역시 노조 문제가 크게 작용했다. 영국 일간 더 타임즈는 "에어버스가 미국에서 노동조합에 가입하지 않은 근로자를 고용해 조립 공정을 마무리함으로써 상당한 비용 절감을 이뤄낼 계획"이라고 전해 이 같은 관측을 뒷받침했다.

앨라배마는 이미 제너럴 일렉트릭GE과 록히드 마틴이 진출해 있고, 주에서 우주 항공 산업이 모두 7만 3000명을 고용할 정도로 높은 비중을 차지하고 있다. 따라서 에어버스의 진출은 남부를 우주 항공 산업의 또 다른 메카로 발전시키는 계기가 될 전망이며, 그 바탕에는 남부의 보수적인 노조관이 큰몫을 하고 있다.

남부행 열차 타는 한국 기업

현대자동차와 기아자동차 공장이 들어선 남동부를 비롯해 선 벨트 지역의 부흥은 한인과 한국 기업에게도 많은 영향을 미치고 있다. 특히 한국에서 강경 노조의 파업으로 고생을 했던 기업들은 미국에 진출하면서 반노조 경향의 남부를 전략적 거점으로 활용하는 경향이 늘고 있다. 한국 기업의 남부 진출은 지난 1990년대 후반부터 시작됐다. 남동부 진출의 선두 주자는 1996년 조지아 주 중부 커빙턴Covington에 진출한 SKC. SKC는 애틀랜타 시내에서 동쪽으로 승용차로 40여 분 거리인 커빙턴의 50만 평의 부지에 공장을 완공해 폴리에스테르 필름을 집중 생산해왔다. 1996년 공장 착공 당시 조지아 주 정부는 200명 이상 고용을 조건으로 50만 평 부지를 단돈 1달러에 공급하고, 재산세 면제 및 '퀵 스타트' 프로그램을 통한 직원 교육 등의 각종 지원을 아끼지 않았다. 완공 10여 년 만에 이 공장의 필름 생산량은 연간 4만 5000~5만 톤으로 미국 시장의 15~20퍼센트를 점유

▎SKC 커빙턴 공장

하고 있다. SKC는 2011년 이곳에 폴리우레탄 시스템하우스 공장과 태양전지 소재 공장까지 완공해 북미 지역 글로벌 거점으로 육성하기 위한 본격적인 행보에 들어갔다.

포스코는 2010년 9월 전통적인 철강 도시인 앨라배마 주 버밍햄Birmingham에 자동차 강판 전문 가공 센터POSCO-AAPC를 완공해 가동 중이다. 포스코가 1900만 달러를 투입한 이 공장은 미국 내 첫 가공 센터로, 연간 생산 규모는 12만 톤이다. 멕시코 강판 공장에서 강판을 공급받아 가공한 뒤 현대자동차 앨라배마 공장 등 완성차 업체에 판매한다. 또 현대중공업 건설 장비 미주 법인은 2011년 9월 일리노이 주의 본사를 조지아 주 노크로스Norcross로 이전했다. 미주 전역과 남미 지역에 굴착기와 임업 기계, 휠로더 등 중장비를 판매하는 이 회사는 조지아 주의 인건비가 저렴하고, 교통도 편리해 중남미 공략에 유리한 데다 조지아 주가 200만 달러의 세제 혜택을 제공함에 따라 본사를 이전했다.

LS전선은 2012년 10월 6000만 달러를 투자해 노스캐롤라이나 주 타버러Tarboro 시에 전력 케이블 공장을 완공했다. 중저압 배전용 케이블 제품을 생산하는 이 공장은 송전에 쓰이는 고전압 케이블과 전력 솔루션 제품 등 고부가가치 제품으로 생산 품목을 확대할 계획이다.

삼성전자는 1998년 텍사스 주 오스틴Austin에 반도체 공장을 완공해 200밀리미터 웨이퍼 D램을 생산해왔다. 2007년에는 제2 생산 라인을 완공해 50나노급 이하 낸드 플래시를 양산 중이다. 오스틴 공장은 미주 지역의 유일한 삼성반도체 공장으로, 미주 시장 공략을 위한 생산 거점이 돼왔다. 2012년 4월에는 오스틴 공장 라인 운용에 사용하기 위해 10억 달러 규모의 채권을 발행할 정도로 투자를 확대했고 2012년 12월에는 메모리 반도체 생산 라인을 시스템 반도체 생산 라인으로 전환하기 위해 39억 달러를 투자키로 했다.

댈러스 북쪽에 위치한 위성도시 리처드슨Richardson에 있는 '텔레콤 코리도'에는 1996년부터 삼성전자 통신 부문 미주 법인이 진출해 미국 시장 공략을 위한 거점 역할을 해왔다. 전자 통신과 하이테크 클러스터인 이곳에 입주한 삼성은 현재 휴대폰 미주 시장 석권의 신화를 이어가고 있다.

현대중공업도 2011년 11월 앨라배마 주 몽고메리 시에 변압기 생산 공장을 완공했다. 9000만 달러를 들여 완공한 이 공장은 최대 500킬로볼트급 중대형 변압기를 연간 200여 대 생산한다. 휴대전화 제조업체인 팬택도 애틀랜타를 거점으로 북미시장 공략을 가속화하고 있다. 팬택은 2002년 캘리포니아 주 새너제이에 설립한 미국 법인 PWIPantech Wireless Inc.를

2008년부터 AT&T 본사가 있는 애틀랜타로 이전해 본격적인 미국 시장 공략을 위한 거점으로 활용하고 있다. PWI는 미국 시장이 경기 침체로 고전하고, 아이폰의 출시로 글로벌 휴대전화 시장이 요동치는 상황 속에서도 그 나름대로 성장세를 이어갔다. 2005년 11월 미 최대 CDMA 이동통신 사업자인 버라이즌을 통해 첫 모델PN-215을 출시했고, 2009년에는 '팬택 매트릭스'를 출시해 밀리언셀러에 올랐다. 특히 품질 제일주의를 강조해 미국의 양대 이동통신 사업자인 AT&T의 제품 평가에서 대형 경쟁 업체들을 누르고 업계 최초로 2010년부터 2012년까지 3년 연속 1위를 차지했다. 이에 따라 AT&T로부터 물량 확대 등 인센티브를 받아 2011년에는 460만 대 판매 고지를 달성하기도 했다.

한국 기업의 남부 진출은 그러나 화려한 성공만 있는 것은 아니다. 금호타이어는 2008년 조지아 주 중부 메이컨Macon에 타이어 공장을 착공했으나 경기 침체에 따라 공사가 중단됐다. 단거리용 전기 차 생산업체인 CT&T도 2010년 하반기에 사우스캐롤라이나 주 던컨Duncan에 현지 공장 기공식을 가졌으나 경영난으로 진척을 못 보고 있다.

한국 기업의 진출이 급증하면서 그동안 로스앤젤레스와 뉴욕 및 시카고에 몰려 살던 한인이 대거 남부로 이전하는 경향도 두드러지게 나타나고 있다. 특히 조지아 주 애틀랜타와 텍사스 주 댈러스가 한인이 새로 몰리는 도시로 부상했다. 남동부 중심 도시인 애틀랜타에는 1990년대 말부터 동부와 서부에 살던 한인이 대거 이주하는 열풍이 시작됐다. 1992년 로스앤젤레스에서 흑인 폭동이 발생해 많은 한인이 피해를 당한 가운데 1996년 애틀랜타 올림픽을 계기로 지명도가 높아지고, 살기 좋은 도시라는 사실이

널리 알려지자 많은 한인이 이곳으로 몰렸다. 1년 내내 겨울이 없을 정도로 따뜻한 날씨에, 로스앤젤레스나 뉴욕에서 살던 집을 팔고 이사 오면 집과 함께 다운타운에 점포를 하나 낼 수 있을 정도로 저렴한 렌트비 등이 유인 요인으로 작용했다. 2012년 현재 메트로 애틀랜타 일대의 한인 인구는 8~10만 명으로 추산될 정도로 팽창했다.

텍사스 지역의 한인 인구도 2010년 이후 폭발적으로 증가하는 추세다. 휴스턴에는 3만여 명의 한인이 거주 중이고, 댈러스에는 7만 5000여 명, 인근 포트워스를 포함하면 8만 6000명이 넘는다. 불과 10년 사이에 한인 인구가 두 배 가까이 증가해 2015년에는 애틀랜타를 제치고 텍사스는 로스앤젤레스, 뉴욕과 함께 미국 3대 한인 타운으로 부상할 것이란 예상까지 나온다. 텍사스에 한인이 몰리는 것은 경기 침체기에도 텍사스 주가 나 홀로 호황을 구가하는 등 일자리를 찾기가 다른 지역에 비해 수월한 점이 크게 작용했다.

한국 정부는 현재 남부와의 교류 협력을 위해 애틀랜타와 휴스턴에 각각 총영사관을 설치해 외교와 영사 및 통상 문제 등을 맡고 있다. 1976년 12월 개설된 애틀랜타 총영사관은 조지아, 앨라배마, 테네시, 사우스캐롤라이나, 노스캐롤라이나, 푸에르토리코 및 버진아일랜드를 관할한다. 1968년 5월 개설된 휴스턴 총영사관은 텍사스, 아칸소, 오클라호마, 루이지애나, 미시시피를 담당한다. 여기에 최근 한인 타운이 발전한 댈러스에 2012년 말 영사 사무소를 개설했다. 대한무역투자진흥공사KOTRA는 2012년 현재 마이애미와 댈러스에 무역관을 설치해 남부 지역과 한국 간 통상과 무역 진흥을 지원하고 있다.

남부의 주 정부들도 한국에 높은 관심을 보이고 있다. 주한 미국주정부 대표부협회ASOK에 따르면 현재 미국의 열 개 주 정부가 한국에 대표부를 설치해 운영 중이다. 이 중 남부 주는 조지아, 오클라호마, 켄터키, 버지니아 등 네 개 주다. 한국 언론사 가운데는 연합뉴스가 날로 발전을 거듭하는 남부 지역의 중요성을 고려해 2008년 7월 처음으로 애틀랜타에 특파원을 파견했다.

에모리대 최초의 외국 유학생 윤치호

미국 남부와 한국 간 교류는 120여 년 전까지 거슬러 올라간다. 19세기 말 애틀랜타에 있는 에모리대학에 유학한 개화파 지도자 좌옹佐翁 윤치호尹致昊, 1865~1945 선생이 남부 땅을 밟은 최초의 한국인으로 여겨진다. 우리 '근대사 최초의 세계인'으로 평가받는 윤치호는 신사유람단 일원인 어윤중의 수행원으로 일본을 방문했고, 한국 최초의 상주 외교사절이던 루셔스 푸트Lucis Foote 주한 미국 공사의 통역관으로 활동했다. 개화파의 갑신정변이 실

| 윤치호 선생

패하자 상하이로 도피했다가 1888년 에모리대 출신의 선교사였던 영 알렌Young J. Allen 박사의 주선으로 미국 유학길에 올라 테네시 주 내슈빌에 있는 밴더빌트Vanderbilt대학에서 잠시 신학을 공부했다. 미국에서 톱 20위 안에 드는 남부 사립 명문인 밴더빌트대학은 경제학과 내에 경제개발 프로그램이 있어 1960~80년대 우리 경제 관료가 대거 유학해 공부했던 곳이다. 그런 점에서 윤치호는 한국 관료의 해외 연수 원조인 셈이다. 윤치호는 이어 1891년부터 1893년까지 조지아 주 커빙턴에 있는 에모리대 옥스퍼드 칼리지Oxford College of Emory University에 유학했다.[10] 에모리대 최초의 외국 유학생이자 조지아 주 땅을 밟은

최초의 한국인이라 할 수 있다. 에모리대에서 윤치호는 워렌 캔들러Warren A. Candler 총장의 적극적인 후원 속에 '퓨학회Few Society'라는 교내 토론 팀에서 활동하는 등 다양한 활동을 했다. 에모리대는 윤치호가 최초의 외국 유학생이란 점을 기려 1908년 명예 학위를 수여했고, 윤치호의 일기를 영문과 한글로 출판했다. 또, 그의 일기와 논문 및 책자 등을 수집해 1990년부터 중앙 도서관에 윤치호 코너를 따로 마련해 그를 기념하고 있다.

또 윤치호 선생의 증손녀인 앤 킴Ann Kim 양이 에모리대 우드러프 도서관을 방문해 증조할아버지의 삶에 대해 연구를 하기도 했다.

딕시Dixie
목화밭에서 오바마까지,
미국 남부를 읽는다

남부의 다양한 성장 동력

04 기업 친화적 환경과 공생 발전
남부에 포진한 글로벌 기업
벽촌 오클라호마 주의 대변신 |
델타항공과 애틀랜타의 공생 발전
애틀랜타에 살아 숨 쉬는
우드러프의 기부 | 중남미로 향하는
관문, 마이애미
파나마 운하 확장에 대비하는 남부의 항만
05 남부의 미래 성장 동력
남동부의 실리콘밸리 리서치 트라이앵글 파크 |
세계 최대 의료 복합 단지, 텍사스메디컬센터

제2장

명성 날리는 한인 의사 | 세계 최고 보건 기관
질병통제예방센터 | 신종플루와의 전쟁으로 본 CDC의
24시
우주로켓 연구 중심지 커밍즈 리서치 파크 | 남부 IT
산업의 핵심 텔레콤 코리도
06 경제 효과 뛰어난 스포츠 이벤트
세계 최고의 마스터스 골프 대회 | 오거스타와
아이젠하워의 인연
켄터키를 먹여살리는 켄터키 더비 | 골프의
성인 바비 존스의 전설
바람과 함께 사라지다 개봉 73주년

기업 친화적 환경과 공생 발전

남부에 포진한 글로벌 기업

북동부에 비해 산업화가 늦었던 남부가 늦게나마 경제적으로 부흥할 수 있었던 데는 대기업들의 역할이 컸다. 애초부터 남부를 기반으로 창업해 세계적인 대기업으로 성장한 기업도 적지 않지만 최근에는 북동부나 중서부 기업들이 남부로 이전하는 현상도 많이 나타난다. 미국 경제 전문지 포천이 선정한 2012년 미국 500대 기업 중 랭킹 1위인 정유업체 엑손모빌 본사는 텍사스 주 어빙Irving이다. 또 톱 10에 든 세계적인 유통업체 월마트 본사는 아칸소 주 벤턴빌Bentonville 그리고 정유업체 코노코필립스 본사는 휴스턴이다. 또 포천 순위 50위 내의 홈디포조지아 애틀랜타, AT&T텍사스 댈러스, 델텍사스 라운드 락, 발레로에너지텍사스 주 샌안토니오, 마라톤오일휴스턴도 남부가 본거지다. 텍사스 주의 경우 포천 500대 기업 중 휴스턴에만 코노코필립스와 핼리버튼, 콘티넨털항공 등 마흔다섯 개 그리고 댈러스에는 엑손모빌, 텍사스 인스트루먼트, 아메리칸에어라인 등 서른아홉 개 본사가 있다. 또 미국 대형 금융기관의 본사는 대부분 뉴욕 맨해튼에 있지만 뱅크오브 아메리카BOA, 그리고 웰스파고가 인수한 와코비아Wachovia은행 본사는 노스캐롤라이나 주 샬럿에 있다. 애틀랜타는 코카콜라, 홈디포, UPS 등 글로벌 업체와 CNN, TBS, TNT, 카툰네트워크, 웨더채널 등 다양한 케이블 네트워크 회사의 거점이다. 테네시 주에는 세계적인 운송업체인 페덱스, 타이어 업체인 브릿지스톤, 화학업체인 이스트만의 본사가 있다.

주요 항공사도 남부에 본사를 두거나 남부 주요 공항을 여객과 화물 수송의 허브로 활용하고 있다. 델타항공의 본사는 애틀랜타, 아메리칸항공의 본사는 텍사스 주 포트워스Fort Worth다. 2010년 유나이티드항공과 합병한 콘티넨털항공의 본사는 휴스턴이다. 유나이티드항공은 본사는 시카고에 있지만 휴스턴의 조지 부시 국제공항을 최대 허브공항으로 삼고 있다. 또 미국 국내선 여객 수송 1위인 대표적 저가 항공사 사우스웨스트는 댈러스에 본사를 두고 있고, 같은 저가 항공사인 에어트랜항공은 플로리다 주 올랜도에 본사가 있다. 이밖에 유에스에어웨이즈도 애리조나 주 탬파에 본사를 두고 있다.

오클라호마 주 2대 도시인 털사에는 아메리칸항공의 항공 정비 및 엔지니어링 본부가 있는데 세계에서 가장 규모가 크고 8000명의 종업원이 근무하고 있다. 또 오클라호마 시에는 미국의 항공 관제사를 교육시키는 마이크먼로니FAA센터Mike Monroney FAA Center와 제트 엔진과 항공기 수리를 전담하고 있는 틴커Tinker 공군기지가 있다.

미시시피 강 하류에 위치해 농업이 크게 발달한 루이지애나 주와 미시시피 주도 다양한 첨단산업을 유치해 지역 발전을 도모하고 있다. 루이지애나 주 정부는 주내 생명공학 관련 연구 및 벤처 회사 육성을 위해 페닝턴

Pennington생의학연구센타와 루이지애나암연구센타를 중심으로 5억 달러 상당의 연구 기금 투자 및 제반 시설을 지원하고 있다. 또 미시시피 강 주변에 영화 및 비디오 게임 산업체를 집중 유치해 미국 내에서 캘리포니아, 뉴욕에 이은 3위의 영화 및 TV 프로그램 산업 주로 발전했다는 게 휴스턴 총영사관 측의 설명이다.

전통적으로 목화와 목축업이 발달한 미시시피 주도 최근에는 석유와 천연가스 등 풍부한 지하자원을 토대로 화학·조선·기계류 산업을 육성해 중남부 지역의 경공업 중심지로 부상하고 있다. 또 멕시코 만 연안에 우주 로켓 테스트 센터를 건설해 우주공학 산업의 육성도 시도하고 있다.

벽촌 오클라호마 주의 대변신

남부가 1970년대 이후 경제적 발전을 이룬 배경에는 농업 중심의 경제구조에서 탈피해 북부와 같은 상공업 중심의 구조로 전환하려는 주 정부들의 노력이 크게 작용했다. 주 정부들은 낙후된 지역 경제 발전을 위해 각종 세제 혜택등 인센티브를 제공하며 경쟁적으로 기업 유치에 나섰다. 인디언 밀집 지역이자 대규모 목장 지대로 유명한 남서부 오클라호마 주가 최근 기업하기 좋은 지역으로 탈바꿈한 것은 주 정부의 노력을 보여주는 대표적 사례다. 오클라호마는 1930년대 대공황과 남부를 강타한 흙먼지인 '더스트 볼dust bowl'을 피해 많은 주민이 젖과 꿀이 흐르는 약속의 땅인 캘리포니아로 떠날 정도로 척박한 곳이었다. 존 스타인벡John Steinbeck의 《분노의 포도》는 당시 오클라호마 민초의 고된 삶과 아픔을 그리고 있다. 오클라호마 주는 1991년 유나이티드 항공의 수리 공장을 주도인 오클라호마시티로 유치하려고 했으나 유나이티드 항공사 간부들로부터 "직원을 더럽고 황폐한 도시에서 생활하게 할 수 없다"는 치욕적인 말을 들어야 했다. 이에 격분한 주 정부와 시민들은 합심해 기업 유치를 위한 환경 조성에 나섰다. 2010년 10월12일 전국 일간 USA 투데이에 따르면 판매세 인상을 통해 조성된 수백만 달러의 재원으로 AT&T 브릭타운 경기장을 건설하고, 시내를 통과하는 강가에 미 올림픽팀 조정훈련센터를 건립하는 등 도시 환경 미화부터 시작했다. 또 2008년에는 NBA 시애틀 소닉 팀을 이전시켜 오클라호마시티 선더 팀을 발진시켰다. 주 상무부는 연봉 2만 9000달러 이상의 새 일자리를 창출하는 기업에게는 직원 1인당 급여액의 5퍼센트에 해당하는 인센티브를 제공했다. 일자리를 찾아 다른 지역으로 떠났던 오클라호마인이 고향으로 되돌아오게 하는 '부메랑 프로젝트' 캠페인도 전개했다. 그 덕분에 2010년 신용 평가 기관 무디스는 경기 침체에서 가장 빠르게 회복해 성장할 주로 오클라호마를 지목했다. 2000년대 들어서부터 오클라호마를 떠나 캘리포니아로 이주한 사람보다 반대로 오클라호마로 이주해 온 캘리포니아 주민이 2만여 명 더 많을 정도로 오클라호마는 변모했다. 오클라호마 주 2대 도시인 털사Tulsa도 '세계의 석유 수도Oil Capital of the World'로 알려진 가운데 경제 다각화 노력으로 현재는 에너지·재정·항공·통신·기술 분야에서도 발전을 거듭하고 있다. 한마디로 '더 빨리 가는 사람의 주the Sooner State'라는 별칭답게 말을 타고 더 빨리 달려 나가 금을 그으면 자기 땅이 될 정도로 광활한 대평원을 자랑하던 오클라호마가 각종 첨단 기업이 입주하는 지역으로 발전해 '거쳐 가는 도시'에서 '최종 목적지'로 변모하고 있다.

델타항공과 애틀랜타의 공생 발전

|

기업이 입주해 있는 도시가 지역 주민에게 얼마나 큰 영향을 미치는가는

애틀랜타와 델타항공의 관계에서 극명하게 나타난다. 1925년 루이지애나 주 먼로Monroe에서 창업한 델타항공은 1941년 3월 창립자인 울먼C. E. Woolman 회장이 윌리엄 하츠필드William B. Hartsfield 애틀랜타 시장과 협상해 본사를 애틀랜타로 이전했다. 애틀랜타에 둥지를 튼 델타는 1950년 물류의 모든 거점을 한곳으로 통하도록 하는 방식인 소위 허브 앤 스포크hub and spoke 개념을 선도적으로 도입해 애틀랜타를 세계 최대의 항공 허브로 발전시켰다. 애틀랜타

▍애틀랜타 공항에 있는 윌리엄 하츠필드 전 시장의 동판

도 1970년대 들어서 메이나드 잭슨Maynard Jackson 시장 주도로 애틀랜타 국제공항 터미널을 대규모로 확충했다. '하츠필드·잭슨국제공항Hartsfield-Jackson Atlanta International Airport'이라는 애틀랜타 공항의 명칭은 델타를 유치한 하츠필드 시장과 공항을 국제화한 잭슨 시장의 이름을 따서 붙인 것이다. 델타항공은 1970년대에 최초로 애틀랜타 런던 간 논스톱 대서양 횡단 비행을 시작해 애틀랜타를 글로벌 수도로 발전시키는 데 일조했다. 1987년에는 애틀랜타, 오리건 주 포틀랜드, 도쿄를 잇는 태평양 횡단 노선 서비스를 시작했다. 또 1996년 애틀랜타 올림픽의 성공을 통해 애틀랜타를 출발과 도착으로 하는 논스톱 국제노선을 500퍼센트 향상시켰다. 애틀랜타로 이전할 당시 53명의 직원으로 하루 여덟 편의 항공기에 113석의

좌석만을 운용하던 소형 항공사 델타는 70년이 지난 지금 전 세계 220여 곳에 1000여 대의 항공기가 출항하는 거대 항공사로 발전했다. 1940년대 메트로 애틀랜타의 인구는 80만 명에 불과했지만 현재는 600만 명이 거주하는 대도시로 발전했다. 델타항공은 조지아 주에 연간 200억 달러 이상의 경제 효과를 제공하고 있다. 2만 5000명을 고용해 애틀랜타에서 민간 분야 최대 고용 회사가 됐다. 델타는 또 애틀랜타에 본부를 둔 코카콜라사의 콜라를 기내에 공급하는 계약을 1940년대부터 계속 유지하고 있다. 애틀랜타 국제공항이 세계에서 이용객이 가장 많고, 가장 분주한 공항이 된 것도 델타항공이 이곳을 허브 공항으로 삼은 점이 크게 작용했다. 2011년 한 해 미국에서 항공기 이착륙이 가장 많았던 공항은 애틀랜타 하츠필드·잭슨국제공항이며, 2위는 시카고 오헤어국제공항, 3위는 댈러스 포트워스국제공항, 4위는 덴버국제공항, 5위는 LA국제공항이다.

애틀랜타에 살아 숨 쉬는 우드러프의 기부

애틀랜타 시내를 거닐다 보면 대기업의 체취를 곳곳에서 느낄 수 있다. 한 예로 코카콜라를 세계적인 기업으로 키운 미국 경영자 로버트 윈십 우드러프Robert W. Woodruff, 1889~1985의 발자취는 거리 곳곳에서 쉽게 찾을 수 있다. 조지아 주 콜럼버스 출신인 우드러프는 1923년부터 1954년까지 30여 년간 코카콜라 사장을 지냈다. 사장 재직시 '누구나 팔을 뻗으면 콜라를 맛볼 수 있게 한다Coke be within arm's reach of desire'는 모토로, 2차 세계대전 때는 '미군이 가는 곳이면 어디든 간다Every man in uniform gets a bottle of Coca-Cola for 5 cents, wherever he is, and whatever it costs the Company'는 적극적인 마케팅 전략을 구사해 코카콜라를 세계적인 음료 회사로 키웠다.[11] 애틀랜타가 '코카콜라의 도시'로 불리는 데는 코카콜라 본사와 박물관 및 코카콜라 공원이 시내에 위치한 점도 있지만 우드러프가 은퇴 후 벌인 각종 기부와 자선사업이 시 전체에 미친 영향이 압도적이기 때문이다. 우드러프는 1979년 1억 500만 달러를 시작으로 모두 2억 3000만 달러를 에모리대에 기부해 남부의 하버드로 발돋움하는 데 핵심적 역할을 했다. 에모리대의 우드러프도서관과 윈십암센터도 설립 과정에서 우드러프의 지원금이 핵심적 역할을 했고, 이 대학의 캔들러신학대학과 고이주에타경영대학원 명칭도 코카콜

▎에모리대 우드러프 도서관 앞의 우드러프 흉상

라 전직 회장의 이름을 따온 것이다. 에모리대 옆의 땅을 미 연방질병통제예방센터CDC에 기증해 CDC가 세계적인 질병 연구 및 보건 사업 핵심 기관으로 발전하는 데 초석을 놓았다. 이밖에 시내에는 우드러프예술센터와 공원까지 설치돼 시민의 휴식 명소가 되고 있다. 애틀랜타뿐 아니라 조지아 주 블레어스빌Blairsville에 있는 보이스카웃 캠프 등 주 전역에는 그의 발자취를 느낄 수 있는 곳이 많다. 최근 그가 설립한 우드러프재단은 조지아텍의 나노 센터 건립에도 500만 달러를 기부했다.

민권운동가인 마틴 루서 킹 목사가 암살된 1968년 4월 4일 우드러프는 백악관에서 린든 존슨 대통령과 만나고 있었다. 그는 킹 목사의 암살 소식을 듣고는 이반 앨런Ivan Allen Jr 애틀랜타 시장에게 전화를 걸어 "킹 목사의 유해가 내일 애틀랜타로 운구돼 오면 당분간 애틀랜타는 세계의 이목을 받게 될 것"이라면서 "시 당국은 킹 목사의 장례와 관련해 필요한 모든 일을 당장 추진하고, 시가 감당할 수 없는 일까지도 적극적으로 해달라"고 당부할 정도로 애틀랜타에 각별한 애정을 보였다.

중남미로 향하는 관문, 마이애미

　플로리다 주 남단의 항구도시 마이애미Miami. 우리에게는 아름다운 해변과 호화 유람선 그리고 키웨스트Key West가 상징하듯 세계적인 관광지로 알려져 있지만 미국에서는 중남미로 통하는 관문으로 더 유명하다. 매년 3월 캐딜락 챔피언십 골프 대회가 열리는 마이애미 인근 도럴 골프장의 갤러리 중 상당수가 히스패닉계 주민이고, 골프장 내에서 영어보다는 스페인어 대화가 더 크게 들릴 정도다. 또 다운타운 인근 '베이 프런트 파크'에 설치된 '우정의 횃불' 탑은 1960년 존 F. 케네디 대통령 당시 중남미 국가들과의 우정을 기리기 위해 설치된 것으로 중남미에 대한 미국의 관심을 상징해준다. 40만 명의 시 전체 인구 중 약 60퍼센트가 히스패닉계다. 토머스 리걸라도Tomas Regalado 마이애미 시장과 일리아나 로스-레티넌Ileana Ros-Lehtinen 전 미 연방 하원 외교위원장, 마르코 루비오Marco Rubio 상원 의원

▎마이애미에 있는 우정의 횃불탑

등 이 지역 출신 정관계 인사의 상당수는 모두 쿠바계. 또 마이애미 시와 인근 지역에는 '리틀 아바나', '리틀 아이티' 등 중남미계가 집단으로 거주하는 타운이 곳곳에 형성돼 있다. 인근 도럴 시에는 우고 차베스 베네수엘라 대통령의 사회주의 정책에 염증을 느껴 고국을 떠난 베네수엘라계 주민을 중심으로 커뮤니티가 형성돼 있다. 또 미군이 세계 전략 차원에서 운영하는 북부, 남부, 중부, 유럽, 태평양, 아프리카 등 여섯 개 지역 책임 군 사령부 중 중남미를 담당하는 남부 사령부가 마이애미에 있다.

남부 플로리다 지역에는 1300여 개 국제 기업이 진출해 있는 가운데 미국 기업을 제외하면 유럽 기업이 316개로 가장 많고, 이어 남미 기업이 78개로 두 번째로 많이 진출해 있다. 중남미계 은행도 마이애미에 대거 진출해 미국에서는 뉴욕 다음으로 많은 외국은행이 진출해 있고, 스페인어 방송국도 대여섯 개 정도 운영되고 있다. 중남미 주민과 기업이 대거 진출함에 따라 마이애미는 '중남미의 수도'라는 별명을 갖고 있고, 중남미 중상류층 인사들은 마이애미를 제집 드나들듯 한다. 이에 따라 "중남미 정정이 불안하면 마이애미 경제는 오히려 살아난다"는 우스갯소리가 나돌 정도다. 2008년부터 경기 침체의 여파로 플로리다 주의 부동산 가격이 폭락했지만 2011년 이후부터 부동산 경기가 회복될 조짐을 보이는 배경에는 중남미의 부호들이 가격이 저렴한 부동산을 대거 사들였기 때문이다.

미국의 중남미 수출 75퍼센트가 마이애미를 통해서 처리되고, 미국 최대의 국제항공 화물 처리 공항인 마이애미 공항은 중남미 서른다섯 개국 마흔여덟 개 도시로 연결된다. 한마디로 마이애미와 중남미의 관계는 '입술이 없으면 이가 시리다'는 '순망치한脣亡齒寒'의 관계이며, 갈수록 더욱 강화되고 있다. 쿠바의 카스트로 공산당 의장이 클린턴 미국 대통령을 만나 "쿠바 관타나모 해군 기지를 반환하라"고 요구하자 클린턴 대통령이 "마이애미를 반환하면 관타나모를 반환하겠다"고 응대했다는 우스갯소리가 전해져올 정도다.

파나마 운하 확장에 대비하는 남부의 항만

남부 주 정부들은 오는 2014년 초대형 화물선도 통과할 수 있는 파나마 운하 확장에 대비해 항만 시설 확충과 현대화에 경쟁적으로 나서고 있다. 파나마 정부가 건설 중인 길이 427미터, 폭 55미터, 깊이 18.3미터의 새 수문이 2014년 완공되면 운하의 폭은 현재 33.5미터에서 55미터로 넓어지고, 최대 수심은 12.8미터에서 28.3미터로 깊어진다. 파나마 운하 통과 기준으로 불린 이른바 '파나맥스Panamax'급 이상 초대형 화물선의 이동이 가능해져 컨테이너를 최대 1만 3000개 실을 수 있는 1만 3000TEU급 초대형 선박도 지날 수 있게 된다.

조지아 주 서배너 항을 비롯해 앨라배마 주 모빌, 미시시피 주 걸프 포트 등 남부 주요 항구는 파나마 운하 확장에 따라 증가할 화물 유치와 물동량 소화를 위해 시설 확충에 적극 나서고 있다. 특히 중국 등 아시아에서 출발해 미국으로 오는 선박 물동량의 상당량이 현재까지는 롱비치 항 등 미 서부 항구에서 처리됐다. 하지만 파나마 운하가 확장되면 아시아에서 미국으로 오는 화물선 운항 기간이 41일에서 25일로 줄어 곧바로 동부 지역 항구로 향할 것으로 보고 남부의 각 항만은 준비를 본격화하고 있다. 미국 항구 중에서 물동량이 가장 많은 곳은 서부의 로스앤젤레스 항과 인근 롱비치 항 그리고 동부의 뉴욕 항 순이다. 로스앤젤레스 항은 2011년 수출용 컨테이너 211만 TEU를 처리해 최고를 기록했다. 로스앤젤레스 항과 롱비치 항에서 2011년 취급한 물동량은 무려 1410만 TEU이며, 이어 뉴욕 항이 400만 TEU다. 하지만 서부 지역 항만은 노조의 영향력이 강해 롱 비치 항의 경우 2002년 항만 노조의 8일간 파업으로 항만이 마비됐고, 2012년 12월에도 항만 사무직원의 일주일 파업으로 많은 피해가 발생했다. 이에 반해 남부 항구들은 항만 노조의 파업이 없는 데다 컨테이너 화물의 정시 처리 수준과 시간당 컨테이너 처리 능력도 서부 항구들을 앞서는 높은 생산성을 강점으로 내세우고 있다.

서배너 항은 2000년대 중반부터 5억 달러를 투입해 컨테이너 화물 물동량 처리 규모를 두 배로 늘리는 프로젝트를 마무리 중이다. 미국이 영국 식민지이던 시절부터 영국인이 정착해 전통적인 유럽식 건물이 즐비한 데다 기후 또한 좋아 미국 내 최대 관광지 중 하나인 서배너가 항만 현대화를 통해 전통의 미항美港에서 남동부의 새로운 물류 중심지이자 관문으로 부상하고 있다. 앨라배마 주 모빌 항도 새로운 컨테이너 부두 건립과 대형 화물선이 정박할 수 있는 정박지 건설을 위해 6억 달러를 투입하는 대규모 투자를 단행했다.

미시시피 주 걸프 포트도 현재 5억 7000만 달러를 투입한 항만 확장 공사를 진행 중이며, 텍사스 휴스턴 항구도 비슷한 규모의 항만 현대화 사업을 추진하고 있다. 남부 항구들이 항만 확충과 현대화 작업에 나서는 배경에는 버락 오바마 행정부가 쿠바와 오랜 적대 관계를 청산하고 관계 개선을 시도함에 따라 쿠바 특수에 대비하려는 포석도 있다. 한편, 남부 지역 항만 가운데 조지아·노스캐롤라이나·버지니아·플로리다 주 항만 공사는 서울에 사무실을 설치해 영업을 할 정도로 치열한 경쟁을 펼치고 있다.

딕시 Dixie
목화밭에서 오바마까지,
미국 남부를 읽는다

남부의 미래 성장 동력

남동부의 실리콘 밸리 리서치 트라이앵글 파크

노스캐롤라이나 주 주도인 롤리Raleigh에는 '리서치 트라이앵글 파크RTP' 라는 첨단산업 단지가 있다. 미 동부의 '실리콘밸리'로 불리는 RTP는 고급 인력을 배출하는 대학을 정점으로 세계적인 기업이 몰려들면서 형성된 산학 협력 클러스터의 결정체다. 노스캐롤라이나 주의 롤리와 더럼Durham 및 채플힐Chapel Hill 등 세 개 도시를 연결한 삼각형 구조 내에 위치해 있어 리서치 트라이앵글 파크로 명명됐다.¹² 7000에이커약 860만 평의 부지 위에 IBM, 시스코, 머크, 글락소스미스클라인GSK 등 정보 통신 및 바이오 분야의 170여 개 글로벌 기업이 입주해 있다. 단지 내 직원만 해도 4만 2000여 명에 달해 노스캐롤라이나 전체 고용의 22퍼센트를 차지한다. 단지 내 자본 투자액이 연간 28억 달러, 단지 내 직원의 급여 총액이 27억 달러에 달한다. 1950년대까지만 해도 담배와 목화의 주산지로 전형적인 농장 지대였던 노스캐롤라이나 주는 RTP의 기관차 역할에 힘입어 첨단 과학과 바이오 산업의 중심지로 발돋움했다. 노스캐롤라이나가 포브스 등 주요 경제

┃ 리서치 트라이앵글 파크

잡지로부터 '미국 내 사업하기 좋은 곳', '생활하면서 근무하기 좋은 곳'으로 평가받는 이면에는 RTP의 공이 크다.

　RTP는 1959년 주 정부와 산업계 및 학계 지도자들이 힘을 합쳐 조성하면서 시작됐다. 초기 루서 호지스Luther H. Hodges 주지사가 강력한 추진력으로 리더십을 발휘했고, 1965년 IBM을 시작으로 국립보건원NIH 산하 환경보건연구소NIEHS, 환경보호청EPA, GSK 등 앵커 기관이 입주하면서 비약적인 성장을 거듭했다. RTP가 성공적인 혁신 클러스터로 발돋움하게 된 데는 기업 및 대학 간 산학연 협동이 유기적으로 이뤄진 점이 가장 큰 요인으로 꼽힌다. 특히 듀크대, 노스캐롤라이나대UNC, 노스캐롤라이나주립대NCSU 등 세 개 명문 대학이 의학·공학·전자·생명공학 분야의 유능한 인재를 계속 배출하고 있고, 대부분의 연구를 기업과 대학이 공동으로 수행한다. 노스캐롤라이나주립대의 김용백 교수수의학과는 "RTP가 세계적인 연구 개발 중심 단지로 발전한 것은 기업과 대학 간의 유기적인 협력 연구 체제가 결정적"이라고 설명했다.

주 정부는 전자공학센터MCNC와 바이오 센터의 설립을 주도하고, 수천만 달러의 연구 기금 지원 등을 통해 발전의 촉매제 역할을 담당하고 있다. 서부의 실리콘밸리나 동부의 제약 산업 중심지인 뉴저지 등에 비해 물가와 주거 비용이 저렴하고, 롤리 시의 공원 면적이 엄청나게 넓을 정도로 생활 환경이 쾌적한 점도 RTP의 발전을 촉진하는 요인 중 하나다.

RTP에는 IBM의 정보관리사업부 부사장으로 재직 중인 조인희 박사, 세계적인 농약 제조 회사인 신젠타Syngenta의 문항식 박사, GSK의 김용호 박사약물동력학 등 한국계 과학기술자 100여 명이 활약 중이다. 또 노스캐롤라이나주립대의 지청룡물리학, 김영수토목공학, 서문원섬유직물학 교수 등 이 지역 내 세 개 대학에 재직 중인 한국계 교수가 4, 50여 명에 달한다.

세계 최대 의료 복합 단지, 텍사스메디컬센터

텍사스 주 휴스턴 시내에 들어서면 최첨단 고층 빌딩이 숲을 이룬 의료 단지가 눈에 들어온다. 세계 최대 규모의 의료 복합 단지인 텍사스메디컬센터TMC다. 환자 치료와 기초과학 연구 및 임상 실험을 위한 고밀화된 의료 클리닉으로 유명하다. 세계 최고의 암 치료 기관으로 유명한 텍사스대 M.D. 앤더슨 암센터와 같은 수준의 종합병원이 열세 개 밀집해 있다. 여기

▮TMC 내의 M.D. 앤더슨 암센터

에 텍사스의대와 텍사스심장연구소 등 열아홉 개 교육·연구 기관 그리고 휴스턴 시 보건국 등 열다섯 개 보건 관련 기관 등 모두 52개의 공사립 의료 기관이 한곳에 모여 있으니 가히 그 규모와 우수성을 짐작할 수 있다. 여의도 총면적의 3분의 1 규모인 TMC 단지에 밀집한 280여 개의 초현대식 건물동에는 1만여 명의 의사를 비롯해 7만 2600여 명의 의료 인력이 활동 중이다. 하루 평균 16만 명의 환자 그리고 연 평균 700만 명의 환자가 찾고 있다. 이곳은 항공 앰뷸런스 서비스가 처음 시작됐고, 세계 의료 기관 중 심장이식 수술이 가장 많이 이뤄지는 곳으로 유명하다.[13]

TMC는 목화 중개상으로 거부가 된 먼로 더너웨이 앤더슨Monroe Dunaway Anderson이란 사업가가 1939년 세상을 떠나면서 남긴 2000만 달러를 종잣돈으로 해서 탄생했다. 이 돈을 기금으로 창설된 앤더슨재단이 1941년

M.D.앤더슨 암센터를 설립하고, 1943에 댈러스에 있던 베일러의대를 휴스턴으로 이전시킨 뒤 70여 년간에 걸쳐 비약적인 발전을 거듭해 현재에 이르게 됐다. 지역 경제에 미치는 경제적 효과가 지난 2000년 기준으로 58억 2000만 달러로 인근 미 항공우주국NASA 존슨우주센터12억 달러보다 훨씬 큰 것으로 평가됐다.

TMC 입주 기관을 대표하고, 단지를 총괄 관리하는 TMC 본부의 존 카젠더 수석 부회장은 2009년 12월 인터뷰에서 "TMC에 입주한 의료 기관은 암치료 연구와 인공 심장 등 심·혈관 질환 치료, 줄기세포 치료 연구, 로봇을 이용한 수술 등에서 전미 최고 수준의 병원"이라고 말했다. 그는 이어 "환자 치료뿐 아니라 생명과학 등 기초과학 연구와 임상 실험 등을 통해 인류의 보건 향상이란 목표를 수행 중"이라면서 "입주 의료 기관은 공사립을 막론하고 모두 영리를 추구하지 않으며, TMC 본부의 예산도 대부분 단지 내 주차장 수입을 통해 조달하고 있다"고 말했다.

TMC의 명성은 연간 이곳을 찾는 해외 환자의 수가 1만 6000여 명에 달한다는 사실이 단적으로 입증해준다. 삼성의 이건희 회장이 M.D.앤더슨 암센터에서 치료를 받은 적이 있는 등 한국인의 이용도 늘고 있다. 이를 위해 단지 내에는 장기 환자를 위한 호텔이 운영되고 있다. 환자 치료와 의학 교육 및 기초과학 연구 등 3박자를 고루 갖춘 TMC는 한국 정부가 충북 오송생명과학단지와 대구·경북 신서혁신도시에 추진 중인 첨단 의료 복합단지의 모델로도 삼을 만하다. 미국에는 TMC 외에도 하버드대, MIT대 등을 중심으로 한 '보스턴 바이오 클러스터', 캘리포니아의 '샌디에이고 바이오 클러스터', 샌프란시스코 메디컬 클러스터 등 10여 개의 메디컬 클러스터가 있다.

명성 날리는 한인 의사

미국의 한인이 두각을 나타내는 전문 직종 중 하나가 의료계다. 미국에서 활동 중인 한인 의사는 1, 2세대 합쳐 1만 5000여 명에 달한다. 또 1800여 명의 한인 학생이 의과대에 다니고 있어 매년 500명 이상의 한인 의사가 배출되고 있다. 자식을 공부시켜 판검사나 의사로 키우려는 한국인의 바람이 이민을 와서도 그대로 이어졌기 때문으로 풀이된다.

한인 의사의 명성은 2011년 1월 애리조나 주에서 발생한 총기 난사 사건으로 머리에 총상을 입은 가브리엘 기퍼즈Gabrille Giffords 연방 하원 의원의 수술에서 단적으로 드러났다. 피격 직후 애리조나 주 투산의 '유니버시티메디컬센터UMC'에서 이뤄진 기퍼즈 의원의 수술에는 외상전문의인 한국계 피터 이 박사가 참여했다. 이후 기퍼즈 의원이 휴스턴의 메모리얼허먼병원 재활연구센터TIRR에서 재활 치료를 받을 때는 이 병원의 신경외과 과장인 동 H. 김 박사가 주도적으로 참여했다. 40대 중반인 김 박사는 캘리포니아주립대 의대를 졸업한 뒤 하버드의대에서 인턴, 캘리포니아주립대에서 레지던트를 마친 신경외과 전문의. 그는 현재 세계 최대 규모의 의료 복합 단지인 텍사스메디컬센터TMC에 있는 텍사스주립대 의과대학 부속병원인 메모리얼허먼병원에서 뇌신경 연구와 치료를 주도하고 있다.

휴스턴 주재 한국 총영사관의 조사에 의하면 TMC에는 대략 4500여 명의 한인 의사 및 과학자가 활동 중이다. M.D.앤더슨 암센터만 해도 한국계 의사가 40여 명 이상 재직 중이다. 이 중에는 센터의 종양내과 부장으로 재직 중인 세계적인 암 전문가 홍완기 박사도 있다. 또 데이비드 장성형외과 조지 장종양외과, 데이비드 홍암 치료, 제리 김비뇨기과 암, 케빈 김흑색종 암, 앤드루 리양성자 치료, 오정훈내과, 줄리아 오방사 선암 치료, 신기영재활의학 박사 등이 있다. 이 센터의 종양안과 교수인 스텔라 김과 현재 휴스턴에서 안과를 개업 중인 로사 김 박

메모리얼허먼병원의 동 H.김 박사

사는 하버드의대 출신의 자매로 유명하다. 휴스턴 지역에는 또 M.D.앤더슨 암센터의 시스템 바이오러지 담당 교수로 재직 중인 이주석 교수를 비롯해 생명과학 분야에서 150여 명 정도의 박사급 이상, 한인 교수 및 연구원이 있다.

미국 내 한국계 의사는 1974년 재미한인의사협회KAMA를 창설해 활발하게 활동을 해오고 있다.[14] 뉴욕에 거주하는 한인 의사를 중심으로 창설된 KAMA는 75년부터 매년 총회를 개최해왔으나 조직화는 미약한 상태였다. KAMA와 비슷한 시기인 1971년 창립된 재미한인과학기술자협회KSEA가 미 전역에 3000여 명의 회원과 30여 개 지부 및 열세 개 분야별 조직을 두고 활발하게 활동 중인 것과는 대조적으로 KAMA는 뉴욕, 로스앤젤레스, 휴스턴 등 일부 대도시 지역에만 지부가 결성돼 있었다. 이에 따라 2009년 총회 이후 뉴욕, 워싱턴 DC, 시카고, 로스앤젤레스, 휴스턴, 볼티모어 등 주요 도시별 지부 결성을 추진해 네트워크를 강화하고 있다. KAMA 회원 중 일부는 매년 북한을 방문해 심장 혈관 수술 등을 실시하며 대북 의료 지원에 나서고 있다.

재미한인의사회는 2012년 7월 중국, 일본, 캐나다, 브라질, 그리고 한국의사회와 함께 세계한인의사회를 창설했다. 세계한인의사회 창립을 주도한 현철수 회장은 "한국을 뺀 세계 각국에 3만 5000여 명의 한인 의사가 활약하고 있지만 이들의 역량을 한데 묶을 구심점이 없었다"면서 "세계한인의사회 결성을 계기로 세계 속에서 활약하는 한인 의사의 모습을 보여주겠다"고 포부를 밝혔다. 휴스턴 한인회 관계자는 "한인 의사 중 상당수는 주류 사회에 깊숙이 진출해 있어 이들의 목소리를 하나로 결집시킬 경우 미국의 한국 관련 정책 수립이나 정책 결정시 영향력을 충분히 행사할 수 있다"고 말했다.

세계 최고 보건 기관 질병통제예방센터

애틀랜타 시내 에모리대 바로 옆에는 초대형 현대식 고층 빌딩이 우뚝 서 있다. 이곳이 바로 세계 최고의 보건 기관으로 평가받는 미국 질병통제예방센터CDC다. 연방 보건부 산하 열세 개 기관 중 하나로 1만 8000여 명의 직원이 있고, 연간 63억 8900만 달러2010회계연도의 방대한 예산을 사용한다. CDC는 당초 2차 세계대전 때 활동했던 '전쟁지역말라리아통제처MCWA'의 후신으로 1946년 7월 '전염병센터Communicable Disease Center, CDC'로 출범했다.[15] 창설 당시에는 모기 박멸과 말라리아 퇴치를 주요 임무로 했다. CDC가 수도 워싱턴 DC가 아니라 애틀랜타에 자리 잡은 이유도 당시 애틀랜타에 말라리아가 창궐했기 때문이다. 초창기 애틀랜타 시내 한 작은 건물에서 400여 명의 직원으로 닻을 올린 CDC는 살충제인

▎애틀랜타 시내의 CDC 본부

DDT를 사용해 모기를 잡는 데 주력했다. 직원의 대다수도 곤충학자와 기술자였고, 의료진은 일곱 명에 불과했으며 예산은 천만 달러도 되지 않았다. 적은 인력과 예산 속에서도 1950년 소아마비 연구에 착수한 것을 비롯해 광견병 발견, 인플루엔자 백신 가이드라인 개발, 천연두 퇴치, 흡연과 폐암과의 상관관계 발견, 예방접종 등 많은 성과를 올렸다. 1970년 질병통제센터CDC로 명칭을 변경한 후에도 에볼라 바이러스 발견, 에이즈 환자 첫 진단, 탄저병 환자 발견, 사스SARS, 중증급성호흡기증후군 가이드라인 제시 등 보건사에 길이 남을 공헌을 했다. 또 우주 왕복선 컬럼비아호 참사 대응에서부터 허리케인 카트리나 등 자연재해에 대한 긴급 대응 그리고 탄저균 공격 등 테러 사건에서도 긴밀한 초동 대응 능력을 과시해왔다. 국립만성질병예방 및 건강증진센터 등 CDC 산하 국립 연구 센터만 열네 개, 건강증진협력센터 등 협력 센터만 여섯 개에 달하며, 독성물질질병등록국 ATSDR을 산하 기관으로 두고 있을 정도로 방대한 연구 시설과 인력을 자랑한다. 54개국에 직원을 파견해 국제적인 전염병 이동 및 감염과 관련한 국제적 협력도 전개 중이다.

신종플루와의 전쟁으로 본 CDC의 24시

신종플루가 기승을 부리던 2009년 10월 말 CDC의 대처 상황을 보면 이 기관의 위상을 짐작할 수 있다. 당시 인플루엔자 AH1N1, 신종플루 바이러스가 국제적으로 확산되는 가운데 신종플루와의 전쟁을 최일선에서 진두지휘 중인 질병통제예방센터CDC를 방문해 취재했다. CDC 청사 입구에 도착하자 경비원이 승용차의 트렁크와 보닛 안까지 검사했고, 이어 센터 내 안내실에서 다시 금속탐지기를 거치도록 해 마치 군사기지 방문을 방불케 했다.

공보국의 노런트 크리스텐 양은 "기본적으로 민감한 보건 관련 정보를 취급하는 기관인데다 탄저균 등 생화학 테러 물질에 관한 연구도 수행해 보안이 엄격하다"고 해명했다. 특히 외국인의 경우 방문 신청 후 열흘간의 유예기간을 두고, 철저한 신원 조회를 거쳐 입장시킨다. 제일 먼저 찾은 곳은 CDC 소장 직속의 '비상작전센터Emergency Operations Center, EOC. EOC는 전염병 등 각종 질병은 물론 자연재해 및 테러 사건 등의 긴급 사태에 대처하기 위해 2003년 4월 설치된 조직으로 스물네 시간 가동되는 CDC의 사령탑. 사무실에 들어서자 정면 벽에는 미 전역과 세계 곳곳의 신종플루 확산 상황과 태풍, 허리케인 등 기상 및 자연재해 상황에 관한 정보가 담긴 대형 스크린이 눈에 띄었다. 스크린 앞에는 62개 상황 데스크에서 요원들이 각 지역에서 걸려 오는 긴급 전화에 응대하며 바쁘게 움직이고 있다. 상황실에서 만난 필립 네이빈 EOC 실장은 지난 96년부터 3년간 용산 기지 내 미 육군의무사령부에서 근무한 경험이 있는 의사. 그는 멕시코에서 처음 신종플루가 확인된 뒤 1주일 만인 4월 27일 연방 정부가 신종플루에 대한 비상사태를 선포하자 CDC는 청장 직속으로 '신종플루 대응단'을 설치해 스물네 시간 대응 체제에 돌입했다고 설명했다. 그는 "지난 4월말 '신종플루 예방을 위한 EOC'로 확대 개편돼 현재는 모두 1200여 명의 과학자 및 직원이 투입돼 스물네 시간 교대 근무 중"이라고 설명했다.

▎CDC 내의 신종플루 비상작전센터

신종플루 백신의 제조와 공급이 늦어져 미 전역에서 큰 혼란이 발생함에 따라 EOC 내에 '백신 제조 및 공급 담당 태스크포스'를 구성해 백신 대란의 조기 해소를 위해 나섰다. EOC는 긴급한 약품이나 백신 및 의료진을 미국 내의 경우 두 시간 이내, 해외의 경우 여섯 시간 이내에 항공편으로 투입할 수 있는 능력을 보유하고 있다.

CDC는 특히 신종플루와 같은 유행성 인플루엔자의 예방을 위해서는 대국민 홍보가 무엇보다 중요하다고 보고 커뮤니케이션에 엄청난 노력을 쏟아붓고 있다. 홈페이지에는 신종플루 감염 및 확산 현황에서부터 예방책, 환자 간호 방법 등 국민이 궁금해 할 정보를 제공하고, 토머스 프리든Thomas Frieden 소장까지 나서 언론 브리핑을 갖는 것은 물론 CDC의 전염병 전문가가 소수인종계 언론을 상대로 설명회를 갖기도 한다.

우주로켓 연구 중심지 커밍즈 리서치 파크

앨라배마 북부 헌츠빌Huntsville에는 커밍즈 리서치 파크Cummings Research Park, CRP라는 산학 연구 단지가 스물네 시간 불을 밝히고 있다. 노스캐롤라이나 주의 리서치 트라이앵글 파크에 이어 미국에서는 두 번째로 큰 연구 단지이고, 세계적으로는 네 번째로 크다. 1997년 미국대학산학연구단지협회AURP로부터 '세계에서 가장 우수한 과학 단지'로 평가받을 정도로 뛰어난 연구 활동을 자랑한다.[16] 헌츠빌은 1950년대까지만 해도 흑인 노동자에 의존하던 면화 산지였다. 이 단지는 1950년대 독일에서 이주한 독일 로켓 과학자 베르너 폰 브라운 박사의 조언에 따라 과학 인력을 집중 육성하자는 목표 아래 시작됐다. 1961년 텔리다인 브라운엔지니어링사 대표인 밀튼 커밍스가 헌츠빌 서쪽 외곽의 미개발지를 과학 단지로 본격적으로 개발을 시작하고, 헌츠빌 시가 3000에이커의 땅을 연구 단지로 지정했다. 여기에 앨라배마대학 재단이 참여해 민관 합동 단지로 시작했다. 특히 미 육군이 헌츠빌의 레드스톤 병기창에서 로켓과 미사일 개발에 총력을 기울였고, 곧 이어 미 항공우주국NASA의 마셜 우주비행센터가 1960년 문을 열면서 획기적인 발전의 계기를 마련했다. 레드스톤 병기창은 현재도 단거리 로켓에서부터 탄두 미사일 방어 시스템 등 첨단 무기 개발의 중심 센터가 되고 있다. 또 1970년에는 헌츠빌 공항 인근에 우주 박물관과 우주 체험 학습관이 겸비된 '우주로켓센터'가 문을 열어 미 전역의 청소년이 우주 체험을 하는 교육장이 되고 있다. 첨단 우주 과학 연구 시설과 우주 센터가 어우러져 헌츠빌은 '로켓 시티'라는 별칭까지 갖고 있다. 항공기 제조업체 록히드, 방위산업체인 노스롭, 정보통신업체인 IBM 등 글로벌 기업과 독일의 지멘스, 미사일 방어 전문 회사인 다이텍스 등 300여 개 첨단 기업이 입주해 있고, 2만 5000여 명의 직원이 근무 중이다. 2004년 포브스는 헌츠빌을 '미국에서 가장 기업하기 좋은 도시' 8위로 평가했다. 한국의 LG전자 공장도 인근에 위치해 있다.

남부 IT 산업의 핵심 텔레콤 코리도

텍사스 주 댈러스 시 북쪽에 있는 리처드슨에는 세계적인 통신업체 600여 개가 운집한 텔레콤 코리도Telecom Corridor라는 첨단 산업 단지가 있다.[17] 75번 고속도로를 따라 약 10킬로미터에 걸쳐 230만 제곱미터의 넓이에 조성된 이 단지는 캘리포니아 실리콘밸리에 이어 미국의 2대 정보 통신 산업 중심지로 꼽힌다. 세계 10대 정보 통신 생산 기업 중, AT&T · 에릭슨 · 버라이존 · 삼성전자 · 텍사스인스투루먼트TI · 메트로PCS 등 일곱 개 업체가 이곳에 입주해 있다. 이 단지로 인해 댈러스는 텍사스 지역 내에서 가장 소득 규모가 큰 정보 통신 산업의 중심지로 부상했다. 댈러스는 또 동북 쪽으로 48킬로미터 떨어진 포트워트 시까지 이어지며 미국 내에서 네 번째로 큰 메트로시티를 형성하고 있다.

텔레콤 코리도는 지난 1956년 텍사스인스트루먼트가 이곳에 둥지를 틀면서 시작됐다. 이후 전자 제품 업체인 콜린스라디오가 설립됐고, 1972년에는 장거리 통신업체 MCI가 진출했다. 또 1980년대 들어서는 노텔네트워크, 후지쯔, 에릭슨 북미 본부가 입주했다. 이 단지는 특히 인근 텍사스 주립대학 댈러스 캠퍼스와 알링턴 캠퍼스에서 쏟아져 나오는 우수한 인재와 '스타 테크STAR Tech' 등 벤처 자금 공급원 그리고 주요 통신업체 간 산학 연계로 인해 1990년대 후반 비약적인 발전을 거듭했다. 삼성전자 통신 부문 미주 법인도 지난 1996년 이곳에 진출했다. 삼성전자는 휴대전화와 통신기기 등 정보 통신 분야의 판매 법인을 이곳에 포진시켜 미주 시장 공략의 사령부 역할을 하고 있으며, 휴대전화의 미주 시장 석권 신화를 이어가고 있다. 텍사스에는 또 오스틴에 삼성반도체와 AMD 등 유력 반도체 기업이 밀집해 있어 캘리포니아의 실리콘 밸리에 빗대어 '실리콘 힐'이라 불린다.

경제 효과 뛰어난 스포츠 이벤트

세계 최고의 마스터스 골프 대회
|
남부에는 유럽 중세시대의 귀족 문화가 이어지고 있다. 특히 영국 식민지 시절 버지니아에 정착한 엘리트들이 스포츠와 도박, 경마를 즐기며 지위를 과시했던 전통이 현재에도 이어지고 있다. 그 대표적인 예가 세계적 권위의 마스터스 골프Masters Golf 그리고 경마 대회인 켄터키 더비Kentucky Derby라 할 수 있다. 2012년으로 76년의 연륜을 자랑하는 마스터스 골프 그리고 138회를 맞은 켄터키 더비는 모두 전통과 명성을 자랑하는 스포츠 이벤트지만 고급 사교와 비즈니스 무대로도 진가를 발휘하고 있다. 그와 동시에 조지아 주와 켄터키 주에 엄청난 브랜드 효과는 물론 경제적 특수까지 제공한다.

특파원 시절 2009년부터 3년 연속으로 마스터스 골프 대회를 현장 취재했던 적이 있다. 해마다 4월 초 조지아 주 동부 오거스타Augusta 내셔널 골프클럽에서 열리는 마스터스 대회는 시기적으로 미국 봄방학 기간에 해당돼 글로벌 기업의 총수나 최고경영자CEO를 비롯해 정재계, 연예계 인사들

마스터스 골프 대회에 출전한
최경주·양용은 선수

까지 한꺼번에 몰리는 이벤트로 자리 잡았다. 특히 대기업 입장에서는 고객 접대로 마스터스 골프 대회 초청만 한 게 없을 정도로 인기를 끌고 있다. 겨울에 열리는 미 프로풋볼NFL 챔피언 결정전인 슈퍼볼Super Bowl과 매년 5월 켄터키 주 루이빌Louisville에서 열리는 경마 대회인 '켄터키 더비'도 기업의 주요 접대 무대지만 효과는 마스터스 대회가 더 크다는 게 중론이다. 기업들은 중요 고객을 자가용 비행기 등을 동원해 오거스타로 초청한 뒤 3, 4일 일정으로 접대한다. 하루는 마스터스 경기를 관람시키고, 하루는 인근 골프장에서 라운딩을 하도록 하며, 하루는 시내 구경과 쇼핑 등을 하면서 즐기도록 한다. 오거스타에 거주하는 유진철 미주총련 회장은 "대기업들은 마스터스 주간에는 오거스타 인근에 3~5만 달러 규모의 대저택이나 별장을 임대해 중요 고객 접대에 활용한다"고 전했다. 지역 주민은 집을 관광객을 위해 빌려주고 봄방학을 맞은 자녀와 함께 플로리다 등으로 휴가를 떠난다.

대회 기간에는 인구 20만의 중소 도시인 오거스타 주변의 아이켄, 톰슨 공항 등 네 개 자가용 비행기 전용 공항에는 경비행기가 즐비하다. 개막 첫날 경기 관람권 가격이 800~900달러 선에서 거래되고, 나흘간의 본 게임 관람권 가격이 4000달러 이상을 호가하지만 이는 기업이 각종 홍보와 마케팅, 접대 비용으로 지출하는 액수에 비하면 아주 소액에 불과하다. 골프를 좋아하는 고객 접대를 위해 마스터스 입장권 구매가 주요 기업 홍보 담당자의 핵심 업무 중 하나라는 얘기까지 나올 정도다. 4만여 명의 후원자patron에게만 판매되는 마스터스 관람권은 재판매가 금지돼 있고 특히 골프장 반경 2700피트0.8킬로미터 이내에서는 거래를 할 수 없다. 하지만 대회 기간 암표라도 구하려는 기업과 골프 애호가의 노력은 끊이지 않는다.

또 오거스타 시내의 '본 피시'와 '콜버트' 등 고급 레스토랑의 경우 기업들의 접대 손님으로 붐비며, 이에 따라 업소에서도 마스터스 특수를 감안한 '마스터스 메뉴판'만 내밀면 부르는 게 값이 될 정도다. 오거스타에 있는 '존스 크릭', '챔피언스 코스'는 물론 인근 사우스캐롤라이나 주 그래니트빌에 있는 고급 골프클럽인 '세이지 밸리 골프클럽'의 경우 오래전에 예약이 완료되는 상태. 특히 오거스타 내셔널 골프클럽과 맞먹을 정도의 환상적인 코스를 자랑하는 세이지 밸리 골프클럽은 마스터스 기간의 그린피가 4인 1조에 모두 2400달러에 달한다. 클럽 안에 있는 열여섯 개 고급 코티지도 1주일 임대료가 3, 4만 달러에 달하지만 오래전에 예약이 끝난다.

저녁에는 또 일류 요리사를 불러 만찬을 대접하는 한편 유명 연예인도 초청해 공연까지 제공하는 경우도 있다. 최근 수년 새 '색소폰의 마술사'로 불리는 케니지와 그룹 '이글스'가 오거스타를 찾아 자선 공연을 하고, 일부 기업 행사에도 참석했다. 유진철 회장은 "마스터스는 골프 대회뿐 아니라 주요 재계 인사가 대거 참석하는 만큼 네트워킹과 사교를 할 수 있는 최적의 무대"라면서 "한국 기업도 이를 적극 활용하는 지혜가 필요하다"고 강조했다.

오거스타 시 당국도 2009년부터 지방 공항이던 오거스타 공항에 터미널을 추가하고, 다운타운 지역에 '비즈니스 전담 구역'을 만드는 등 비즈니스 무대로서의 위상을 강화하기 위해 노력 중이다.

마스터스가 이처럼 고급 사교 무대이기는 하지만 오거스타 내셔널 골프 클럽 측은 일반 갤러리를 위한 배려도 잊지 않고 있다. 골프 숍에서 판매하는 마스터스 로고가 박힌 골프 용품은 클럽의 주수입원 중 하나여서 상당히 고가에 판매되지만 클럽 내 식당에서 판매되는 음식은 최고의 권위를 자랑하는 클럽답지 않게 매우 저렴하다. 샌드위치 하나가 1달러 안팎이고, 음료수도 2달러 정도며 맥주만 3.5달러를 받고 있다. 한마디로 갤러리가 클럽에 들어와 온종일 경기를 관람하면서 먹는 문제에 한해서는 부담을 느끼지 않도록 배려하는 것이다. 또 대회 기간에 '갤러리 안전 요원' 등으로 활동한 자원봉사자를 5월 말 클럽 휴장 전에 초청해 환상적인 코스를 밟으며 라운딩을 할 수 있는 기회도 제공한다.

최경주 선수는 "300여 명의 오거스타 골프클럽 회원은 대회 개막 전주 주말에 직접 클럽에 나와 코스 주변에 말뚝을 박고, 갤러리를 통제하기 위한 줄을 설치하는 등 명예에 따르는 의무를 다하는 것도 특징 중 하나"라고 전했다. 1933년 문을 연 이후 남성 회원만 고집해 논란이 됐던 오거스타 골프클럽은 1990년 론 타운센드 '개닛 TV' 회장을 시작으로 흑인에게도 문호를 개방했고, 2012년 8월 콘돌리자 라이스 전 국무 장관과 투자 회사인 '레인워터'의 파트너인 여성 사업가 달라 무어를 새 회원으로 받아들여 금녀의 벽을 깼다. 눈부신 녹색 정원 같은 주변 환경, 잔디를 짧게 깎아 빠르게 흐르는 '유리 그린'으로 '인간이 만든 최고의 코스'로 불리는 오거스타 내셔널 골프클럽에서의 라운딩은 극도로 제한적이지만 비회원도 라운딩할 길은 있다. 오거스타 내셔널 골프클럽은 철저하게 폐쇄적인 회원제

클럽으로 운영되는 만큼 회원의 초청을 받는 게 첫째가는 방법이다. 특히 300여 명의 회원이 대부분 글로벌 기업 총수나 세계적인 부호이지만 이 중 20여 명은 오거스타 지역에 거주하는 유지다. 이에 따라 한국의 재벌 총수 등 일부 인사는 오거스타 유지 회원을 접촉해 함께 라운딩 하는 기회를 갖는 것으로 알려졌다. 한국인 중 이곳에서 가장 많이 라운딩 한 인사는 의외로 미국 상류사회에 지인이 많은 한국의 기독교계 원로로, 10여 차례 라운딩 했다는 얘기가 전해져오고 있다.

오거스타와 아이젠하워의 인연

골퍼들의 '꿈의 무대'인 마스터스 대회가 열리는 조지아 주 오거스타 내셔널 골프장에는 제34대 미국 대통령인 드와이트 아이젠하워와 관계된 일화가 많다. 평소 골프와 브리지 게임을 좋아하던 아이젠하워에게 대중의 이목을 받지 않고 이를 즐길 수 있는 천국이 바로 폐쇄적인 회원제로 운영되는 오거스타 골프장이었다. 아이젠하워는 1948년 친구이자 당시 이 클럽 회장이던 클리포드 로버츠의 권유로 역대 미 대통령 중 유일하게 오거스타의 회원이 됐고, 1969년 세상을 뜰 때까지 회원권을 유지했다. 대통령 취임 전 다섯 차례, 재임 중 스물아홉 차례, 퇴임 후 열한 차례 등 모두 마흔다섯 차례나 이 클럽을 찾아 골프를 즐겼다. 1910년 윌리엄 하워드 태프트 대통령 이래 워싱턴 연고 팀의 메이저리그 개막전에서 대통령이 시구자로 나서는 게 전통이 됐지만, 아이젠하워는 골프를 쳐야 한다는 이유로 재임 중 개막전 시구를 한차례 빼먹기도 했다.

골프장 내에는 아이젠하워와 부인 메미 여사가 묵었던 '아이젠하워 캐빈'이 지금까지 보존돼 있다. 1953년 건립된 이 캐빈 현관 입구에는 금으로 된 대통령 직인이 봉인된 채 전시돼 있다. 9번 홀 등 파3홀 두 곳에 있는 연못은 아이젠하워의 아이디어로 만들어졌다고 해서 '아이크아이젠하워의 애칭 폰드'로 불린다. 클럽 내 프로숍에 있는 '아이젠하워 크래커 배럴'이란 통은 과거 백악관 지붕에 사용됐던 나무로 만들어졌다는 게 클럽 관계자의 설명이다. 440야드짜리 17번 파4홀의 왼쪽 중앙에는 '아이젠하워 트리'로 불리는 미송 한 그루가 눈에 띈다. 아이젠하워가 티샷하다가 이 나무에 막혀 계속 골탕을 먹자 1956년 클럽 미팅에서 "저 나무를 베어버리자"고 제안했다. 하지만 당시 클럽 회장이던 로버츠는 고심 끝에 나무를 베지 않기로 결정했다. 세계골프재단은 열성적인 골프팬이었던 아이젠하워가 골프 대중화에 기여한 공로를 인정해 2009년 6월 그를 세계 골프 명예의 전당 회원으로 선정했다.

오거스타 내셔널 골프클럽은 명문 클럽답게 다양한 일화가 많다. 이 골프장은 애틀랜타 출신의 골프 선수였던 바비 존스가 1930년 은퇴하면서 건설한 골프장이다. 과거 인디언의 농장이자 과수원 종묘장이던 땅을 매입해 건설했다. 1934년부터 연례 대회가 시작됐지만 마스터스로 대회 이름이 바뀐 것은 1939년부터이며 2차대전이 한창이던 1943~45년에는 경기가 열리지 못했고, 당시 골프 코스는 칠면조 사육장으로 변하기도 했다.

▎마스터스 골프 대회가 열리는 오거스타 골프클럽

2002년 일간 신문 'USA 투데이'에 일부 공개된 회원 명단에 따르면 조지 슐츠 전 국무장관, 샘 넌 전 상원 의원, 잭 웰치 전 GE 회장, 빌 게이츠 마이크로 소프트 회장, 워런 버핏 버크서 해서웨이 회장 등 정계 및 경제계의 거물급 인사가 대거 포함돼 있었다. 하지만 돈이 많거나 권력이 있어도 클럽 회원의 추천없이는 입회가 불가능할 정도로 콧대가 높다. 역대 대통령 중 회원은 골프광이었던 아이젠하워 대통령이 유일하고, 프로 골퍼 중에는 아널드 파머, 잭 니클라우스, 존 해리스 등 세 명만 회원이다. 클럽 측은 최고의 코스 관리를 위해 10월 중순부터 5월말까지 7개월 정도만 개장을 하고, 여름철이 되면 문을 닫고 잔디를 쉬게 한다. 주말에도 열 개 팀 정도만 받을 정도다. 대회 기간에는 다른 골프클럽의 관리자까지 자원봉사자로 받아 디봇 자국을 단 한 개도 용납하지 않는다.

　우승자에게 주는 그린 재킷은 원래는 회원만 입던 재킷으로 클럽 내에서 회원을 알아볼 수 있고, 특히 웨이터가 돈을 낼 사람이 누군지 알 수 있도록 만든 것. 가격은 한 벌당 250달러 안팎이다. 우승자는 또 우승할 당시 승부의 결정적 역할을 한 골프채를 기증하는 게 전통이다. 대회 개막 다음날인 화요일 저녁에는 전년도 우승자가 클럽 회원과 역대 챔피언들을 초청한 가운데 '챔피언스 디너' 행사를 갖는 것이 전통으로 돼 있다.

　코스중 11, 12, 13번 홀이 가장 난코스이자 희비가 엇갈리는 승부가 많이 난다고 해서 '아멘 코너'로 불린다. 16번과 17번 홀 중간에는 이 대회 최다 6회의 우승기록을 보유 한 잭 니클라우스 그리고 16번 티박스 뒤쪽에는 4회 우승 기록의 아널드 파머의 동판이 설치돼 있다. 주최 측은 타이틀 스폰서나 기업 후원을 전혀 받지 않지만 입장료와 기념품 판매 대금 및 방송중계료 수입으로 이를 충당한다. 입장권 수입과 TV 중계권료가 각각 1000만 달러에 달하며 갤러리에게 1주일간만 판매되는 기념품 판매 등 부수입도 2000만 달러를 넘는 등 마스터스 평균 수입은 4000만 달러를 넘는 것으로 추산되고 있다.

켄터키를 먹여살리는 켄터키 더비

마스터스 골프 대회 못지않은 세계적 명성의 남부 스포츠가 켄터키 주에서 매년 5월 열리는 세계적인 경마 대회 켄터키 더비Kentucky Derby. 1875년 5월 프랑스계 미국인 메리웨더 루이스 클라크Meriwether Lewis Clark, Jr. 대령이 도입한 이 대회는 매년 5월 첫째 주 토요일 켄터키 주 루이빌의 처칠다운스Churchill Downs 경마장에서 열리며 2012년으로 138회를 맞았다. 인구 74만 명의 소도시에서 열리지만 대회 2주 전부터 '더비 축제Derby Festival'가 열려 불꽃놀이, 패션쇼 등 다양한 행사가 열리고, 연인원 150만 명의 관광객이 몰린다. 2010년 더비에 걸린 베팅 금액이 1억 1270만 달러약 1210억 원를 넘어설 정도로 미국에서 개최되는 단일 경주 가운데 최고 상금을 자랑한다. 켄터키 주 지역 경제에 미치는 효과는 2억 1700만 달러에 이른다는 분석이다.

　더비는 원래 세 살짜리 최고의 경주마를 가리는 경마 대회로, 스무 마리의 말이 1.25마일약 2011미터 주로에서 벌이는 단판 승부다. 이는 스포츠에서 가장 위대한 2분Greatest Two Minutes in Sports으로 불리기도 한다. 켄터키 더비 외에 프리크니스 스테이크스, 벨몬트 스테이크스 등 미국의 3대 경마 대회에서 모두 우승하는 경주마를 대삼관Triple Crown이라 부른다. 3관마는 1919년 '서 바튼Sir Barton'을 시작으로 78년 '어펌드Affirmed'까지 모두 열한 마리에 불과하다고 한다. 처칠다운스 경마장의 레이스 트랙 옆에는 세계 유명 인사들이 찾는 '백만장자석Millionaire's Row'이 따로 마련돼 있다. 경마장 내 4층과 7층 실내에 마련된 백만장자석은 결승선이 바로 내려다보이는 명당에 자리 잡아 티켓 가격이 4000달러를 넘는다. 이 대회로 인해 중동부의 시골 지역에 불과한 켄터키 주는 세계 최대의 말 산업 중심지로 발전했다. 켄터키 주는 영하를 밑도는 기온에도 푸른빛을 잃지 않는 잔디인 '켄터키 블루그래스Bluegrass'로 유명하다. 말 산업으로 인한 직접적 경제 효과만 40억 달러에 고용 창출 인구가 10만 명이다. 켄터키 주에서 생산해서 판매한 말의 가격만 6억 5000만 달러에 달해 말 산업만으로도 소규모 국가의 총생산과 맞먹는 경제적 부를 창출하고 있다. '켄터키 더비'에서 우승한 유명 경주마의 동상이 거리에 세워지고, 도로명과 건물명에는 경주마의 이름이 들어간다.

골프의 성인 바비 존스 전설

미국 프로골프PGA의 전설적인 인물 중 한 명인 골프의 성인聖人 바비 존스Bobby Jones. 그에 대한 신화가 애틀랜타에서는 끊임없이 이어지고 있다. 본명이 로버트 타이어 존스Robert Tyre Jones인 바비 존스1902~71는 애틀랜타 출신의 전설적인 골퍼. 여섯 살 때부터 본격적으로 골프를 시작해 1923년 US 오픈 선수권 우승을 시작으로 각종 메이저 대회를 휩쓸었다. 특히 1930년에는 브리티시 아마추어, 브리티시 오픈, US 아마추어, US 오픈 등 영국과 미국의 오픈 및 아마추어 선수권 등 네 개 메이저 대회를 모조리 휩쓸며 한 해에 그랜드슬램을 달성한 유일한 골퍼다. 그는 프로 골퍼들이 선망하는 '꿈의 무대'인 마스터스 골프 대회를 창시한 주역이며, 마스터스 대회가 열리는 오거스타 내셔널 골프클럽도 그가 1930년 은퇴하면서 건설한 골프장이다. 1936년 자신이 창설한 마스터스 대회에 직접 출전하기도 했던 바비 존스가 애용한 전설적인 퍼터 '컬래머티 제인Calamity Jane'이 이 골프장에 보관돼 있다. 코카콜라 후원으로 매년 투어 챔피언십이 열리는 애틀랜타 시내의 이

▎바비 존스의 묘지 앞에 놓인 골프공

스트 레이크 골프클럽도 그의 어린 시절 손때가 남아 있는 클럽이다. 이 클럽은 1908년 7월 4일 문을 열 당시 바비 존스의 아버지가 창립 회원이어서 당시 여섯 살이던 존스는 자연스럽게 이곳에서 골프를 배우며 미래를 준비했다. 이 골프장의 클럽하우스에는 존스의 그랜드슬램 우승 트로피 네 개의 실물 모형이 전시돼 있고, 라커룸에는 존스의 라커가 그대로 보존돼 있다. 골프장 측은 2010년 9월 27일 존스가 그랜드슬램을 달성한 80주년을 맞아 대대적인 기념 행사를 열기도 했다.

2011년 8월 PGA 챔피언십이 열린 애틀랜타 외곽 존스 크릭Johns Creek 시에 있는 '애틀랜타 에스레틱 클럽'도 바비 존스의 숨결이 살아 숨 쉬는 명문 골프장이다. 이 클럽은 바비 존스가 한때 클럽 회장을 지내고, 1972년 숨지기 전까지 회원으로 활동한 명문 클럽. 한인 타운 한 가운데 위치한 이 골프클럽 앞을 지나는 도로 명칭도 '바비 존스 드라이브'로 명명돼 있을 정도로, 바비 존스의 전설은 애틀랜타 곳곳에서 오늘도 이어지고 있다. 바비 존스는 현재 애틀랜타 시내의 오클랜드공원묘지Oakland Cemetery에 잠들어 있다. 바비 존스의 묘 앞에는 골프 성인이란 별명답게 방문객이 놓고 간 골프공이 즐비하고, 묘비석 위에는 골프를 칠 때 쓰는 티도 여러 개 보였다.

바람과 함께 사라지다 개봉 73주년

역사상 가장 유명한 영화이자 성공한 영화 중 하나로 꼽히는 〈바람과 함께 사라지다Gone

With the Wind〉는 남북전쟁 당시 북부군의 애틀랜타 공략을 배경으로 한 작품이다. 애틀랜타 시내 미드타운에는 《바람과 함께 사라지다》를 쓴 마거릿 미첼Margaret Mitchell의 생가가 있다. 생가는 미첼이 1900년 11월 8일 태어난 곳이자 1926년부터 1933년까지 7년여에 걸쳐 《바람과 함께 사라지다》 원고

▎마거릿 미첼의 묘지

대부분을 집필하고 탈고했던 남부 문학의 고향이다. 이 소설은 1936년 첫 출간되자마자 그해에 100만 부가 팔려 미첼에게 1937년 퓰리처상을 안겼고, 이후 전 세계적으로 3000만 부 이상이 팔린 베스트셀러가 됐다. 또 할리우드에서 영화로 제작되어 아카데미 작품상을 비롯해 여덟 개의 오스카상을 받으며 영화로도 성공을 거뒀다. 하지만 미첼은 이후 다른 작품은 발표하지 않은 가운데 1949년 교통사고로 세상을 떠났다. 애틀랜타의 명소 중 하나인 미첼의 생가는 1994년 방화에 이어 1996년 애틀랜타 하계 올림픽 개최를 불과 40일을 앞두고 다시 방화를 당해 앙상한 골조만 남기도 했다. 그러나 1997년 5월 16일 원래 모습에 맞게 재건돼 박물관으로 문을 열었다. 박물관 및 생가에는 《바람과 함께 사라지다》의 집필실이 재현돼 있고 집필하는 과정에 얽힌 기록물과 각종 설명은 물론 미첼이 애틀랜타 저널 컨스티튜션AJC 기자로 재직하면서 쓴 신문 컬럼 및 편지, 사진 등이 전시돼 있다. 또 그녀가 사용하던 각종 생활용품과 초상화 등도 전시돼 있어 관광객의 순례지 역할을 해왔다.

또 애틀랜타 북쪽에 위치한 위성도시인 매리에타에도 《바람과 함께 사라지다》 박물관이 있어 연중 많은 관람객을 맞는다. 미첼은 애틀랜타 시내의 오클랜드공원묘지Oakland

Cemetery에 묻혀 있다. 이 묘지에는 남북전쟁 당시 숨진 남부연합군의 유해와 1870년대 이후 미국에 이민 온 동구권 유대인 및 흑인에 이르기까지 다양한 사연을 간직한 7만여 명의 영혼이 안식하고 있다. 이 묘지에서는 매년 10월 초 '공원에서 일요일을Sunday in the Park'이란 축제 행사가 열린다. 울창한 숲과 아름드리 나무가 가득한 공동묘지에서 평화롭게 휴일을 즐기는 모습은 미국 사회의 또 다른 특색 중 하나라 할 수 있다. 미첼의 묘지에는 뒤에 남편의 성Marsh을 사용한 이름이 보이고, 방문객이 놓고 간 동전이 비석 위에 한아름 놓여 있다.

2012년 4월로 〈바람과 함께 사라지다〉 영화가 개봉 73주년을 맞았다. 해마다 애틀랜타에서는 4월 중순부터 한 주일간 영화 상영, 토론회, 리셉션 등 다양한 행사를 통해 70여 년 전 대공황과 세계대전의 암울한 시대 분위기 속에서 대중에게 감동과 기쁨을 안겨준 이 영화의 진정한 가치를 되돌아본다.

한편, 2011년 2월15일 AJC에 따르면 이 소설의 주인공 이름이 당초에는 '스칼렛 오하라'가 아니었던 것으로 밝혀졌다. 《마거릿 미첼의 바람과 함께 사라지다 —애틀랜타에서 할리우드까지 한 베스트셀러의 긴 여정》이란 책을 쓴 엘렌 F. 브라운에 따르면 마거릿 미첼은 당초 소설의 주인공 이름을 '팬시Pansy'로 정했다. 하지만 일부 독자가 이 이름에 대해 동성애자에 대한 경멸적인 뜻이 담긴 용어로 오해할 것을 우려해 고심끝에 아일랜드 문학작품에 나오는 '스칼렛'으로 바꾸었다. 출판사의 편집자가 발음하기가 힘들다며 문제를 제기했으나 화가 난 미첼은 "당신들이 '쓰레기 같은 오하라Garbage O' Hara'라고 불러도 난 상관않겠다"는 답신을 보냈고, 결국 출판사 측은 작가의 뜻을 존중해 주인공 이름을 '스칼렛'으로 정해 출판했다.

미국 보수의 아성과 다양한 자연환경

07 보수의 아성, 남부
남부의 독특한 문화적 배경 | 보수주의의 마지막
보루 | 바이블 벨트 | 금주(禁酒)의 전통
뇌졸증 · 비만 벨트 | 상대적으로 낮은 교육 여건
일요일에 문닫는 착찹레 | 빌리 그레이엄 목사
08 솔리드 사우스에서 레드 스테이트까지
민주당의 100년 아성 | 공화당의 마지막
텃밭 | 남부 민주당의 오바마 기피
남부 출신 대통령과 기념관 | 기승부리는
반이민 정서
이민자의 애환과 집단 마을
09 남부의 이색 지역
사랑 · 평등 실천하는 코이노니아 공동체 | 80여
개국 난민의 보금자리 콜라크스톤

'원수의 땅'에 정착한 탈북자 |
뉴올리언스와 마디그라 | 걸라 회랑
지대와 케이준
최초의 골드러시 마을 달라너가 |
미 · 멕시코 국경 지대의 미니트맨
켄터키프라이드치킨의 고향, 노스 코빈
10 남부의 위대한 자연과 거듭되는 재해
애팔래치안 트레일과 스모키 마운틴 | 미시시피 강과
대홍수 |
남부인의 또 다른 성지, 스톤 마운틴 | 멕시코 만과
원유 유출 | 하절기 재앙 허리케인
매년 급증하는 토네이도 피해 |
남부 세 개 주의 물 분쟁

제3장

보수의 아성 남부

남부의 독특한 문화적 배경

한국에도 지역색이 있듯이 미국에도 지역별로 독특한 특색이 있다. 미국 남부 역시 산업이 발달한 북동부나 대평원의 중서부 등 다른 지역과 대비되는 독특한 문화와 역사, 관습이 있다. 남부의 지역적 특성은 우선 이곳에 터전을 잡았던 여러 인종의 특성이 혼합돼 빚어진 것으로 볼 수 있다. 가장 먼저 터전을 잡은 인디언부터 시작해 17세기부터 정착한 영국 식민주의자 및 유럽 이민자 그리고 대규모로 유입된 아프리카 흑인 노예의 전통과 유산이 한 요인으로 지적된다. 특히 미 대륙에 정착한 초기 영국인 가운데 북부와 남부에 정착한 사람들이 각기 다른 성향의 사람들이었다는 점도 남과 북의 차이를 낳는 요인으로 작용한 것으로 보인다. 제임스 바더맨James M. Vardaman의 《두 개의 미국사》이규성 옮김에 따르면 북부에는 종교적 박해를 피해 떠나 온 청교도가 주로 정착했다.[18] 반면, 버지니아 등 남부에 정착한 사람들은 청교도 혁명 과정에서 패한 왕당파가 주류를 이뤘고 이들은 캐벌리어Cavalier로 불렸다.

여기에 상공업을 중심으로 발전한 북부와는 달리 남부는 담배와 목화 및 쌀농사 중심의 대농장을 기초로 발전했다. 영국식 전통과 귀족주의 기풍을 유지했고 남부 특유의 친절함과 기사도 정신을 최고의 가치로 여기는 풍토도 자리 잡았다.

이 같은 남부와 북부 간 차이는 영국 식민지로부터 독립해 미합중국을 건설하는 과정에서도 갈등을 빚었다. 상공업 중심의 북부는 강력한 중앙집권주의와 보호무역주의를 주장한 반면, 대농장 중심의 남부는 작은 정부와 무역 자유화를 주장하며 맞섰다. 이러한 갈등과 대립은 80여 년 뒤 남북전쟁으로 연결된다. 남북전쟁은 노예제 찬반을 둘러싼 남북 간 대립뿐만 아니라 주州의 독자적 권리 그리고 보호관세 문제 등 미합중국 건국 초기에 봉합됐던 문제가 다시 복합적으로 불거져 발생했다고 볼 수 있다. 4년간의 내전인 남북전쟁은 남북 간의 차이를 보다 심화시키는 결정적 계기가 됐다. 남북전쟁은 남부인의 가슴속에 깊은 상처와 감정의 골을 남기며 북부에 대한 배타적 지역감정까지 초래했다.

보수주의의 마지막 보루

남부인과 남부 사회의 대표적인 특징은 보수적이란 점이다. 상공업에 기초한 대도시 중심의 북동부와는 달리 남부는 오랫동안 플랜테이션 농장 등 농업 사회를 기반으로 중세 봉건사회와 같은 기풍을 유지해왔다. 이에 따라 기본적으로 보수적 성향이 짙다. 한 예로 최근 미국에서는 동성 결혼

남부군 전통 복장을 한 주민

을 합법화하는 주가 늘고 있지만 남부에서는 말도 꺼내기 어려운 형국이다. 동성 결혼이 합법화된 곳은 뉴욕·코네티컷·아이오와·매사추세츠·뉴햄프셔·버몬트 주, 워싱턴 DC 등인 가운데 2012년 11월 대선에서 실시된 주민투표에서 메인·메릴랜드·워싱턴 주에서 동성 결혼 합법화 안건이 통과됐다. 하지만 남동부만큼은 아직도 동성애를 죄악시하는 풍조가 강해 이를 합법화하는 주가 없다. 또 정치적으로도 보수정당인 공화당의 마지막 남은 텃밭이 남부 지역이다. 2011년 3월 갤럽 여론조사를 보면 미국에서 보수적인 주민이 가장 많이 사는 곳은 미시시피 주 등 남부가 주를 이룬다. 자신을 '보수주의자'라고 생각한다는 주민의 비율이 미시시피 주는 절반 이상50.5퍼센트으로 가장 높았다. 미시시피 주는 보수적인 기독교 신자가 많이 거주하는 '바이블 벨트'의 핵심 지역으로, 정치적으로도 주 의회의 상하원과 주지사를 모두 공화당이 차지하고 있다. 미시시피에 이어 아이다호, 앨라배마 등 남부와 중서부 주가 그 뒤를 이었다. 반면, 자신을 '진보주의자'라고 생각하는 주민이 가장 많은 곳은 워싱턴 DC로 41.1퍼센트를 기록했고, 이어 버몬트, 로드아일랜드 등 북동부의 주가 뒤를 이었다.

일각에서는 남부의 보수적 분위기가 시대 변화에 적응하지 못하고, 남부 전체 경제를 상대적으로 낙후되게 만드는 요인으로 작용했다는 분석도 제기한다.[19] 남부의 보수주의적 특성은 인종차별주의 혹은 외지인에 대한 배타적 태도로 나타나기도 한다. 남부인은 겉으로는 친절하지만 쉽게 속마음을 열지 않는 경향이 강하다. 물론 서로 친하게 된 이후에는 가족처럼 대하지만 말이다.

바이블 벨트

남부 지역을 여행하다 보면 고속도로변에 대형 십자가가 세워져 있는 모습을 종종 볼 수 있다. 또 애틀랜타 등 주요 도시에는 신도가 수만 명에 달하는 메가 처치Mega Church가 즐비하다. 한 예로 애틀랜타 외곽의 리소니아Lithonia에 있는 초대형 교회인 새생명침례교회New Birth Missionary Baptist Church는 신도 수가 2만 5000명에 달한다. 조지아 주에서 가장 큰 이 교회는 한 번에 만 명을 수용할 수 있는 교회 건물까지 보유하고 있다. 이러한 대형 교회가 남부 지역에는 주요 도시를 중심으로 상당히 많다.

남부의 보수적 성향은 보수적인 기독교가 주류를 이루는 바이블 벨트

Bible Belt라는 개념과 연결된다. 바이블 벨트는 1920년대 저널리스트였던 헨리 루이스 맥켄Henry Louis Mencken이 만들어낸 신조어로, 통상 성서의 무오류를 확신하면서 기독교 국가 건설을 지향하는 기독교 복음주의 Evangelicalism의 영향력이 널리 퍼져 있는 지역을 가리킨다. 텍사스에서 시작해 아칸소·루이지애나·미시시피·앨라배마·플로리다·조지아 주를 말한다. 영국 식민지 시절에는 미 남부에서 영국 성공회가 왕성했지만 이후 변화를 거듭해 침례교가 번성했다. 이는 북동부에서 감리교, 장로교, 회중교회, 성공회 등 개신교 주류 교단과 가톨릭이 함께 성장했던 것과 크게 대조된다.

2012년 3월 갤럽이 발표한 미국의 종교 성향에 관한 여론조사에 따르면 미국 남부의 미시시피 주가 가장 종교적인 주로 조사됐고, 남동부 주들이 뒤를 이었다. '종교가 일상생활에서 중요한 부분이며, 거의 매주 종교 예식에 참석한다'는 응답을 '매우 종교적very religious'이라고 규정한 이 설문조사에서 미시시피 주는 주민의 59퍼센트가 매우 종교적인 것으로 조사됐다. 뒤를 이어 모르몬교도가 많이 사는 유타 주57퍼센트가 2위를 차지한 가운데 앨라배마·루이지애나·아칸소·사우스캐롤라이나·테네시·노스캐롤라이나·조지아·오클라호마 주가 매우 종교적인 주의 상위권을 형성했다. 반면 북동부의 버몬트 주와 뉴햄프셔 주가 23퍼센트로 가장 낮은 순위를 기록했고, 메인·알래스카·매사추세츠·오리건 주가 뒤를 이었다.

미시시피 주가 가장 종교적인데 반해 버몬트 주와 뉴햄프셔 주가 가장 덜 종교적이란 조사 결과는 2009년 12월 워싱턴의 민간 연구 기관 '종교와 공공 생활을 위한 퓨 포럼PFRPL'이 발표한 설문 조사 결과와도 일치한다. 한마디로 남동부 및 남서부의 소위 '바이블 벨트' 주들의 신앙심이 각별하다는 사실을 재확인시켰다고 볼 수 있다.

PFRPL이 2012년 10월 발표한 미국인 종교 성향 조사ARIS에 따르면 미국인 가운데 개신교도는 48퍼센트로 1970년대 60퍼센트 대에서 급격히 감소했다. 또 아무 종교도 없다는 미국인이 20퍼센트로 5년 전의 15퍼센트에서 상당히 증가했다. 미국 주류 교단의 쇠퇴와 함께 종교에 대한 관심이 떨어지고 있음이 드러났다. 미국 전체적으로 개신교도가 감소하는 추세이지만 남동부는 여전히 주민의 상당수가 개신교도이고, 교단의 차이가 있다 할지라도 복음주의적 성향이 높다. 테네시 주 내슈빌Nashville에는 미국 내 최대 개신교단인 남침례교회와 두 번째 규모의 연합감리교회 그리고 흑인 최대 규모의 아프리카감리교회의 교단 본부가 있어 '개신교의 바티칸'으로 불린다. 오순절교단에서 두 번째 규모인 하나님의 교회 역시 테네시 주 클리블랜드Cleveland에 교단 본부가 있다. 미국 장로교회 역시 켄터키 주 루이빌Louisville에 자리하고 있어 장로교, 감리교, 침례교, 오순절교단의 주요 교단 본부가 모두 남부에 있다.

남부의 보수주의적 종교 성향은 복음주의자가 조직적으로 정치적인 영향력을 행사하기 시작한 1980년대 후반부터 공화당과 밀접한 관계를 맺게 된다. 특히 이들은 2000년과 2004년 대선에서 공화당의 조지 W. 부시 후보가 당선되는 데 큰 영향력을 발휘했다. 2004년 대선에서 복음주의 기독교의 78퍼센트가 부시 후보에게 표를 던졌을 정도다.[20] 다만 첫 흑인 대통령으로 선출된 오바마의 경우 미국 내 전 지역에서 흑인 인구의 절대적인 지지를 얻었다. 이것은 동성애와 여러 경제정책에서 자유주의적 혹은 진보적인 색채를 지닌 민주당에 대한 지지도가 흔들리던 보수적인 흑인 교회가 다시 한 번 민주당을 중심으로 그 영향력을 보여줬기 때문이다.

금주禁酒의 전통

남부의 많은 지역에서는 일요일에 술을 판매하지 않는 금주의 전통이 유지되고 있다. 미국은 청교도가 건국한 나라답게 일요일은 예배와 휴식 속에서 종교적 규칙을 준수하고, 쇼핑이나 술 판매를 금지하는 소위 '청교도 관습법blue laws'의 전통이 건국 초부터 유지돼왔다. 특히 1919년 미국 영토 내에서 알코올 음료의 양조·판매·운반·수출입을 금하는 미국 수정헌법 18조와 시행세칙이 통과되어, 금주법禁酒法이 1933년까지 시행됐다. 당시 '밤의 대통령'으로 불린 알 카포네로 대표되는 범죄 조직 마피아가 지하 밀주 조직을 지배해 엄청난 부를 축적했다.[21] 그러다가 1933년 수정헌법 21조에 따라 금주법이 폐지됐다. 이후 금주 문제는 각 주의 법이나 지방조례로 규정토록 함에 따라 많은 주가 일요일 술 판매를 금지해왔다. 일요일 술 판매 금지 조치는 2차 세계대전 이후 여성이 대거 직장 생활을 하고, 주말 쇼핑이 많아지면서 점차 사라지기 시작했다. 전미증류주협의회에 따르면 2012년 기준으로 일요일에 술 판매가 허용되는 주는 모두 38개에 달한다. 다만 테네시, 사우스캐롤라이나, 노스캐롤라이나, 미시시피, 앨라배마, 텍사스, 오클라호마 등 보수적인 남동부와 중서부의 열두 개 주는 금주 전통을 유지하고 있다.

남부에는 일요일은 물론 아예 관내에서 술 판매를 금지하는 이른바 '드라이 카운티Dry County'도 많다. 전미알코올통제연합회의 2004년 조사에 따르면 미 전역에서 약 500여 개 지방정부가 술 판매를 금지하는 드라이 카운티에 속한다. 알래스카 주의 83개 카운티를 제외하곤 대부분 남부에 속한 카운티다. 미시시피 주는 절반 정도가 드라이 카운티에 속한다. 테네시의 맑은 물로 빚는 잭 다니엘Jack Daniel's 위스키로 유명한 테네시 주의 무어 카운티도 드라이 카운티여서 관내 상점이나 레스토랑에서는 이 위스키를 구할 수 없을 정도다.

　물론 일요일 술 판매 금지 정책을 고수해온 남부에서도 최근 변화의 바람이 일고 있다. 한 예로 애틀랜타는 바이블 벨트의 중심지답게 1800년대 말부터 주일인 일요일에는 술을 팔지 못하도록 법으로 금지해왔다. 그러나 경기 침체의 여파로 세수 부족에 허덕이던 조지아 주 정부는 2010년 관련 규제를 철폐했고, 메트로 애틀랜타 지역의 지방정부들은 주민투표를 통해 2011년 11월부터 일요일에도 술을 판매하기 시작했다. 남부의 정계와 경제계에 절대적 영향을 발휘하는 남침례교단 등 개신교계가 반발했지만 사회 변화의 흐름을 되돌릴 수 없었다.

뇌졸중·비만 벨트

남부는 그동안 경제적 여건이 대폭 향상됐지만 보건상으로는 다른 지역에 비해 열악한 지표가 많다. 대표적인 예가 '뇌졸중 벨트Stroke Belt'라는 오명이다. 뇌졸중과 심혈관 질환이 이례적으로 많이 발생하는 앨라배마, 아칸소, 조지아, 켄터키, 루이지애나, 미시시피, 노스캐롤라이나, 사우스캐롤라이나, 테네시, 버지니아 그리고 인디애나 등 열한 개 주를 통칭한다. 인디애나를 제외하곤 모두 남동부 주다. 이들 주에서는 지난 1980년대 뇌졸중 및 심혈관 질환으로 사망한 비율이 전국 평균에 비해 10퍼센트 이상 높았다.

또, 남부는 다른 지역에 비해 에이즈 바이러스HIV 감염자의 비율도 높은 것으로 조사되고 있다. 2012년 6월에 발표된 연방 정부 통계를 보면 매년 5만 명 가량인 미국 내 에이즈 신규 감염자의 절반이 조지아, 앨라배마, 플로리다, 사우스캐롤라이나 등 동남부 아홉 개 주에서 발생하고 있다. 미국에는 현재 120만 명의 에이즈 유발 바이러스인 HIV 보균자가 있는 것으로 파악되고 있다. 이들 중 20퍼센트가 HIV에 걸린 사실을 모르고 사는데, 특히 동남부 보균자의 상황이 심각하다는 게 전문가들의 진단이다. 에이즈 치료 후원 단체인 '에이즈 유나이티드' 관계자는 빈곤이 한 원인이기도 하지만 고질적인 인종차별 정서와 보수적 문화, 마약 중독자와 동성애자에 대한 뿌리 깊은 편견이 에이즈 예방과 치료를 방해하고 있다고 지적했다.

남부 주민은 또 동부나 중서부에 비해 상대적으로 활동적이지 않은 것으로 조사됐다. 미 연방 질병통제예방센터CDC가 공개한 각 카운티별 당뇨와 비만 및 운동에 관한 종합 보고서에 따르면 켄터키 주민이 가장 비활동적인 것으로 나타났다. 켄터키 주에 이어 앨라배마, 루이지애나, 미시시피, 오클라호마, 테네시 등 남부 지역 주도 비활동적인 주의 대열에 포함됐다. 반면 콜로라도 주민이 가장 활동적인 것으로 평가됐다.

남부 주민은 활동적이지 않은 탓이지 상대적으로 동부나 북부에 비해 비만 인구도 많다. 2012년 8월 발표된 미국 질병통제예방센터CDC 보고서에 따르면 텍사스 주를 포함한 동남부는 체중이 정상 수치에서 30파운드14킬로그램 이상 더 나가는 비만 상태의 주민 비율이 29.5퍼센트로 가장 높았다. 주별로는 미시시피 주가 34.9퍼센트로 가장 높았고, 루이지애나·웨스트버지니아·앨라배마 주가 뒤를 이었다.

상대적으로 낮은 교육 여건

학생의 학업 성적도 아이비리그가 있는 동북부에 비해 높지 않은 것으로 조사되고 있다. 보수 성향의 민간단체인 미국 입법교류협의회ALEC가 2012년 초 발표한 '미국 교육 보고서'에 따르면 전국교육진행평가NAEP 결과 하버드대와 MIT 등 유명 사립대학이 많은 매사추세츠 학생의 성적이 가장 우수한 것으로 평가됐고, 다른 동북부 여섯 개 주도 10위권에 포진했다. 반면, 남동부 지역은 노스캐롤라이나 주가 7위를 차지한 것을 제외하곤 부진을 면치 못했다. 테네시·아칸소·미시시피·루이지애나·사우스캐롤라이나 주 등 남동부 지역이 최하위권을 형성했다.

물론 이는 상대적 평가일 뿐, 남부 지역에도 외부에 알려지지 않은 명문 대학이나 명문 고등학교도 많다. 노스캐롤라이나의 듀크대학, 애틀랜타의 에모리대학, 텍사스의 라이스대학, 테네시의 밴더빌트대학은 아이비리그에 못지않은 남부의 명문 대학으로 꼽힌다. 또 버지니아 주의 토머스 제퍼슨과학고, 휴스턴의 세인트존스스쿨, 애틀랜타의 웨스트민스터스쿨 및 월튼하이스쿨 등 명문 공사립고도 남부에 많다. 애틀랜타의 한인 타운이 밀집한 귀넷 카운티 교육위원회는 2010년 최우수 도심 학군으로 선정돼 100만 달러의 장학 기금을 받았다. 귀넷 카운티 교육위원회는 미국 내 대규모 도심 학군 중에서 학생의 인종적 분포가 다양한 가운데 학업 성적이 뛰어나고, 인종별 학력 격차를 급격히 해소하는 업적을 이룩한 교육위원회에 수여하는 '브로드 프라이즈Broad Prize' 수상자로 선정됐다.

일각에서는 남부의 역사적 전통과 교육 문제를 연결시켜 보는 시각도 있다. 한국외대 이현송 교수는 《미국 문화의 기초》에서 남부 지역에는 이성보다는 전통을 중요시하는 보수주의와 반지성주의가 지배적이었다고 분석한다. 특히 "흑인 노예의 반항을 두려워해 흑인에게 글을 가르치는 것을 금했으며, 백인 자녀 또한 과도하게 교육받아 이 사회의 모순적 성격에 눈뜨고 괴로워하는 것을 염려해 고등교육을 장려하지 않았다"고 지적했다. 이런 점도 남부의 교육 문제와 상관관계가 있지 않나 싶다.

일요일에 문 닫는 칙필레

바이블 벨트로 상징되는 남부의 기독교 열기는 일요일에 문을 닫는 기업까지 탄생시켰다. 애틀랜타에 본사를 둔 패스트 푸드 회사인 '칙 필레Chick-fil-A'는 일요일이 대목이지만 무조건 문을 닫는 것으로 유명하다. 창업주의 트루엣 캐시S.Truett Cathy가 1967년 회사를 설립한 이래 이 전통은 지켜져오고 있다. 남자 직원은 꼭 정장을 착용하고, 회사 행사에서 술을 전혀 사용하지 않는 전통도 유지하고 있다. 일요 휴무에도 불구하고 칙 필레는 2012년 연매출액이 40억 달러를 넘었다. 창업주인 트루엣 캐시의 개인 순자산은 약 18억 달러로

조지아 주에서 네 번째 갑부가 됐다.[22]

　46세의 나이에 칙필레를 창업한 캐시 회장은 "고객들에게 충직을 지켜 하나님을 영화롭게 하며 칙필레와 관계를 맺는 모든 사람에게 긍정적인 영향을 미치는 것"을 사훈으로 삼았다. 칙필레는 이익을 사회에 환원하는 건실한 기독교 기업으로 유명하다. 동시에 낙태 반대와 동성 결혼 반대 운동의 중심 단체인 '포커스 온더 패밀리' 등 기독교 비영리 단체와 학교에 매년 막대한 기부를 하고 있다. 창업주 아들인 댄 캐시 회장은 2012년 7월 대선을 앞두고 동성 결혼에 대한 반대 입장을 공식적으로 표명, 동성애 옹호론자로부터 큰 반발을 사기도 했다. 당시 진보 단체들은 전국적으로 칙필레 불매운동을 전개했다. 이에 맞서 남부 지역에서는 보수적인 주민이 '칙필레 사먹기 운동'을 펼치며 매장 앞에 길게 줄을 서는 풍경이 연출됐다.

빌리 그레이엄 목사

남부의 대표적인 기독교인 가운데 복음주의 대부인 빌리 그레이엄Billy Graham 목사가 있다. 60여 년간 180여 개국을 돌며 복음을 전해온 그는 드와이트 아이젠하워 전 대통령부터 역대 대통령에게 각종 자문과 종교적 조언을 해온 영향력 있는 인물. 조지 W. 부시 전 대통령은 그를 만난 뒤 새롭게 태어났다고 말했을 정도이다.

　지난 1973년 5월 말 한국을 방문해 여의도 광장에서 300만 명이 모인 가운데 한국 전도대회라는 부흥회를 개최하기도 했다. 그는 1992년과 1994년 평양을 방문해 아버지 부시 대통령과 빌 클린턴 대통령의 메시지를 김일성 주석에게 전달하며 한반도 평화를 위한 행보를 했다. 김일성 주석은 그를 위해 성대한 환영 오찬을 베풀고, 평양 기독교 교회에서의 설교를 허용했다. 아들인 프랭클린 그레이엄 목사도 구호 단체인 '사마리탄즈 퍼스Samaritan's Purse'의 회장으로 수시로 북한을 방문해 구호 활동을 전개했다.

그레이엄 목사가 한국은 물론 북한에까지 관심을 보인 데는 부인 루스 그레이엄Ruth Graham여사의 한국과의 인연이 크게 작용했다. 지난 2007년 6월 타계한 고故 루스 그레이엄 여사는 북한 평양의 평양외국인학교를 나온 특이한 케이스. 그녀는 1920년 미국 장로교가 파송한 의료 선교사 넬슨 벨 부부의 둘째 딸로 중국 상하이에서 태어났으며, 열한 살 때 집을 떠나 평양외국인학교에서 1936년까지 6년간 공부했다. 당시 평양외국인학교는 기숙사 시설까지 갖춘 최고의 교육 기관이어서 동양에 파송된 선교사 자녀의 대부분이 이 학교를 다녔다. 그레이엄 여사는 60여 년만에 남편과 함께 평양을 방문하기도 했다. 루스 여사는 노스캐롤라이나 주 블랙마운틴에 한국에서 활동하다 은퇴한 선교사가 정착할 수 있도록 지원하기도 했다. 특히 은퇴한 선교사 가운데 평양외국인학교 출신이 많아 1986년에는 블랙마운틴에서 이 학교 동창회가 열리기도 했다

솔리드 사우스에서
레드 스테이트까지

민주당의 100년 아성

미국 건국 후부터 남북전쟁이 발발하기 전까지 80여 년간 남부는 미국 정치에 있어서 핵심적인 역할을 했다. 이 기간 열두 명의 대통령 중 아홉 명이 남부 출신일 정도로 막강한 영향력을 행사했다. 그러나 남북전쟁에서 남부연합이 패한 뒤 정치적 주도권은 북부로 넘어갔고, 결국 남북전쟁 후 한 세기 동안 남부 출신이 대통령이 된 경우는 매우 드물었다.

남부는 1860년 대선에서 노예제에 반대하는 공화당의 링컨 대통령이 당선됨에 따라 연방에서 탈퇴하고 이어 남북전쟁에서 패하자 이에 따른 반발로 민주당을 강력히 지지했다. 재건 시대 이후인 1877년부터 1964년까지 거의 한 세기에 걸쳐 남부 지역 백인은 민주당 후보를 열성적으로 지지했다. 이에 따라 남부는 견고한 민주당의 아성을 상징하는 '솔리드 사우스 Solid South'로 불렸다. 지금은 민주당이 진보 정당이고, 공화당은 보수 정당이지만 19세기까지만 해도 정반대였다. 당시 민주당은 노예제를 지지하고 흑백 분리를 찬성한 보수 정당인 반면, 공화당은 이민과 반노예제 정책을 지지하는 진보 정당이었다. 1차 대전부터 1970년대까지 수백만 명의 남부 흑인이 일자리를 찾아 대이동을 함에 따라 남부 정치는 보수적인 백인이 좌지우지하게 됐고, 이는 솔리드 사우스 현상을 부채질했다.

남북전쟁 이후 거의 한 세기 동안 남부 출신이 대통령이 된 사례는 우드로 윌슨Woodrow Wilson처럼 버지니아 출신이지만 뉴저지 주지사 등 북동부에서 대부분 정치 생활을 한 경우이거나 앤드루 존슨Andrew Johnson, 해리 트루먼Harry S. Truman, 린든 존슨Lyndon B. Johnson처럼 부통령으로 재직하다 대통령이 사망해 승계한 경우가 있을 뿐이다.

그러다가 1976년 조지아 주지사 출신의 지미 카터Jimmy Carter가 대통령에 당선됐다. 카터는 1848년 버지니아 주 출신의 자카리 테일러Zachary Taylor 대통령 이후 첫 남부 출신 대통령이다. 카터의 당선을 계기로 남부는 워싱턴 정가에서의 영향력을 회복해나갔다. 1960년대 이후 배출된 대통령 가운데 린든 존슨, 지미 카터, 조지 H.W. 부시, 빌 클린턴, 조지 W. 부시 등 다섯 명이 남부 출신이다. 1990년대에는 아칸소 주 출신의 빌 클린턴이 백악관을 차지하고, 조지아 주 출신의 뉴트 깅리치 의원공화이 하원 의장을 맡고, 의회 지도자도 다수가 남부 출신이어서 '미국 정치의 남부화'란 말까지 나오기도 했다.

공화당의 마지막 텃밭

|

1960년대 민권운동이 본격화되면서 민주당 아성이던 남부의 정치 판도는

대변화를 겪게 된다. 1960년대 들어 민주당이 흑인 민권운동을 적극 지지하고, 특히 린든 존슨 대통령 행정부 때 민권법Civil Rights Act과 투표권리법 Voting Right Act이 제정되자 남부 백인은 민주당 지지에서 대거 이탈했다. 1964년 린든 존슨 대통령이 민권법에 서명하면서 이 법률이 친정인 민주당에 타격을 입힐 것이라고 예상됐는데 그 예상은 얼마 못 가 적중했다. 공화당은 민주당 지지에서 이탈하는 남부 백인의 표심을 적극 공략해 남부를 장악해나갔다. 1964년 공화당의 베리 골드워터Barry Goldwater 대선 후보가 민권법에 반대하며 선풍을 일으켰고, 공화당 출신의 리처드 닉슨은 인종 문제를 교묘히 이용해 남부 백인 표를 흡수하는 전략을 구사했다. 이런 흐름 속에 남부의 정치 환경은 공화당 쪽으로 급격히 기울었고, 이는 1980년 로널드 레이건 대통령의 당선과 1994년 중간선거에서 공화당 압승으로 정점에 달했다. 당시 중간선거에서 공화당은 하원에서 54석, 상원에서 8석을 추가하며 대승을 거뒀다.

2012년과 2008년에 실시된 대선 결과도 남부가 공화당의 지지 기반임을 여실히 보여준다. 2012년 대선에서 버락 오바마 대통령은 동부와 서부의 기존 민주당 텃밭 외에 콜로라도, 아이오와, 뉴햄프셔, 오하이오, 버지니아, 위스콘신, 플로리다 등 일곱 개 경합 주에서도 '완승'을 거뒀다. 오바마 대통령은 최종 선거인단 수에서 332명 대 206명으로 밋 롬니 공화당 후보를 여유 있게 앞서며 재선에 성공했다. 반면 롬니 후보는 승부처였던 일곱 개 경합 주에서 완패했다. 특히 롬니 후보는 중서부와 남동부를 중심으로 모두 스물네 개 주에서 승리했지만 과거 남부연합에 속했던 주 가운데 플로리다와 버지니아 주까지 오바마에게 넘겨줬다.

2008년 대선에서도 공화당의 존 매케인 후보는 동부와 서부에서 거의 전멸한 가운데 중서부와 남동부에서만 승리했다. 당시 매케인 후보는 스물두 개 주에서 승리하는 데 그쳤지만 남동부에서는 플로리다, 노스캐롤라이나, 버지니아를 제외하고는 대부분의 주에서 승리했다. 실제 뉴욕에서 미시시피에 이르는 애팔래치안 벨트의 410개 카운티 가운데 오바마가 승리한 카운티는 44개에 불과했다. 앨라배마 등 흑인 인구 비율이 높은 남부의 이른바 '블랙 벨트' 지역에서는 흑인 투표율이 비약적으로 상승했지만 백인표의 벽을 넘어서지는 못할 정도로 남부는 공화당의 텃밭이었다. 당시 오바마 열풍이 전국을 휩쓸어 미국 지도가 온통 민주당을 상징하는 파란색으로 도배될 때에도 공화당이 승리한 몇 안 되는 '레드 스테이트'로 남았던 곳이 남부다.

남부 민주당의 오바마 기피

공화당의 텃밭으로 견고하게 자리잡은 남부에서는 아예 민주당 깃발조차 들지 않으려는 경향까지 나타나고 있다. 2010년 미국의 중간선거를 앞두고 남부에서는 오바마 대통령의 지원 유세를 꺼리는 현상도 나타났다.

오바마 대통령은 중간선거를 앞두고 2010년 8월1일 애틀랜타를 방문해 전미상이군인연합회DAV 총회에 참석하고 이어 민주당 후보들을 위한 선거 자금 모금 행사에서 연설을 했다. 하지만 대통령을 앞서서 맞아야 할 민주당의 로이 반즈 조지아 주지사 후보는 모금 행사에 참석하지 않고, 애틀랜타에서 멀리 떨어진 조지아 남부에서 유세를 가졌다. 남부에서 오바마 대통령에 대한 빈감이 키지고 있는 만큼 대통령과 함께 있는 모습이 표밭 공략에 도움은커녕 마이너스가 될 것이란 판단에 따른 것이다. 오바마 대통령이 8월 7일 자금 모금 행사 참석차 텍사스를 방문했지만 빌 화이트 민주당 텍사스 주지사 후보도 이 행사에 불참하는 등 남부 민주당 후보들의 대통령과의 거리두기는 이어졌다.

이런 분위기는 2011년 2월 미 남부 정가에서 민주당 탈당 러시로 이어진다. 탈당 사태는 2010년 11월 중간선거에서 공화당이 남부 지방에서 연방 상하원과 주지사 선거는 물론 주 의회 선거에서도 압승을 거두면서 시작됐다. 2011년 2월 7일 로스앤젤레스 타임스LAT에 따르면 조지아, 앨라배마, 미시시피, 루이지애나, 텍사스 등 남동부 다섯 개 주에서 2010년 중간선거 이후 3개월 사이에 민주당에서 공화당으로 당적을 옮긴 주 상하원 의원이 스물네 명에 달했다. 탈당 대열에는 2004년 민주당의 보스턴 전당대회에서 연설을 했던 차세대 유망주인 애쉴리 벨Ashley D. Bell 변호사도 포함돼 있다. 흑인 출신으로 '전미대학민주당협회' 회장까지 지낸 벨 변호사는 조지아 주 북부의 홀Hall 카운티 커미셔너로 당선돼 차근차근 정치 경력을 쌓아왔으나 11월 중간선거에서 민주당이 대패하자 공화당으로 당적을 옮겼다. 주 상하원 의원은 물론이고 주 정부의 주요 선출직을 공화당이 싹쓸이한 조지아 주 정치 환경 속에서 생존을 위한 어쩔 수 없는 선택이란 해석이 나왔다.

민주당 탈당 러시는 '앨라배마의 오바마'로 불린 아터 데이비스Artur Davis 전 연방 하원 의원의 탈당과 오바바 공격으로 절정에 이른다. 데이비스 전 의원은 2003년부터 2011년까지 내리 8년간 하원 의원을 지냈고 2010년 주지사 후보 경선에까지 도전했던 민주당 중진 정치인. 그는 하원 내 흑인 의원의 모임인 '블랙 코커스Black Cacus' 및 민주당 내 소장파 의원 모임인 '뉴 뎀New Dems'에서 주도적인 역할을 했다. 특히 오바마 대통령과 하버드대 법과대학원 동창으로, 2008년 대선 때는 일찍부터 오바마 후보 지지를 선언하고, 핵심 측근으로 활약했다. 2008년 8월 앨라배마를 방문한 이태식 주미 대사와 함께 현대자동차 앨라배마 공장을 방문해 한미 자유무역협정FTA에 대한 지지 입장을 선언하기도 했던 지한파 의원이기도 했다. 그는 그러나 앨라배마 주지사 경선에서 패한 뒤 2012년 5월 당적을 공화당으로 바꾸고, 8월 공화당 전당대회에 참석해 오바마 공격에 나서 충격을 줬다.

남부의 공화당 지배 현상은 2012년 11월 6일 대선과 함께 실시된 주지사 및 주의회 선거에서 다시 입증됐다. 뉴욕타임스는 11월 22일자 보도에서 11월 선거를 통해 주지사와 주 의회의 상하원을 동일 정당이 장악한 주가 최소 서른일곱 개 주에 달하며, 이중 스물네 개 주는 공화당, 열세 개 주는 민주당이라고 보도했다. 주지사와 주 의회 상하원을 공화당이 모두 장악한 스물네 개 주에는 알래스카와 위스콘신도 포함돼 있지만 상당수는 남동부와 중서부에 위치한 주였다.

남부 출신 대통령과 기념관

남부 출신 미국 대통령 중 일부는 퇴임 이후에도 활발한 활동을 전개하고 있다. 이들의 업적을 기리는 대통령 기념 도서관과 박물관에는 미국인의 발길이 끊이지 않고 있다. 퇴임 이후에도 현역 시절 못지않게 활동하는 대표적인 사례로는 지미 카터 전 대통령을 들 수 있다. 39대 미 대통령을 역임한 카터는 재임 시에는 가장 인기없는 대통령으로 꼽히기도 했지만 퇴임 직후인 지난 82년 부인 로절린 여사와 함께 '카터센터'를 설립해 세계 평화 증진과 빈곤·질병 퇴치에 앞장서는 등 빛나는 제2의 인생을 보내왔다. 재임 중 중동 평화 협상에 적극 나서 이스라엘과 이집트 간 '캠프데이비드협정'을 성사시켰던 카터 전 대통령은 1차 북한 핵 위기 당시인 94년 북한을 방문, 김일성 주석으로부터 남북 정상회담 약속을 받아냈고, 이스라엘과 팔레스타인 간 중동 평화를 위한 중재도 계속해왔다. 부인 로절린 여사도 정신 질환 문제에 대한 심포지엄을 개최하는 등 25년간 정신 질환에 대한 관심 촉구와 의료보험 포함 등을 위한 노력을 주도해왔다.

카터센터는 애틀랜타 도심에서 동쪽으로 2마일 가량 떨어진 공원에 위치해 있으며 미국 연방 정부 산하 국립문서기록관리청NARA이 운영하는 카터도서관과 박물관이 인근에 있다. 2012년으로 창립 30주년을 맞은 카터센터는 에모리대학과의 공동 협력 속에서 70여 개국에서 선거 감시와 인권 향상 및 평화 정착을 위한 활동을 집중적으로 전개해왔다.

1986년 문을 연 카터박물관은 카터 대통령 재임 당시 받은 각종 선물과 사료는 물론 그의 삶과 정치적 역정을 담은 각종 자료를 구비해놓고 있는 애틀랜타 명소 중 하나다. 2600만 달러의 공사비를 들여 완공된 이 박물관은 카터 대통령의 최대 업적으로 꼽히는 중동 평화 정착과 관련된 사진과 센터 뒤편의 일본식 정원이 유명하다. 이곳에서는 백악관에서 일하는 주방 직원과 청소부 등 무대 뒷편에서 묵묵히 일하는 백악관 직원의 일상도 소개해 눈길을 끌고 있다. 박물관에는 1978년 12월 11일 카터 전 대통령이 새벽 5시 30분에 일어나 밤 11시에 잠들기까지 대통령의 하루 활동을 파악할 수 있는 '대통령 생활의 하루'라는 코너에서부터 카터센터의 국제적 활동상을 한눈에 볼 수 있는 코너 등이 설치돼 있다.

빌 클린턴 전 대통령도 활발하게 대외 활동을 전개 중인 가운데 고향인 아칸소 주 리틀

딕시Dixie
목화밭에서 오바마까지,
미국 남부를 읽는다

록에는 클린턴센터가 2005년 건립돼 남부의 명소가 되고 있다. 클린턴센터는 대통령 도서관과 박물관, 재단 본부, 학교 등으로 구성돼 있다. 센터 건물은 열네 개의 작은 방으로 구성돼 있고 방마다 클린턴 전 대통령의 재임 시 발생한 여러 가지 사건을 상세히 전시해놓았다.

조지 W. 부시 전 대통령은 퇴임 후 텍사스 주 댈러스로 이사해 조용한 행보를 하는 가운데 그의 업적을 기리는 기념 센터가 2013년 초 개관할 예정이다. 부시 전 대통령의 부인인 로라 부시 여사의 모교인 남감리대학SMU 캠퍼스에 세워질 부시센터에는 방문객 센터와 도서관, 정책 연구소가 포함된다. 뉴욕의 유명한 건축가 로버트 스턴이 설계한 이 기념관은 건평 22만 7000제곱피트2만 1000제곱미터 규모로 벽돌 건물로 지어지며, 건물 꼭대기는 랜턴 모양의 지붕으로 이뤄져 밤에도 불빛을 발하게 된다.

부시 전 대통령의 아버지인 조지 H.W. 부시 전 대통령의 기념 도서관은 텍사스 주 칼리지 스테이션에 있는 텍사스A&M대학 그리고 린든 존슨 전 대통령의 기념 도서관은 텍사스대 오스틴 캠퍼스에 있다. 부시 전 대통령 도서관에는 부시의 대통령 재직 시절 무너진 베를린 장벽의 커다란 잔해, 그리고 그가 해군 시절 태평양 상공을 비행하던 어벤저 전폭기와 똑같은 실물 전폭기가 설치돼 있다. 또 버지니아 주 마운틴 버논에는 초대 대통령인 조지 워싱턴 그리고 버지니아 주 스탠턴에는 우드로 윌슨 전 대통령, 미시시피 주 스타크빌에는 율리시스 그랜트 전 대통령 기념 박물관이 있다.

한편 남부에는 이 고장 출신이 아닌 역대 대통령이 인연을 맺은 장소도 많다. 댈러스는 존 F. 케네디 전 대통령이 1963년 11월 22일 카퍼레이드 도중 암살된 비극적이 곳이다. 2013년 케네디 서거 50주기를 맞아 다양한 추모 행사가 진행된다. 온천으로 유명한 조지아 주 남부의 웜 스프링스Warm Springs에는 리틀 화이트 하우스가 있다. 이는 프랭클린 루스벨트 전 대통령이 1932년 뉴욕 주지사 시절 지은 것이다. 루스벨트 대통령은 소아마비

치료차 1924년 이곳을 방문해 온천수로 차도를 본 뒤 이곳을 자주 찾았고, 1945년 사망할 당시에는 이곳에 아예 거주했다.

기승부리는 반이민 정서
|

미국 남부 지방의 보수적 성향은 최근 들어 불법 체류자에 대한 강력한 단속 및 추방 움직임으로 나타나고 있다. 미 국토안보부 통계에 따르면 2010년 현재 미국에 거주하는 불법 체류자는 1079만 명. 인종별로는 멕시코 등 중남미 출신인 히스패닉이 80퍼센트 정도로 절대다수를 차지하고, 그다음은 아시아계가 많다. 하지만 실제 불법 체류자는 2000만 명이 넘어 전체인구의 7퍼센트 정도로 추정된다.

오바마 행정부의 이민 개혁 작업이 지지부진하자 미 40여 개 주에서 2011년 상반기에 약 250개의 이민 관련법이나 결의안을 통과시켰다. 특히 앨라배마, 조지아, 유타, 인디애나, 사우스캐롤라이나 등 다섯 개 주는 지역 경찰에 불법 이민자 단속 권한을 부여하는 소위 '애리조나식' 이민법을 통과시켰다. 기업주가 종업원을 고용할 때 연방 정부의 신분확인프로그램 E-Verify을 통해 합법적인 신분 여부를 확인하도록 의무화한 법을 제정한 주도 열 곳에 달한다. 불법 이민자 및 체류자에 대한 강력한 단속 및 추방 움직임은 대공황 이후 최악의 경기 침체와 맞물려 증폭됐다. 이런 기류는 보수적인 남부에서 더욱 노골화되는 경향을 보였다. 남부에서는 그동안 불법 체류자 자녀의 공립대학 진학은 묵인해왔으나 이마저도 불허하기 시작했다. 앨라배마와 사우스캐롤라이나에 이어 조지아가 불법 체류자의 공립대 입학을 전면 금지하는 새로운 반反이민법을 통과시켰다. 소수 인종 권익 단체들은 반이민법이 이민자를 불법시하는 것이라고 비판하고, 불법 체류자 등 외국인의 범죄율이 일반 미국 국민에 비해 매우 낮다는 점을 들며 반이민법 추진이 근거 없는 정치 공세라고 반박하고 있지만 이 주장은 미국 사회의 도도한 보수화 추세에 밀리고 있다.

하지만 이 같은 반이민 정서는 2012년 대선에서 밋 롬니 공화당 후보에게 커다란 역풍으로 작용했다. 반이민 정서로 고통을 겪은 히스패닉 유권자의 71퍼센트가 버락 오바마 대통령에게 몰표를 던졌고, 이는 플로리다 주 등 경합 주 승부에서 승패를 좌우하는 요소가 됐다. 흑인 유권자도 93퍼센트가 오바마 대통령에게 몰표를 던졌다. 반면 롬니 후보는 백인 유권자의 59퍼센트 지지를 얻었지만 흑인과 히스패닉 유권자의 오바마 몰표를 뒤집는 데는 역부족이었다. 오바마 대통령은 소수 인종 그룹의 강력한 지지로 재선에 성공함에 따라 이민 개혁 카드를 다시 꺼내게 됐고, 공화당도 대선 패배를 계기로 소수 인종의 표심을 되돌리려는 움직임을 보이고 있다.

이민자의 애환과 집단 마을

미국 경제가 침체를 거듭하면서 미국인뿐 아니라 이민자에게도 상당한 주름살이 가고 있다. 물론 이민자 중에는 근면을 바탕으로 미국 사회에 정착하거나 성공 신화를 일구는 경우가 있다. 사우스캐롤라이나, 조지아, 플로리다 등 남동부 주에는 최근 한국, 베트남, 라

오스 등 아시아계 이민자가 농촌으로 대거 이주해 특유의 부지런함을 바탕으로 다양한 농장을 경영하며 성공 신화를 일구고 있다. 미 농무부에 따르면 미 전체 농민 중 아시아계 농민이 차지하는 비율은 2002년 7퍼센트에서 2007년에는 40퍼센트로 증가할 정도로 아시아계의 농업 진출은 급증세다.

사우스캐롤라이나 주의 파인우드에는 베트남계 이민자가 단체로 타운을 형성해 양계장을 운영하고 있고, 조지아 주 남부에도 150여 명의 베트남계 농민이 닭 농장을 경영하고 있다. 2008년 루이지애나 주에서 연방 하원 의원에 당선됐던 조지프 카오Joseph Cao 의원은 베트남계 이민자의 대표적인 성공 스토리라 할 수 있다. 노스캐롤라이나 주에도 콜드웰·캐타와바·무어·스탠리 카운티 등에 아시아계 농촌 커뮤니티가 형성돼 있다. 또 플로리다 주 올랜도 인근 아팝카 지방에는 한인이 대규모로 화훼 농장을 운영해 연간 3000만 달러 이상의 매출을 올리고 있다.

하지만 미국 사회에 제대로 정착하지 못해 어려운 생활을 하는 경우도 적지 않다. 임대료를 내지 못하거나 주택 차압으로 거리에 나앉는 한인에서부터 인력시장에서 막노동 일자리를 구하지 못해 무료 급식소나 보호소를 찾는 중남미계 등 이국땅에서 고달픈 하루하루를 보내는 저소득 이민자의 아픔은 곳곳에서 발견할 수 있다. 애틀랜타 외곽의 뷰포드와 로즈웰 등 매일 인력시장이 서는 곳에는 당일 막노동 일자리를 구하지 못한 히스패닉 이민자를 쉽게 볼 수 있다. 일용직 일자리를 구하는 히스패닉 노동자 중 상당수는 특히 먼저 이민 와서 정착한 사람의 집에서 한방에 7, 8명이 하루 10달러를 내고 잠만 자는 '닭장' 생활을 하면서 일자리를 구하는 경우도 많다.

이렇게 어려운 환경 속에서 살아가는 히스패닉 이민자가 많지만 향후 3, 40년 후에는 미국의 인구 지형이 완전히 바뀔 것으로 전망돼 주목되고 있다. 비영리 여론조사 기관 퓨리서치센터가 2012년 11월 8일 발표한 조사에 따르면 오는 2050년에는 미국 전체 인구에

반이민법 반대 시위에 나선 사람들

서 히스패닉과 흑인, 아시아 등 소수계가 차지하는 비중이 51퍼센트로 늘어날 것으로 예상됐다. 반대로 현재 다수계인 백인은 47퍼센트로 줄어 소수계로 전락될 전망이다. 특히 히스패닉은 현재 17퍼센트에서 2050년에는 29퍼센트로 증가할 것으로 예상되는 등 히스패닉계 인구가 빠르게 증가하고 있어 주목된다. 이들은 가톨릭 신자가 많아 출생률이 높은 점이 이에 작용한 것으로 분석된다. 흑인도 12퍼센트에서 13퍼센트로, 아시아계는 5퍼센트에서 9퍼센트로 늘어날 것으로 분석됐다.

남부의 이색 지역

사랑·평등 실천하는 코이노니아 공동체

조지아 주 남부에는 70여 년간 공동체 생활을 통해 사랑과 평등을 실천해 온 농장이 있다. 애틀랜타에서 차로 세 시간 거리인 아메리커스Americus 시에 있는 코이노니아Koinonia 공동체가 바로 그곳. 아메리커스는 지미 카터 전 대통령의 고향인 플레인즈 인근 동네답게 곳곳에 땅콩 농장이 펼쳐진 시골 마을이다. 5만 에이커 넓이의 농장에는 견과류의 하나인 피칸과 초콜릿 제품을 만드는 소규모 공장 그리고 빵을 만드는 빵집까지 갖추고 있다. 농장 주민은 기독교를 바탕으로 함께 기도하고, 노동하면서 재산도 공동으로 나누는 공동체 생활을 영위하는 게 특징. 2011년 7월 14일 이 농장을 방문 취재했을 때 세라 프렌더게스트 씨는 "농장에는 현재 여덟 가구가 함께 생활하고 있고, 나머지 10여 명의 회원은 인근 아메리커스 시내에서 출퇴근하며 농장 일을 한다"고 설명했다.

그들은 매일 아침 7시 45분 명상과 기도로 하루를 시작한다. 이어 오전 10시 30분과 오후 3시 30분 그리고 저녁 8시 30분에 벨이 울리면 하던 일을 중단하고 명상을 하거나 기도를 한다. 주중에는 농장 식당에서 점심 식사를 함께하고, 화·수·목요일에는 저녁도 함께하며 주민 간 대화와 친교를 갖는다. 세라 씨도 5년 전 남편 및 두 자녀와 함께 오하이오 주에서 이곳으로 이주해 왔다. 농사일을 통해 근로의 의미를 배우고, 공동체 삶을 배우려는 3개월 코스의 인턴 프로그램도 운영되고 있다. 또 농장에서 자연과 호흡하며 휴식을 취하려는 단순 방문객까지 합하면 매년 2500~3000명의 외지인이 이곳을 찾는다. 중동 팔레스타인 출신의 중년 부부도 2주간의 일정으로 방문해 농장 운영을 배우고 있었다.

'코이노니아'는 초대교회의 친교 정신을 나타내는 희랍어로, 인종과 계급에 상관없이 모든 인간을 동등하게 대하겠다는 이상이 담겨 있다. 1942년 클레어런스 조던Clarence Jordan 목사와 마틴 잉글랜드Martin England 목사 등 두 침례교 목사 부부에 의해 설립됐다.[23] 조지아농대를 졸업한 조던 목

▎코이노니아 농장 입구

사는 당시 인종차별이 심한 남부 지방에서 인종주의, 물질주의를 배격하고 간소하고 단순한 삶 속에서 평화와 인종 통합을 지향하자는 취지에서 공동체를 시작했다. 조던 목사는 특히 흑인 노동자가 쉽게 이해할 수 있도록 신약성서를 구어적 표현을 사용해 번역한 《코튼 패치Cotton Patch》라는 성서 번역본을 냈다.

하지만 이 지역 백인 주민은 코이노니아 공동체가 흑인을 평등하게 대우하고 함께 예배를 보는 데 격분해 농장에 불을 지르고 떠나라고 협박했다. 특히 조던 목사가 조지아주립대에 입학한 흑인 학생 두 명에게 추천서를 써준 사실이 알려지자 농장에서 생산한 피칸 등 견과류의 불매운동을 전개했다. 농장 측은 마틴 루서 킹 목사 등 흑인 민권운동가와 함께 인종차별주의에 맞서고, 우편 판매 운동으로 불매운동에 대항했다. 그러나 최대 60여 가구에 달했던 공동체는 1963년에 조던 목사 가족 등 서너 가구만 남게 될 정도로 위축됐다.

다만 1968년 훗날 사랑의 집 짓기 운동으로 유명한 '해비타트Habitat for Humanity' 운동의 선구자였던 밀러드 풀러Millard Fuller가 가세하면서 새로운 전기를 마련했다. 공동체의 주요 방향도 서민을 위한 집 짓기와 주택 개량 지원 활동으로 전환했고, 농장 이름도 '코이노니아 파트너'로 바꾸었다. 밀러드 풀러는 1976년 아메리커스에서 해비타트를 창설했는데 코이노니아 공동체는 해비타트 운동의 모체가 된 셈이다. 또 1979년에는 이 농장 소속 세 가정이 코머Comer 지역에 난민을 돕는 '쥬빌리 파트너스Jubilee Partners'라는 단체를 설립하고, 또 다른 가족이 사형수 가족을 돕는 '뉴 호프 하우스New Hope House'라는 단체를 조직해나가는 등 많은 봉사 단체의 모체가 됐다. 코이노니아 공동체는 2008년 기독교공동체 국제평화상을 수상했다.

2012년으로 창립 70주년을 맞은 이 농장은 새로운 변화를 모색하고 있다. 우선 활동 방향이 사랑의 집 짓기 운동에 과도하게 쏠려 있다는 판단에 따라 공동체 생활을 통해 간소한 삶을 추구해나간다는 창립 초기의 취지로 돌아가려는 운동이 전개되고 있다. 소수 인종 청소년을 모아 평화 교육을 실시하는 평화 캠프를 열고, 이민자 학생을 지원하는 한편 대규모 기업 농장 대신 유기농법을 보급하는 운동도 벌이고 있다. 홍보 담당인 아만다 무어는 "초창기 공동체 멤버는 모두 작고하거나 떠나 완전히 세대교체가 이뤄졌지만 조던 목사의 설립 취지는 농장 곳곳에서 면면히 이어지고 있다"고 말했다.

80여 개국 난민의 보금자리 클라크스톤

애틀랜타 시내에서 북동쪽으로 16킬로미터 정도 떨어진 클라크스톤 Clarkston 시. 시골풍 소도시인 이곳은 세계 각지에서 온 다양한 인종과 국적의 난민이 모여 사는 난민 타운으로 유명하다. 시내를 관통하는 철길 주변에는 다양한 종파의 교회가 보이고, 뒤쪽으로 보이는 10여 개 서민 아파트 단지가 난민촌 아파트 단지다. 2층으로 구성된 '크리스토퍼 우즈' 난민 아파트 단지에는 히잡을 쓴 이슬람 여성부터 아시아 부탄의 고유 의상을 입은 노인 등 다양한 주민이 오가고 있다. 이들은 아시아와 아프리카 및 동

유럽 등지에서 난민으로 살다가 국제 구호 단체의 지원을 받아 정착한 주민. 이 도시에 거주하는 7000여 명의 주민 중 절반 정도가 외국에서 온 난민이고, 시 외곽의 디캡 카운티까지 합해 2만 6000여 명의 난민이 모여 살고 있다. 미국에 매년 입국하는 6, 7만여 명의 난민 중 조지아 주에는 1500~3000명이 배정되는데 대부분이 이곳 난

▶난민 어린이들과 소풍을 간 한인 자원봉사 학생들

민촌에 정착한다. 80여 개국, 100여 개의 다른 언어를 구사하는 외국인이 오며 애틀랜타에 온 탈북자 일부도 잠시 이곳에 머물다가 덜루스Duluth 한인 타운 지역으로 이주했다. 한마디로 국제적인 '인종 전시장'을 방불케 하는 곳이다. 뉴욕타임스는 "미국 내에서 가장 다양한 인종이 모여 사는 제곱마일"이라고 비유했다.

애초 클라크스톤은 1830년대 철도가 개통되면서 발전한 애틀랜타의 대표적인 교외 도시였다. 그러나 1970년대 후반부터 백인이 떠나 빈 아파트가 늘자 베트남 난민이 모여들었다. '월드 릴리프' 등 난민 정착 지원 단체의 지원을 받아 이곳에 정착하는 난민은 미국 정부로부터 1인당 900달러의 정착금과 8개월여간의 메디케이드 의료보험 혜택 그리고 식품 구매 쿠폰인 '푸드 스탬프'를 보조받는다. 하지만 난민의 미국 생활 적응은 그리 쉽지 않다. 우선 영어가 안 되고, 수세식 화장실 사용법 등 기본적인 생활 방식을 다시 배워야 하기 때문이다. 난민은 차로 한 시간 이상 걸리는 에선스나 게인즈빌에 있는 닭 공장에 취업해 월 1200달러 정도를 벌지만 아파

트 임대료를 내고 나면 생활이 빠듯하다. 일부 난민은 미국 생활에 적응하지 못해 실의에 잠기거나 우울증에 걸리는 경우도 많다. 난민 청소년도 그들 나름대로 열심히 공부하는 경우도 있지만 마약에 손을 대거나 조직폭력배에 가담하는 경우도 있다. 시내에는 기독교, 힌두교, 이슬람교 등 종파별로 10여 개의 교회와 이슬람 사원 및 불교 사찰 등 다양한 종교 시설이 새로운 세상에 정착하느라 지친 난민의 영혼을 위로하고 있다.

미국에는 클라크스톤 외에 스물여섯 개 주에 40여 개의 난민 센터가 가동되고 있다. 국무부 통계에 따르면 미국은 1975년 이후 현재까지 70여 개국에서 300만 명 이상의 난민을 수용했고, 2011년 한 해에만 65개국 출신 5만 6000명의 난민을 받아들였다.

'원수의 땅'에 정착한 탈북자

매년 수만 명의 난민이 미국에 입국하는 가운데 탈북자도 이 대열에 가세하고 있다. 특히 북한 인권 관련 단체에 대한 예산 지원과 탈북자의 망명 허용을 골자로 한 '북한인권법'이 2004년 9월 미국 의회에서 제정된 이후 '철천지 원수의 땅' 미국에서 자유를 만끽하는 탈북자의 수가 늘고 있다. 국무부 인구·난민·이주국 집계에 따르면 미국에서 북한인권법이 제정된 이래 2012년말까지 난민 자격을 받고 미국에 입국한 탈북자는 총 149명으로 파악되고 있다.

미국 입국 탈북자는 2006년 5월과 7월 각각 여섯 명과 세 명의 탈북자가 처음으로 미국 땅을 밟은 것을 시작으로 2006년 아홉 명, 2007년 스물두 명, 2008년 삼십여 명 등 매년 늘어왔다. 이어 2010년 열일곱 명, 2011년 열여섯 명에 이어 2012년에는 스물세 명이 입국했다. 미국에 입국하는 탈북자의 수는 매년 미국에 입국하는 미얀마 난민이 1만여 명을 넘는 점에 비춰보면 극히 미미한 수준이라 할 수 있다. 미국에 정착하는 탈북자를 돕기 위해 2012년 버지니아에서 미국 내 탈북자의 모임 '재미탈북연대NKUS'가 결성되기도 했다.

미국에 입국한 탈북자는 국무부와 '월드 릴리프', '처어치 월드 서비스' 등 미국 정부의 지원을 받는 열 개 난민 관련 민간단체의 협조 아래 각지에 흩어져 살고 있다. 다만 소도시 지역에 정착했던 탈북자 중 로스앤젤레스 등 한인이 많이 사는 대도시로 이동한 경우도 많은 것으로 알려졌다. 미국 정부는 일단 탈북자가 입국하면 다른 외국 난민과 똑같은 대우를 하고 있다. 일단 의료보험 혜택을 제공하고, 초기에 425달러의 정착금과 3, 4개월치 렌트비 중 일부를 지원하며, 식품을 구입할 수 있는 '푸드 스탬프' 등도 지원한다. 동시에 영어 교육과 직업교육 등 정착 프로그램을 실시하지만 지원기간은 보통 6개월을 넘지 않으며 경제적으로 자립하는 데 초점이 맞춰져 있다.

하지만 탈북자에 대한 미국 정부의 지원은 초기 단계에서 모두 끝나며 이후의 일자리 구하기 등 정착에 필요한 구체적 사항은 지역 한인 교회나 민간단체의 지원에 의존하거나 자력갱생을 해야 하는 경우가 많다. 주미 한국대사관이나 주요 지역의 총영사관도 탈북자의 국적이 북한으로 분류돼 있어 거의 손을 쓰지 못한다. 이에 따라 미국 정착 탈북자의 경우 초기 정착 단계가 지나면 자본주의 사회에 채 적응도 하기 전에 한미 양국 정부 모두로부터 지원이나 개입을 거의 받지 못하는 '사각지대'에 놓이는 경우가 많다. 2006년 5월 미국 땅에 탈북자가 첫발을 들여놓기 시작한 후 6년여의 세월이 흐르면서 탈북자 사회에도 명암이 갈리고 있다. 미국에 정착한 탈북자 중 2008년 9월 탈북 여성 김미자 씨(가명, 버지니아 주 거주)가 북한인권법에 따라 영주권을 받는 등 영주권을 받는 사례도 간간이 나타나고 있다. 또 임신 상태로 2007년 초 미국에 입국한 여성 Y 씨는 남동부의 한 도시에 정착한 뒤 건강한 딸을 출산해 미국에서 자녀가 시민권을 갖게 된 탈북자 가정 1호가 되기도 했다. '리사'라는 이름의 아기는 건강하게 잘 자라고 있는 것으로 확인됐다. 하지만 이처럼 성공 신화를 보여주는 탈북자가 있는 반면, 미국 생활에 제대로 적응하지 못하고 심지어는 방황하는 탈북자도 꽤 되는 것으로 확인되고 있다. 한인이 많은 도시에 정착한 탈북자는 보호 단체에서 권하는 일자리 대신 한인이 운영하는 유흥업소에서 일하며 손쉽게 돈을 벌려고 하는 경향도 있고, 심지어는 교회에서 간증하며 생활비를 버는 경우도 있다. 일부 탈북자는 미국으로 이주한 것을 후회하면서 한국으로 가는 방안을 찾으며 골몰하는 경우도 있어 한국에 정착했다 실패한 일부 탈북자가 미국으로의 밀입국 등을 시도하다 적발되는 사례와는 정반대의 모습을 보여주기도 한다.

뉴올리언스와 마디그라

남부 루이지애나 주의 최대 도시이자 항구도시 뉴올리언스. '미국에서 가장 독특한 도시' 또는 '재즈의 발상지'로 불리는 뉴올리언스는 1718년 프랑스 귀족인 장–밥티스트 르 모인Jean-Baptiste Le Moyne이 건설한 도시로, 다운타운에 '프렌치 쿼터'가 있는 것도 그런 연유 때문이다. 허리케인이 자주 엄습해 여러 차례 도시가 쑥대밭이 되기도 했지만 멕시코 만과 대서양으로 나가는 미시시피 강 어귀에 있어 일찍부터 국제항으로 발전했다. 남북전쟁 직전까지는 남부 최대의 목화 수출항과 노예무역의 중심지였고, 현재도 중서부 대평원의 곡창지대에서 나오는 농산물을 운송하는 화물선과 대형 바지선으로 북적거린다. 화물량 기준으로 미국에서 5위의 항구도시로서 우리나라가 미국에서 수입하는 옥수수와 밀도 이곳을 통해 온다. 연간 3000회의 회담과 총회가 열릴 정도로 컨벤션 산업도 발달해 연간 1000만 명 이상의 관광객이 몰린다.

뉴올리언스의 대표적인 축제는 '지상 최고의 공짜 쇼'로 불리는 마디그라Mardi Gras. 프랑스어로 마디는 화요일, 그라는 고지방이란 의미로 '배부르게 먹는 화요일'이란 뜻이 담겨 있다. 마디그라는 금욕과 기도의 시간인 사순절이 되기 전 마음껏 먹고 마시는 전통이 축제로 발전한 것이다. 1월 초 시작되는 축제 때는 가장무도회와 화려한 퍼레이드가 장관을 이루며, 관광객이 몰려 매년 10억 달러 이상의 수입을 가져다준다.

뉴올리언스는 또 매년 재즈 축제가 열리고, 장례식에서도 재즈가 연주될 정도로 재즈의 고향이다. 미국의 유명한 흑인 재즈 트럼펫 연주자인 루이 암스트롱Louis Armstrong은 뉴올리언스가 낳은 대표적인 음악가 중 한 명. 암스트롱은 자신의 회고록에서 그가 음악적으로 가장 커다란 영향을 받은 것은 어릴 적의 빈곤이 아니라 시가행진과 파티, 피크닉에서 온갖 종류의 음악을 연주했던 뉴올리언스 흑인 사회의 에너지였다고 술회했다.

뉴올리언스 주민은 50만 명에 달하지만 절반 이상이 흑인이며, 이 중 빈곤선 이하에서 어렵게 사는 주민이 많다. 뉴올리언스는 2005년 미 역사상 최악의 재난으로 기록된 허리케인 카트리나가 엄습해 1800명의 사망자와 1250억 달러의 경제적 피해를 당했다. 도시 곳곳에서는 몇 년이 지나도 복구 작업이 계속되고 있다.

걸라 회랑 지대와 케이준

노스캐롤라이나 주에서 조지아 및 플로리다 주에 이르는 남동부 해안에는 아프리카 흑인 노예의 후손이 집중적으로 모여 사는 '걸라/기치 문화유산 회랑 지대Gullah/Geechee Cultural Heritage Corridor'가 있다.[24] 구체적으로는 노스캐롤라이나 주 윌밍턴에서 플로리다 주 잭슨빌에 이르는 해안 지역에 거주하는 흑인 주민으로 약 25만 명에 달한다. 초기 미국 땅에 세워진 열세 개 식민지 중 사우스캐롤이나를 가장 부유한 주로 만들었던 플랜테이션 농장에서 일한 아프리카 노예의 후손이다. '걸라Gullah'는 남동부 해안가에 사는 흑인을 뜻하며, 조지아에서는 흔히 기치Geechee라 부른다. 이곳 주민은 서인도나 아프리카에서 온 듯한 속사포처럼 빠른 말과 아프리카 방언과 노예들이 비밀 통신수단으로 사용했던 크레올어가 합성된 독특한 언어를 사용한다. 이들은 남북전쟁 때 북부군이 남부연합 해안을 봉쇄하고 진격해 오자 제일 먼저 협력해 흑인 노예들 가운데 제일 먼저 자유를 찾았다. 쌀이 주요 작물이어서 매년 4월 말에 쌀 축제를 한다. 나무로 만든 바구니, 소형 나무 보트 등 토속 민속 제품을 제작해 생계를 꾸려가는데 나무 보트는 설계도나 도표도 없이 만드는데도 방수 기능까지 갖출 정도로 품질이 우수하다. 다른 지역의 흑인 커뮤니티보다 아프리카 방언과 문화적 전통을 많이 유지하고 있다. 이에 따라 미 의회는 2006년 이곳을 '걸라/기치 문화유산 회랑'으로 지정해 미국립공원관리청National Park Service이 관리하도록 했다.

루이지애나 주 남부 지역에도 독특한 인종이 모여 살고 있다. 가톨릭 신자이면서 프랑스어를 구사하는 케이준Cajun이란 인종 집단이 그들이다. 이들은 영국인이 캐나다의 아카디아Acadia, 지금의 노바스코샤 주를 점령하면서 그곳에 이주해 살고 있던 프랑스인이 1755년 이곳으로 강제 이주돼 형성된 집단이다.[25] 이들은 프랑스어와 인디언어와 스페인어, 영어 낱말이 섞여 있는 케이준 프랑스어를 사용하는 등 독특한 공동체를 형성하고 있다. 이들은 케이준 치킨과 소스, 잠발라야, 검보

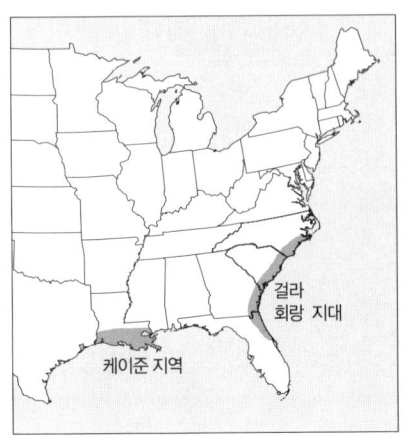

▎걸라 회랑 지대와 케이준

등 독특한 음식으로도 유명하다. 케이준 인구는 루이지애나 주에 43만 명이 살고, 미국 전체로는 60만 명에 달한다. 1980년 미 연방 정부에 의해 소수 인종 그룹으로 공식 인정을 받았다. 2011년 미시시피 강 대홍수로 인해 케이준 마을은 큰 침수 피해를 입기도 했다.

한편 아칸소 주 스프링데일Springdale 시에는 남태평양의 마셜제도 공화국 주민 6000여 명이 집단으로 모여 살고 있다. 지난 1986년 독립한 마셜제도의 인구가 6만여 명이란 점에서 전체 인구의 10퍼센트가 이역만리 미국의 내륙 한곳에 모여 사는 셈이다. 마셜제도 주민이 이곳에 모여 살게 된 배경에는 과거 미군이 마셜제도에서 핵실험을 한것과 관련이 있다. 미군은 1947년부터 1962년까지 비키니 환초 등 마셜제도의 작은 섬에서 58회의 핵실험을 했다. 핵실험에 따른 환경 파괴와 오염 등에 대한 배상적 차원에서 미국은 마셜제도 주민이 비자나 영주권이 없어도 미국에 이민할 수

있는 협정을 체결했다. 이에 따라 1980년대 마셜제도 주민이 대거 스프링데일로 이민을 오면서 마셜타운이 형성됐다. 마셜제도 측은 현재 스프링데일에 상주 총영사관을 운영 중이다.

최초의 골드러시 마을 덜라너가

미국의 골드러시는 1849년 캘리포니아에서 금광이 발견되면서 시작된 것으로 알려져 있다. 하지만 조지아 주 북부에서는 이보다 20여 년 앞서 금광이 발견돼 골드러시가 시작됐다. 애틀랜타에서 북쪽으로 두 시간 거리인 덜라너가Dahlonega가 그곳. 전형적인 남부 산골 마을인 덜라너가에서 1828년 한 사냥꾼이 강가에서 사냥 도중 금을 발견했다. 이후 대서양 연안의 백인이 대거 금을 찾아 몰려들었다. 연방 정부는 금광이 발견되자 이곳에 살던 체로키 인디언을 밀어내며 금광 개발에 나섰다. 이는 체로키 인디언이 오클라호마 보호구역으로까지 추방되는 '눈물의 여정Trail of Tears'으로 이어진다. 또 조폐소를 설립해 이곳의 금으로 600만 달러어치의 금화를 제조했다. 애틀랜타 시내의 조지아 주 의사당 건물의 지붕 돔은 금색으로 번쩍이는데 여기서 채굴한 금으로 채색됐다. 덜라너가라는 시 명칭 자체가 체로키 인디언의 말로 '노란 돈' 즉 황금을 의미한다. 시내에는 옛 금광 터와 금광 박물관이 있고, 매년 10월 열리는 '골드러시의 날' 축제에는 20만 명의 관광객이 몰리고 있다.

하지만 첫 골드러시 마을이라는 덜라너가의 지위에 인근 마을이 도전장을 내밀고 나섰다. 애틀랜타에서 서쪽으로 승용차로 45분 거리에 있는 빌라리카Villa Rica 시. 빌라리카 시는 2008년 5월 시내에 '파인 마운틴 금 박물관'을 개관하고, 2009년부터는 매년 9월 '빌라리카, 조지아의 최초 골드러시, 1826년'이란 현수막을 내걸고 골드러시 축제를 열고 있다. 금광 발굴 역사를 연구해온 칼 루이스 씨는 조지아 주가 1825년 이 지역에 캐롤 카운티를 신설하면서도 금을 비롯해 모든 채굴 광물에 대한 권리는 주 정부 소유로 규정할 정도로 덜라너가보다 금 발견이 앞섰다고 주장한다. 주 정부의 규제 조치로 인해 빌라리카에 몰려든 3000여 명의 광부는 금을 발견하고도 쉬쉬해 금광 도시의 명성이 뒤늦게 알려졌을 뿐이라는 게 루이스의 주장. 이에 대해 게리 맥컬로이 덜라너가 시장은 "누가 뭐라 하든 미국의 첫 골드러시 지역은 덜라너가"라고 반박했다. 그러나 2009년 7월부터 덜라너가는 '미국에서 대규모 골드러시가 처음으로 발생한 지역'이라고 표현을 순화했고, 빌라리카도 '조지아 주의 잊혀진 골드러시 지역'이라고 양보하는 표현으로 두 도시는 공존을 모색하고 있다.

미·멕시코 국경 지대의 미니트맨

미국에서 불법 이민자 문제가 쟁점으로 부상하면서 새롭게 떠오른 단체가 '미니트맨Minuteman'. 미니트맨은 원래 미국이 영국을 상대로 독립전쟁을 벌일 당시 식민지의 민병대를 가리키는 말로, 1분 안에 총을 들고 출동할 수 있도록 대기했다고 해서 유래된 말이다.[26] 하지만 2000년대 중반 불법 이민자 문제가 주요 논란거리로 등장하자 '미니트맨프로젝트Minutesman Project', '미니트맨시민방위군Minuteman Civil Defense Corps' 등의 단체가 조직됐다. 이 단체들은 텍사스와 애리조나 및 캘리포니아 등 멕시코와의 국경 지대 경비에 허점이 많아 불법 월경자가 늘고 있는 만큼 시민이 나서서 국경을 지키자는 취지로 결성됐다.

미니트맨 프로젝트는 2005년 4월 미국과 멕시코 간 국경 지대에서 불법 이민자의 유입을 막기 위해 출범한 조직으로, 애리조나 국경 지대에서 감시 활동을 벌였다. 이 단체 활동에 대해서는 나라가 응당 해야 할 일을 대신하는 조직이라는 긍정적 평가도 있었지만, 위험한 자경단원이란 비판도 제기됐다. 조지 W. 부시 대통령은 훈련받지 않은 자원봉사자는 위험한 상황을 초래할 수 있다고 경고했다. 국경 순찰대도 이들 자원봉사자가 국경 지대에 설치된 센서를 터뜨리거나 발자국 추적을 막는 등 방해만 된다고 비판했다.

카르멘 머서Carmen Mercer라는 독일계 미국인이 결성한 미니트맨시민방위군은 강력한 정치적 세력으로 부상했다. 이 단체를 이끌던 크리스 심콕스Chris Simcox는 애리조나 주 프라이머리에서 대선후보를 지낸 존 매케인 상원 의원에게 도전장을 낼 정도였다.

370마일에 달하는 애리조나 국경은 미국과 멕시코 간 국경에서 가장 왕래가 잦은 지역 중 하나다. 2004년 미국 국경 지대에서 체포된 110만 명의 불법 이민자 가운데 52퍼센트가 애리조나 국경에서 체포됐다. 미 국경 순찰대에 따르면 애리조나 주로 들어오다 숨지는 불법 입국자의 수가 2000년부터 2009년까지 10년 새 매년 200여 명에 달했는데 이는 미국으로 불법 입국하다 숨지는 사망자의 절반을 차지한다. 미국 멕시코 간 국경 지대에 장벽이 세워짐에 따라 밀입국자는 더 위험한 통로를 이용해 입국을 시도하다 사막의 더위에 탈진해 쓰러지거나 갱단이나 야생동물의 습격을 받아 위험에 처하는 경우도 많다.

켄터키프라이드치킨의 고향, 노스 코빈

켄터키 주 동부의 애팔래치아 산맥 끝자락에는 노스코빈North Corbin이란 작은 시골 마을이 있다. 이 마을 국도변에는 켄터키프라이드치킨 레스토랑이 보인다. 이곳이 세계적으로 유명한 치킨 패스트푸드 전문점인 KFC의 산실이다. KFC 창업자인 커넬 할랜드 샌더스 Colonel Harland Sanders는 1930년 켄터키 주를 남북으로 관통하는 20번 국도변에 위치한 코빈 시에서 주유소 사업을 시작했다. 그는 주유소 뒷마당의 작은 부엌에서 치킨 요리를 만들어 마을 주민과 주유소 손님에게 대접했는데 반응이 좋았다. 인근 모텔을 매입해 모텔과 '샌더스 카페'라는 레스토랑을 함께 운영하며 본격적인 식당업에 나섰다. 그는 어렸을 때 홀어머니가 공장에 나가며 생계를 꾸려감에 따라 두 동생의 식사를 책임져야 했는데 당시 배운 요리 솜씨가 실력을 발휘한 셈이다. 그는 이곳에서 현재까지도 전해오는 KFC의 유명한 열한 가지 비밀 양념을 개발했다. 샌더스는 특히 당시에는 상상조차 못할 프랜차이즈 기법으로 매장 사업을 확장해나갔다. 1952년 유타 주의 솔트 레이크 시티에서 첫 매장을 열었고, 1956년부터는 코빈 매장도 팔고 본격적인 프랜차이즈를 시작했다. 서부 솔트 레이크 시티에 첫 매장을 열면서도 '켄터키프라이드치킨'을 상호로 한 데는 남부의 친절함Southern Hospitality을 강조하려는 전략이 담겨 있었다. 이곳에는 지난 1990년 '할랜드 샌더스 카페 겸 박물관'이 문을 열었다. 방문객은 샌더스가 사용하던 작은 사무실과 그가 극비리에 치킨 요리 비법을 개발한 부엌 등을 둘러볼 수 있다.

딕시Dixie
목화밭에서 오바마까지,
미국 남부를 읽는다

남부의 위대한 자연과
거듭되는 재해

미 남부 지역에는 애팔래치안 산맥과 미시시피 강 등 자연의 위대함을 알 수 있는 곳이 많다. 또 허리케인과 토네이도 그리고 대홍수와 가뭄 등 다양한 자연재해가 매년 찾아오는 단골 지역이기도 하다. 2008년 9월 뉴올리언스를 강타한 허리케인 구스타프Gustav를 시작으로 2010년 1월 아이티 대지진, 2010년 4월 멕시코 만 원유 유출 사건, 2011년 4월 말 앨라배마 주 터스칼루사를 강타한 토네이도에 이르기까지 애틀랜타 특파원으로 활동하면서 많은 자연재해 현장을 취재할 기회를 가졌다. 남부인은 빈발하는 자연재해에 어떻게 대처하는지 잠시 살펴보자.

애팔래치안 트레일과 스모키 마운틴

미국 동부의 애팔래치아 산맥은 북동부에서 남동부로 가로지르며 뻗어 있는 1800킬로미터의 대형 산맥이다. 동부 메인 주의 커타딘 산Mount Katahdin에서 시작해 조지아의 스프링어 산Springer Mountain에 이르기까지 모두 열네 개 주를 관통한다. 최고봉은 노스캐롤라이나 주 블루리지 산맥의 최고봉인 높이 2037미터인 미첼 산Mount Michell. 이 산맥은 동부 해안에 정착한 초기 영국인에겐 서부로 진출하는 데 큰 걸림돌이 됐다. 하지만 1775년 서부 개척사의 전설적인 영웅인 대니얼 분Daniel Boone이 애팔래치아 산맥의 컴벌랜드Cumberland 협곡을 지나는 통로를 개척해 서부로 통하는 길을 열었다.[27]

동부의 웅장한 산림을 자랑하는 애팔래치아 산맥을 따라 '애팔래치안 트레일Appalachian Trail'이란 등산로가 개척돼 있다. 대략 2184마일3515킬로미터에 달한다. 이 트레일은 많은 산악인의 사랑을 받고 있어 특히 한 계절에 종주를 하는 산악인thru-hikers도 늘고 있다. 이 트레일과 서부 워싱턴 주 및 오리건 주의 퍼시픽 크레스트 트레일the Pacific Crest Trail 그리고 로키 산맥을 따라 형성된 콘티넨털 디바이드 트레일the Continental Divide Trail을 3대 트레일로 부른다.

애팔래치아 산맥의 남부 끝자락에는 남동부인에게 신선한 공기를 공급하는 허파 역할을 하는 그레이트 스모키 마운틴Great Smoky Mountain이 있다. 테네시 주와 노스캐롤라이나 주 접경지대에 걸쳐 있는 대형 산맥으로, 50만 에이커의 광활한 산림지대를 갖추고 있다. 우리나라의 지리산을 연상시키는 이 산은 곰을 비롯한 야생동물과 울창한 원시림이 자랑거리다. 특히 애틀랜타에서 자동차로 세 시간 정도 그리고 미국 인구의 3분의 1이 자동차로 하루 만에 도달할 수 있는 곳에 위치해 있어 매년 1000만 명 이상이 찾는 명소다. 또 유네스코에 의해 세계문화유산으로 지정돼 있다. 20세기 초반 많은 벌목 회사가 무차별 벌목을 하면서 산림이 황폐화될 위기에 처하자 미 연방의회는 1934년 국립공원으로 지정했다. 1940년 9월 2일 프랭클린 루스벨트 대통령이 참석한 가운데 국립공원 지정식이 개최됐다.

애팔래치아 산맥의 남부 산악 지대에 거주하는 농민이나 산촌 마을 사람을 '애팔래치안' 또는 '힐빌리 사람Hillbilly People'이라 부른다. 이들은 산골 마을에서 농사를 주로 짓고, 일가친척끼리 한 마을에 모여 살면서 외부 문명 세계와 거의 교류를 않고 사는 경우가 많다. 이 말은 시골 촌뜨기 등의 비하적인 뜻으로 많이 사용된다.[28] 애팔래치아 산맥을 끼고 있는 웨스트버지니아 주는 산과 계곡이 많아 탄광 산업이 발달해 있다. 탄광 산업은 주 총생산GDP의 6퍼센트를 차지할 정도의 핵심 산업으로 주 정부의 세금 중 절반가량이 탄광 관련 업종에서 나올 정도다. 하지만 2010년 4월 스물아홉 명이 숨진 어퍼 빅 브랜치 탄광Upper Big Branch Mine 폭발 사고와 같이 탄광 사고도 자주 발생한다.

미시시피 강과 대홍수

미시시피 강은 미 대륙의 중앙을 남북으로 관통하는 강으로 미네소타 서부 지역에서 시작해 미시시피 델타까지 모두 2530마일4070킬로미터를 흘러내린다. 미시시피 강은 특히 지류가 많아서 로키 산맥에서부터 애팔래치아 산맥에 이르는 서른한 개 주를 통과한다. 미시시피 강은 제퍼슨·미주리·미시시피 강 수계의 일부이며 이들 3대 강을 합친 전체 길이는 6270킬로미터로 세계에서 네 번째 긴 강이다. 미시시피라는 단어는 인디언 말로

'큰 강'이라는 뜻이다.

　미시시피 강은 1600년대에는 뉴스페인, 뉴프랑스 및 초기 미국 간 경계가 되기도 했고, 서부 개척 시대에 서부로 진출하는 데 커다란 장애가 되기도 했다. 그러나 미 대륙 중앙의 수송의 동맥으로 1812년 스팀보트인 기선이 도입됐고, 19세기 들어서는 서부 개척을 위한 전초기지 역할도 했다. 이 강을 따라 오래전부터 살아온 인디언을 서부로 내쫓으면서 서부 개척의 대장정이 진행됐다. 강 하류는 특히 오랜 세월 속에 퇴적을 반복해 형성된 광대한 충적층이 델타를 형성해 풍부한 곡창지대를 이루고 있다.

　미시시피 강에는 1855년 미니애폴리스에 첫 다리가 건설된 것을 시작으로 각종 첨단 기법을 동원한 다리와 철교가 건설됐다. 하류에는 많은 제방과 수로 및 댐 등이 건설돼 미국의 건축사를 한눈에 볼 수 있는 전시장 역할도 한다. 남북전쟁 당시에는 북부군이 이 강을 장악하면서 남부연합을 동과 서로 분리시켜 남북전쟁에서 승기를 잡는 계기가 됐다. 현대에 와서도 미시시피 강은 곡물과 석탄 등의 화물을 실어 나르는 상업용 내륙 수로 역할을 하고 있다. 강의 선박 운항과 관련된 일자리만 40만 개에 이를 정도다. 주기적으로 대홍수가 발생해 많은 피해를 내는데 1927년 대홍수로 246명의 사망자와 60만 명 이상의 이재민이 발생했다. 1937년과 1973년 및 2011년 5월에도 강이 범람해 많은 피해를 당했다. 테네시 강 유역 개발 사업TVA 사업은 미시시피 강 지류의 하나인 테네시 강의 치수를 겸한 지역 개발 대책이었다. 그러나 2012년에는 정반대로 극심한 가뭄으로 수심이 1988년 이래 가장 낮게 떨어져 선박 운항이 중단될 정도로 변화무쌍한 자연의 모습을 보였다.

미국의 대표적인 소설가인 마크 트웨인Mark Twain은 미주리 주의 가난한 개척민의 아들로 태어나 네 살 때 미시시피 강가의 해니벌Hannibal로 이사와 살았다. 한때는 미시시피 강의 수로 안내인 생활을 했는데 당시의 생활과 경험은 후일 그의 작품에 큰 영향을 주었다. 그의 필명인 마크 트웨인은 강의 뱃사람 용어로 안전 수역을 나타내는 '두 길'한 길은 6피트을 뜻한다.

남부인의 또 다른 성지, 스톤 마운틴

∎ 스톤 마운틴의 남부연합 기념 조각

애틀랜타 시 외곽에는 스톤 마운틴Stone Mountain이라는 거대한 화강암 돌산이 있다. 세계 최대의 화강암 노출 광으로, 애틀랜타 주변의 넓은 대평원 위에 우뚝 솟아 있다. 산 정상 위에 오르면 애틀랜타 시내는 물론 멀리 애팔래치아 산맥의 남쪽 끝자락까지도 보여 관광 명소로 유명하다. 독립기념일 등 주요 기념일마다 화려한 불꽃놀이가 펼쳐진다. 이 산 북쪽 벽면에는 남북전쟁 당시 남부연합의 대통령을 지낸 제퍼슨 데이비스Jefferson Davis와 남부군의 대표적 명장인 로버트 리Robert E. Lee 장군 그리고 스톤월 잭슨 장군Stonewall Jackson 등 세 명이 말을 타고 가는 남부연합 기념 조각Confederate Memorial Carving이 새겨져 있다. 이 조각은 특히 조각 면 넓이가 모두 3에이커1만 2000제곱미터에 달하고, 리 장군의 코 길이만 1.5미터 그리고 얼굴 길이가 6.3미터나 된다. 이 조각은 '남부연합군 딸들의 연합United Daughters of The Confederacy'이란 단체의 이사였던 헬렌 플레인Helen Plane 부인에 의해 착상되어 1972년 완성됐다. 스톤 마운틴은 멋진 자연 풍경과 남부연합 기념 조각으로 인해 남부인이 즐겨 찾는 성지 역할을 하고 있다.

멕시코 만과 원유 유출

미국 남부와 멕시코 및 쿠바 섬으로 둘러싸인 대양 분지인 멕시코 만Gulf of Mexico. 810해리1500킬로미터 넓이의 이 만은 남으로 대서양과 연결되며, 텍사스 주와 루이지애나 주에서는 대서양과 태평양 해안에 이어 '제3의 해안'으로 불린다. 이곳은 상당수가 대륙붕 지역이어서 석유와 천연가스 등 자원의 보고다. 미 에너지정보청EIA에 따르면 멕시코 만은 미국 시장에 공급되는 석유와 천연가스 공급원으로서 단일로는 가장 큰 지역 중 하나다. 멕시코 만 해상에서 생산되는 원유 생산량은 미국 전체 생산량의 23퍼센트를 차지하며, 천연가스 생산량은 미 전체 생산의 7퍼센트를 차지한다. 바다 곳곳에는 원유 및 가스 생산을 위한 3800여 개의 생산 플랫폼과 260여 척의 시추선이 산재해 있다. 열두 개의 정유 시설이 하루 300만 배럴을 처리해 미국 전체 정유 능력의 40퍼센트를 차지하고, 천연가스 처리 능력의 30퍼센트를 차지한다. 2011년 5월 미 해안경비대 해상 초계기를 타고 둘러본 멕시코 만에는 바다 곳곳에 촘촘하게 해상 플랫폼이 설치돼 있음을 확인할 수 있었다. 뉴올리언스 일대에는 멕시코 만 일대의 플랫폼으로 출퇴근하는 석유 회사 직원을 실어 나르는 통근 헬기 산업까지 발달해 있다.

멕시코 만에 인접해 있는 루이지애나 주 뉴올리언스와 텍사스 주 휴스턴 일대는 세계적인 석유 메이저 및 시추·생산업체가 최고의 인력과 첨단 기술을 자랑하며 경쟁을 벌이는 글로벌 석유 전쟁의 핵심 무대다. 멕시코 만은 비상 시에 대비해 석유를 저장해놓는 미국의 석유 비축유 기지로도 유명하다. 미 정부는 1975년 석유파동을 겪은 뒤부터 전략 비축유SPR

저장을 시작했고, 현재 미국인이 36일간 소비할 수 있는 원유를 비축하고 있다. 국제 유가가 급등할 때마다 국제에너지기구IEA 회원국은 비축유 방출 결정을 내렸고, 미국도 1991년 걸프 전쟁, 2005년 허리케인 카트리나 피해 때 비축유를 대량 방출했다. 한국의 석유공사도 멕시코 만에 현재 다섯 개 해상 유전, 열일곱 개 플랫폼을 보유하고 유전 개발과 석유 생산에 본격적으로 참여하고 있다.

멕시코 만에서는 2010년 4월 20일 미국 역사상 최악의 원유 유출 사고로 기록된 사고가 발생했다. 원유 유출 사고가 발생한 영국 석유 회사 BP의 소유 '마콘도 252' 유정은 사고 발생 5개월여 만인 2010년 9월 19일 완전히 밀봉됐고, 대규모 긴급 방제 작업은 2010년 말 사실상 종료됐다. 멕시코 만 원유 유출 사고가 발생한 직후인 2010년 5월 12일 미 해안경비대가 실시한 임베드embed 프로그램에 참여해 HC-144A 해상 초계기를 타고 멕시코 만 사고 해역을 취재한 적이 있다. 그 1년 후에는 한국석유공사 미국 법인 앵커사의 헬기를 타고 사고 해역 주변을 둘러봤다. 사고가 발생한 지 1년여 만에 어류의 보고이자 철새 서식지인 멕시코 만의 생태계가 상당히 복구돼 다행이었다. 하지만 사고 유정의 시추 시설인 '디프워터 호라이즌Deepwater Horizen'의 폭발로 숨진 열한 명의 근로자 가족의 아픔과 하루 아침에 생계 터전을 잃은 어민의 아픔은 아물지 않고 있었다. 미 정부는 멕시코 만 기름 유출 사태로 490만 배럴의 원유가 유출된 것으로 추정하고 있다. 이는 1979년 6월 3일부터 이듬해 3월까지 계속된 멕시코 만 탐사 유정 '익스톡 I' 폭발 사고 당시 유출된 원유량의 열아홉 배에 달하는 수치다. AFP 통신은 유출된 원유의 양은 올림픽 경기 규격의 수영장 312개를

▎멕시코 만 원유 유출 사건 현장

채울 수 있는 막대한 양이라고 설명했다. 미 정부는 2012년 15일 BP에 대해 징벌금 40억 달러를 포함해 45억 달러4조 8915억 원의 벌금을 부과했다. BP가 합의한 벌금액은 2009년 미국 법무부가 다국적 제약업체 화이자에 부과한 12억 달러를 넘는 사상 최대 규모다.

하절기의 재앙 허리케인

한국이 매년 여름 태풍으로 많은 고통을 겪듯 미국 남부는 매년 여름과 가을 사이에 대서양에서 불어오는 허리케인으로 몸살을 앓는다. 매년 6월 1일부터 11월 30일까지 허리케인 시즌으로 정하고 재해에 대비하고 있다.

특히 8월 말부터 9월 사이가 허리케인이 가장 활발한 시기이다. 허리케인 시즌의 시작을 앞둔 5월 마지막 주를 '허리케인 대비 주간'으로 정해 준비 태세를 점검한다. 허리케인 대비 주간에는 특히 발전기, 라디오, 플래시, 건전지, 방수 외투 등에 대한 판매세가 면제된다. 뉴올리언스 주민은 특히 허리케인이 상륙할 때마다 다른 지역으로 대피하는데 이를 '허리케인 휴가를 떠난다'고 표현한다. 멕시코 만 주민은 허리케인 상륙 때 일차적으로 정전으로 인해 암흑세계가 됨에 따라 발전기, 양초, 숯, 프로판가스 등을 중점 구입한다. 또 허리케인 피해를 입으면 정전으로 주유소가 문을 닫는 경우가 많아 휘발유 대란이 발생하기 일쑤다. 이에 따라 허리케인 지역을 지나는 운전자는 차 트렁크에 휘발유가 든 비상용 고무 통을 구입해 기름이 떨어지는 상황에 대비한다.

90년대 중반 이후 대서양과 멕시코 만에서는 강력한 허리케인이 빈발하고 있어 미국이 최악의 인명 및 재산 피해를 낳는 시대에 돌입하고 있다. 미국 국립해양대기청NOAA 자료에 따르면 1995년 이후 2008년까지 13년간 멕시코 만 등 대서양 지역에서 이름이 명명된 207개의 폭풍이 발생했다. 이는 1982년부터 95년까지 13년간 발생한 폭풍보다 68퍼센트 증가한 것. 특히 207개 폭풍 중 111개가 허리케인으로 과거 같은 기간에 비해 75퍼센트 증가했다.

해안 지역 도시에 인구가 밀집해 있고, 특히 허리케인 피해를 막아줄 습지대가 개발로 사라지면서 허리케인으로 인한 인명과 재산 피해도 증가하고 있다. 2000년대 들어 발생한 미국의 기상 관련 재해 중 허리케인 피해가 압도적인 것으로 조사됐다. 국제 재난 데이터베이스 자료에 따르면

2000년부터 2009년까지 발생한 미국의 기상 관련 10대 재난 사고 중 아홉 개가 모두 허리케인과 관련된 것으로 나타났다. 2005년 뉴올리언스 등 멕시코 만 일대를 강타한 허리케인 카트리나는 미 역사상 최대 인명 및 재산 피해를 낸 재난으로 기록됐다. 허리케인은 1926년 9월 마이애미를 강타해 오키쵸비 호수 제방이 무너져 시내를 침수시키면서 2000여 명의 사상자를 낼 정도로 과거에도 주기적으로 많은 피해를 냈다. 2012년에는 이례적으로 10월 말 강풍과 폭우를 동반한 초대형 허리케인 '샌디Sandy'가 미국 동부를 강타해 100여 명이 사망하고, 수백만 가구가 정전으로 고생했다.

허리케인의 위력에 대한 측정은 지금까지는 '사피어-심프슨 척도Saffir-Simpson Hurricane Scale, SSHS' 방식을 사용해왔다. 미 국립기상청NWS이 사용하는 이 척도는 미국의 엔지니어 허버트 사피어Herbert Saffir가 1960년대 말 고안하고, 국립허리케인센터 소장을 지낸 로버트 심프슨Robert Simpson이

▎허리케인으로 도로 위로 밀려온 보트

딕시Dixie
목화밭에서 오바마까지,
미국 남부를 읽는다

발전시킨 것이다.[29] 허리케인의 등급은 바람의 세기로 구분해 풍속이 시속 73마일 이하일 때는 열대성 폭풍Tropical Storm 그리고 시속 74마일 이상부터 허리케인으로 분류한다. 풍속이 74~95마일119~153킬로미터이면 1등급으로 위력이 가장 낮고, 풍속이 155마일250킬로미터 이상이면 5등급으로 위력이 가장 센 것에 속한다. 2008년 9월 2일 허리케인 구스타프가 뉴올리언스 지역에 상륙함에 따라 현지에 출장을 간 적이 있다. 허리케인이 뉴올리언스에 상륙한 뒤 북상할 당시 인근 루이지애나 중부 도시인 머리디안Meridian에서 뉴올리언스로 이어지는 59번 주간고속도로에서 허리케인과 맞닥뜨렸다. 고속도로를 한 시간 정도 운전하는 동안 승용차가 강풍에 휘청이고, 마치 하늘에 있는 댐의 수문을 열어 방류하듯이 폭우가 쏟아지는 모습에 생명의 위협을 느껴 운전을 중단하고 호텔을 찾아 대피했다.

매년 급증하는 토네이도 피해

미국 남부와 중서부에는 봄철에 토네이도라는 달갑지 않은 강풍이 찾아와 많은 피해를 낸다. 서부 로키 산맥에서 불어오는 차고 건조한 북서풍과 멕시코 만의 따뜻하고 습한 바람이 만나면서 토네이도가 빈발한다. 토네이도는 물론 지구상에서 남극 대륙을 제외한 모든 대륙에서 발생한다. 한 예로 지난 1989년 4월 26일 방글라데시에서 발생한 다울티푸르 살투리아Daultipur Salturia 토네이도의 경우 1300명의 사망자를 내 세계 역사상 최악의 토네이도로 기록됐다. 하지만 지구상에서 발생하는 토네이도 중 상당

▍토네이도로 피해를 본 터스칼루사

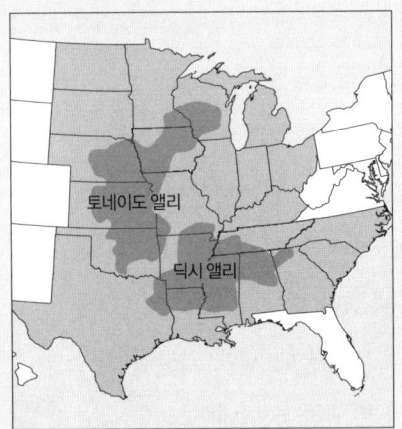
▍토네이도가 빈발하는 남동부 지역

수는 미국 남부 지방에서 발생한다. 2011년 5월 22일 미주리 주 조플린 Joplin 시에 시속 165마일의 초강력 토네이도가 급습해 140여 명 이상의 사망자가 발생했다. 2011년에는 조플린 외에 미시간 주 플린트Flint와 앨라배마 주 터스칼루사Tuscaloosa를 강타해 대규모 피해가 발생했다. 미국의 경우 지난 1925년 3월 18일 미주리, 일리노이, 인디애나 등 중서부 세 개 주를 강타해 695명의 사망자를 낸 트라이스테이트Tri-State 토네이도가 단일 토네이도로는 가장 많은 희생자를 낸 것으로 기록됐다.

토네이도는 그동안 텍사스, 오클라호마, 캔자스, 네브래스카 등 중부 대평원 지역의 '토네이도 앨리Tornado Alley'에서 빈발하는 것으로 알려져왔다. 오클라호마 주에는 매년 평균 54회의 토네이도가 발생해 세계에서 가장 많은 토네이도가 발생하는 지역으로 알려져 있다. 하지만 최근 들어 남동부 지역도 빈발 지역으로 부상하고 있다. 미시시피주립대의 기상 전문가인 그레이디 딕슨Grady Dixon 교수는 2011년 5월 토네이도 앨리보다 남동부에서 토네이도가 더 빈발한다는 연구 결과를 내놓았다.[30] 딕슨 교수는 역대 토네이도 발생 건수가 아니라 지상을 강타하며 체류한 시간을 토대로 한 분석을 통해 '토네이도 앨리'보다 아칸소, 미시시피, 앨라배마, 테네시 등 남동부 '딕시 앨리Dixie Alley'에서 토네이도가 더 오랜 시간 지상에 체류한다고 분석했다.

토네이도의 강도는 지난 1971년 시카고대학의 데스야 시어도어 후지타 Tetsuya Theodore Fujita 교수가 설정한 후지타 척도Fujita Scale, F-Scale 또는 개량 후지타 척도 체계에 따라 정해진다. 시속 115킬로미터 미만으로 굴뚝이 파손되고 나뭇가지가 부러질 정도인 F-0 등급부터 시속 418~509킬로미터로 견고한 집이 기초가 뽑히고 상당한 거리까지 날아가 부서질 정도로 가장 강도가 높은 F-5급까지 다양하다.

전문가들은 최근 토네이도로 인한 피해가 커진 배경을 이례적으로 초강력 토네이도가 많이 발생했고, 인구 밀집 지역을 강타했기 때문으로 분석하고 있다. 2011년 4월말 토네이도로 초토화된 터스칼루사와 5월 22일 피해를 당한 조플린 시 모두 남동부와 중서부 지역 중 인구가 밀집한 소도시 지역이다. 터스칼루사에서는 차량을 개조한 이동식 주택 거주자가 많은 피해를 당했듯이 토네이도에 무력한 이동식 주택이 증가한 점도 한 요인으로 지적되고 있다. 2011년 4월 말 발생한 터스칼루사 토네이도 피해 현장을 직접 취재한 적이 있다. 당시 시내 다운타운의 1킬로미터에 달하는 구간에서 각기 0.5~0.7킬로미터의 폭에 걸쳐 가로수와 전봇대가 모두 부러지고 벽돌 건물이 형체를 알아볼 수 없을 정도로 파괴돼 마치 대형 폭발이 발생한 듯한 모습을 보면서 토네이도의 위력을 새삼 절감했다.

남부 세 개 주의 물 분쟁

미국에는 미시시피 강처럼 여러 주를 관통하는 강이 많아 인접 주 간에 분쟁이 발생하는 사례도 많다. 대표적인 예가 조지아 주에 있는 레이니어 호수Lake Lanier의 물 사용권을 둘러싼 인근 세 개 주 간 분쟁이다. 레이니어 호수는 애틀랜타 북쪽에 위치한 대규모 호수로, 1950년대 중반 미 육군공병대가 이 호수에 뷰퍼드Buford 댐을 건설한 뒤 350만 메트로 애틀랜타 주민을 위한 상수원 역할을 해왔다.

호수의 물은 조지아와 앨라배마 및 플로리다 등 세 개 주에 걸쳐 흐르는 채터후치 강으로 흘러간다. 그러나 앨라배마와 플로리다 주는 지난 1990년 애틀랜타가 이 호수를 독점 사용하는 데 이의를 제기하는 소송을 내면서 물 분쟁이 시작됐다. 조지아 주는 가뭄이 들면 뷰퍼드 댐의 방류량을 줄였는데 방류량이 줄면 플로리다 주는 채터후치 강 하류의 애팔래치콜라 만에 서식하는 굴과 홍합의 양식이 힘들어진다. 앨라배마 주도 강 하류의 핵발전소에 냉각수 공급과 바지선 운항이 힘들어져 레이니어 호수 물의 공평한 사용을 요구하고 나섰다. 세 개 주의 법적 분쟁은 초기에는 앨라배마와 플로리다 주가 승리했다. 미 연방 지방법원은 2009년 7월 미 공병대가 레이니어 호수의 물을 애틀랜타 지역 상수원으로 공급하는 것은 불법이라며 앨라배마와 플로리다 주의 손을 들어줬다. 이에 따라 당시 세 개 주 주지사가 2009년 12월 앨라배마 주 몽고메리 시에서 3자 회동을 갖고, 협상을 벌였으나 합의점을 찾지 못했다. 하지만 2011년 6월 연방 항소법원이 "뷰퍼드 댐 건설 이전에도 이 호수는 채터후치 강을 통해 애틀랜타 지역에 상수를 공급했다"며 1심 판결을 뒤집은 판결을 내놔 조지아에 유리한 국면이 조성됐다. 이후 연방 대법원이 2012년 6월 최종적으로 조지아 주 손을 들어줘 길고 긴 분쟁은 막을 내렸다.

민권운동의
전통과
유산

11 흑인 대통령 탄생과 투표권리법 논란
흑인 대통령 탄생의 감격 | 변화된 흑인들의 삶 | 투표권리법 존속 논란 | 인구 분포 변화와 소수계 우대 정책 논란 | 변신 시도하는 유색인지위향상협회 | 남침례교단의 변화 | 인종차별의 대명사 미시시피대학의 번모
12 계속되는 과거 단죄
피의 일요일 촉발 경관 구속 | KKK단원에 대한 잇단 단죄 | 흑인 지도자, 경범죄 사면 거절 |

제4장

아직도 남은 미제사건 | KKK단의 유산
13 흑인 민권운동의 성지
승차 거부 운동 시발지, 몽고메리 | '투표권을 달라', 셀마 | 인권 운동의 요람, 버밍햄 | 킹 목사의 고향, 애틀랜타 | 식당 내 차별 철폐 운동, 그린즈버러 | 흑인 조종사의 고향, 터스키기 | 콘돌리사 라이스 전 국무 장관의 고향 사랑 | 미 흑인 약사, 노예제에서 백악관까지

▌오바마 대통령의 당선 알리는 미국 신문

흑인 대통령 탄생과 투표권리법 논란

흑인 대통령 탄생의 감격

2008년 대선에서 민주당의 버락 오바마 후보가 미 역사상 최초의 흑인 대통령으로 당선되고 이어 2012년 대선에서 재선에 성공한 것은 그야말로 기념비적 사건이다. 흑백 인종차별의 역사가 100여년 이상 계속되고 1960년대까지 공공장소에서 흑백 분리와 차별을 규정한 짐크로우Jim Crow법이 유지된 미국 사회의 현실을 고려한다면 흑인 대통령의 탄생은 역사적인 사건이라 할 수 있다. 그동안 제시 잭슨Jesse Jackson 목사와 알 샤프턴Alfred Sharpton Jr 목사, 캐롤 모슬리 브라운Carol Moseley Braun 상원 의원 등 흑인 지도자가 대권에 도전했으나 뜻을 이루지는 못했다.

오바마 대통령은 2013년 1월 21일 거행된 재선 취임식에서 이 같은 역사적 의미를 감안한 듯 흑인 노예를 해방시킨 링컨 대통령과 흑인 민권운동에 불을 지핀 마틴 루서 킹 목사가 썼던 성경을 사용했다. 링컨의 성경은 그가 여행 다닐 때 사용했던 것으로, 1861년 그의 대통령 취임식 때도 사용된 것이다. 킹 목사의 성경은 그가 1960년대 민권운동을 할 때 사용했던 역사적 의미가 담긴 것이다. 2013년은 특히 링컨이 노예해방 선언문에 시명한 지 150주년이 되고, 킹 목사가 "나에게는 꿈이 있습니다I have a dream"로 시작하는 연설을 한 뒤 '워싱턴 대행진'을 한 지 50주년이 되는 해이다. 오바마 대통령은 취임 준비 동영상을 통해 "이들 두 분은 내가 대통령으로 당선될 수 있게 해 준 사람"이라고 칭송했다.

오바마 대통령은 첫 당선 때인 2008년 11월 4일 밤 시카고 그랜트 파크에서 행한 연설에서는 당시 107살로 애틀랜타에 거주하는 앤 쿠퍼Ann Nixon Cooper라는 흑인 할머니를 거명했다. 오바마는 "그녀는 자동차나 비행기도 없던 시절에, 노예제도가 폐지된 뒤 한 세대가 지난 후에 태어났지만 여성이라는 이유, 흑인이라는 이유만으로 투표권을 행사하지 못했다"고 운을 뗐다. 이어 "오늘밤 나는 그녀가 한 세기를 살아오며 가슴에 맺혔던 응어리를 풀고 희망과 투쟁뿐만 아니라 역사의 진보를 보게 됐고, 평생 '우린 할 수 없다'는 말만 들어온 게 아니라 그것을 강요하던 사람들에게 '우린 할 수 있다'는 것을 보여주게 됐다고 생각한다"고 강조했다.

쿠퍼 할머니도 언론 인터뷰에서 흑인 대통령의 탄생에 대해 "그런 일이 발생하리라곤 꿈에도 생각을 못했다. 그건 당연히 백인 차지라고 생각해왔다"고 말했다. 그러면서 "하지만 이제 세상이 변했음을 알게 됐고, 이를 정말 기쁘게 받아들인다"고 소감을 말했다.

흑인 대통령 탄생의 감격과 기쁨은 오바마 대통령 초선 취임 후 1년이 지나서도 지속됐다. 2010년 2월 9일 저녁 백악관에서는 반전 평화 운동의 상징인 밥 딜런Bob Dylan과 포크송 가수 조앤 바에즈Joan Baez 등 1960년대에 음악을 통해 민권운동에 앞장섰던 가수들이 참석한 가운데 조촐한 음악회가 열렸다. 오바마 대통령 내외는 참석자와 〈시대는 그렇게 변하네The Times, they are a changin'〉와 〈우리 승리하리라We shall overcome〉 등 60년대 민권운동 현장에서 울려 퍼졌던 반전 가요를 함께 부르며 감격에 겨워 했다고 외신들은 전했다. 이 장면은 노무현 대통령 시절 386 운동권 출신 정치권 인사들이 청와대에서 만찬을 갖고 〈임을 위한 행진곡〉을 부른 장면을 연상케 했다.

변화된 흑인의 삶

미 역사상 첫 흑인 대통령의 탄생을 계기로 흑백 차별도 이젠 옛날이야기라는 주장이 세를 얻고 있다. 변화된 흑인의 삶은 이런 주장에 무게를 실어주고 있다. 소수 인종으로 차별받던 흑인의 삶은 1964년 인종차별을 금지하는 민권법Civil Rights Act이 제정되면서 급격한 변화를 겪어왔다. 린든 존슨Lyndon B. Johnson 대통령이 서명한 민권법은 공공시설 내 차별뿐 아니라 인종, 피부색, 종교, 성, 출신 국가를 근거로 한 차별을 철폐했다. 동시에 존슨 대통령이 추진한 '빈곤과의 전쟁War on Poverty'이 새로운 경제적 기반을 구축하는 계기가 됐다. 이는 결국 40여 년 뒤인 2008년 대선에서 미 역사상 최초의 흑인 대통령 탄생을 가져온 토대가 됐다고 할 수 있다.

2011년 2월 '흑인 역사의 달Black History Month'을 맞아 'USA 투데이'는 22일 자에서 1960년대 이후 변화된 흑인의 삶을 각종 도표와 삽화를 통해 조명했다. 민권법 제정 이후 선출직 공직에 나서는 흑인이 늘기 시작했다.

상하원 의원 등 연방 차원의 선출직에 당선된 흑인이 1970년에는 열 명에 불과했으나 2010년에는 미흔세 명으로 증가했다. 주 차원의 선출직 흑인은 1970년 169명에 불과했으나 2006년 매사추세츠 주 역사상 첫 흑인인 디발 패트릭Deval Laurdine Patrick 주지사가 탄생하는 등 2010년에는 미 전역에서 모두 642명이 주 차원의 공직을 차지했다. 흑인 시장은 1967년 두 명에 불과했지만 2006년 뉴저지 주 뉴어크Newark 시장에 코리 부커Cory Booker가 당선되는 등 2011년 초 658명으로 증가해 풀뿌리 민주주의에서 흑인의 약진도 거듭됐다. 물론 현재 미국 전체 인구 가운데 흑인이 차지하는 비율은 약 13퍼센트지만 연방 하원 내 흑인 의원은 10퍼센트에 불과할 정도로 아직도 갈 길이 먼 실정이다. 연방 상원의 경우 흑인 상원 의원은 지금까지 모두 일곱 명만 탄생했을 뿐이다. 사우스캐롤라이나 주 출신의 짐 드민트 공화당 상원 의원이 2012년 말 사퇴함에 따라 후임으로 팀 스콧 연방 하원 의원이 지명됐다. 그는 미 역사상 일곱 번째 흑인 상원 의원이자 남부 지역 출신으로는 1880년대 이후 첫 번째 흑인 상원 의원이 됐다.

이런 가운데 흑인이 적극적으로 투표에 참여하며 영향력을 높여가는 징후도 나타나 주목되고 있다. 여론조사 기관인 퓨 리서치 센터에 따르면 2012년 11월 미 대선에서 흑인의 투표 참여율이 사상 처음으로 백인의 투표 참여율을 앞선 것으로 추정됐다. 이는 지난 1965년 흑인이 전면적인 참정권을 보장받은 이후 47년 만의 일이다. 그동안 저조했던 흑인의 투표 참여율은 오바마 후보가 출마한 지난 2008년 대선에서 65.2퍼센트를 보여 백인 투표율 66.1퍼센트와 거의 차이가 없을 정도로 추격했었다.

경제적 측면에서도 흑인 가정의 중간 소득이 1965년 3724달러였으나

로버트 존슨 BET 회장

2009년에는 3만 8409달러로 상승했다. 흑인이 소유한 기업체농장 제외도 1969년에는 16만 3100개였으나 2007년에는 190여 만 개로 증가했다. 흑인 기업이 전체 미국 기업에서 차지하는 비율도 1969년 2.2퍼센트에서 2007년에는 7.1퍼센트로 증가했다. 이 중에는 블랙 엔터테인먼트 텔레비전BET 창업자인 로버트 존슨Robert L. Johnson 회장처럼 억만장자 대열에 포함된 흑인 기업가도 있다. 25세 이상 흑인 교육 수준도 1965년에는 중졸 미만의 학력이 49퍼센트에 달했으나 2009년에는 대학 중퇴 이상의 학력자가 48퍼센트 이상이 될 정도로 향상됐다.

그렇지만 2008년부터 시작된 극심한 경기 침체를 맞아 많은 미국인이 고통을 겪었지만 경제적으로 어려운 흑인은 더 큰 고통을 겪어야 했다. 부동산 시장의 버블 붕괴로 흑인은 자가 주택 비율이 백인에 비해 약 두 배가 감소했고, 흑인을 포함해 소수 인종이 차압으로 집 소유권을 상실한 비율도 백인 계층에 비해 높았다. 이에 따라 첫 흑인 대통령 하에서도 흑인의 삶은 그다지 나아진 게 없다는 지적이 나오기도 했다.

투표권리법 존속 논란

흑인 대통령 탄생을 계기로 미국 사회 일각에서는 투표권리법Voting Right Act 존속 필요성을 둘러싼 논란이 제기되고 있다. 미 역사상 최초로 흑인 대통령이 탄생한 상황에서 흑인 등 소수 인종이 투표 과정에서 차별받지 않도록 보장한 투표권리법을 존속시켜야 할 필요가 있냐는 의문이 제기된 것이다. 우선 연방의회가 2006년 투표권리법의 일부 조항이 향후 25년간 계속 유효하도록 결정한 조치를 둘러싸고 법적 논란이 제기됐다. 투표권리법은 소수 인종 유권자의 투표권을 약화시키기 위한 선거구 조정의 금지, 장애인 및 문맹 유권자에게 투표 보조 수단 제공, 영어를 모르는 유권자를 위한 이중 언어 선거 자료 제공 그리고 유권자 자격 심사 시험의 금지 등을 핵심으로 하고 있다.

논란의 핵심은 투표권리법의 제5항. 앨라배마, 애리조나, 조지아, 루이지애나, 미시시피, 텍사스, 사우스캐롤라이나, 버지니아, 알래스카 등 아홉 개 주에서는 선거법을 개정할 경우 사전에 법무부의 사전 승인을 받도록 의무화한 대목이다. 이에 대해 텍사스 주 오스틴 북서부 제1 공공 구역이라는 단체가 법무 장관을 상대로 소송을 제기했다. 흑인 대통령을 탄생시킬 정도로 사회가 변화한 만큼, 인종차별이 심했던 시대에 제정된 이 법률은 시대에 뒤진 것이며, 특히 텍사스 주 등이 선거법을 개정할 때 연방 정부의 승인을 받도록 한 조항은 폐지돼야 한다고 주장했다. 특히 투표권리법 5항 규정은 남부 주에 치욕스런 주홍글씨를 새겨놓은 것이라고 비판했다. 반면 인권 운동가들은 미국 내 일부 지역의 경우 투표 과정에서 아직도 인종차별이 존재한다며 법무부의 개입을 보장한 이 법률의 존치가 필요하다고 맞섰다. 이에 대해 연방 지방법원은 원고 패소 판결을 내렸으나 연방 대법원은 2009년 6월 22일 절충적인 판결을 내렸다. 대법원은 5항 규정이 시대에 뒤떨어진 것이란 점을 인정하면서도 최종적으로 위헌 판정을 내리

지는 않았다.[31]

인구 분포 변화와 소수계 우대 정책 논란

미국 사회는 현재 흑인 대통령의 탄생이라는 역사적 사건 외에 인구 구성에서 주류였던 백인 인구가 감소하는 대신 흑인과 히스패닉 등 소수 인종이 늘어나는 변화를 맞고 있다. 2012년 12월 발표된 미국 인구조사국 보고서에 따르면 백인 인구는 2012년 11월 말 1억 9780만 명으로 전체의 63퍼센트를 차지하고 있다. 하지만 2043년 이후 50퍼센트 아래로 떨어지고 2060년에는 1억 7900만 명으로 43퍼센트 수준으로 떨어질 전망이다. 반면 비非 백인은 2012년 1억 1620만 명으로 47퍼센트를 차지하고 있지만 2060년에는 2억 4130만 명으로 57퍼센트 수준으로 늘어날 것으로 예상됐다. 소수 인종 가운데 히스패닉 인구는 2012년 전체 인구의 17퍼센트에서 2060년에는 31퍼센트를 차지하고, 흑인 인구는 2012년 13퍼센트에서 2060년에는 15퍼센트로 증가할 것으로 전망됐다.

소수 인종 인구가 증가하고 흑인 대통령이 탄생하면서 소수 인종을 배려하는 '소수계 우대 정책Affirmative Action'도 논란거리로 등장했다. 연방 대법원이 2009년 6월 29일 내린 판결이 대표적인 예. 코네티컷 주 뉴헤이븐New Haven 시 소방관들은 2003년 실시된 소방관 승진 시험에서 성적이 우수함에도 백인이라는 이유로 탈락했다며 소송을 제기했다. 이에 대해 대법원은 뉴헤이븐 시 당국이 소방관 승진 시험에서 소수 인종이 승진 대상에 극소수만 포함됐다는 이유로 시험 결과를 백지화해, 백인 소방관의 승진을 불허한 조치는 부당하다는 판결을 내렸다. 대법원의 이 판결은 소수 인종을 배려한 그동안의 고용 관행에 제동을 거는 판결로 해석됐다.[32] 연방 대법원은 또 2012년 2월 다양한 학생 선발을 위해 주립 대학이 학생 선발을 할 때 인종 요인을 고려하도록 한 소수계 우대 정책의 적절성 여부에 대한 심리에 들어갔다. 이는 오스틴 텍사스대UT 로스쿨 입학을 거부당한 백인 여학생 아비게일 노엘 피셔 양이 소송을 제기하면서 시작됐다. 피셔 양은 2008년 텍사스대 입학을 거부당하자 백인이라는 이유로 헌법에 어긋나게 자신이 역차별을 받았다고 소송을 냈다. 이 대학은 특히 1883년 설립 이후 70년 가까이 흑인 학생을 받아들이지 않다가 지난 1950년 흑인 학생이 인종차별이라며 소송을 제기해 대법원 판결로 흑인 학생에게 문호를 개방했던 역사를 갖고 있어 아이러니가 아닐 수 없다. 미 연방 지법과 항소법원은 소수계 우대 정책에 따른 입학 사정을 한 텍사스대 측의 손을 들어줘 대법원의 최종 결정이 주목되고 있다. 대법원은 2003년 미시간대 로스쿨의 소수계 우대 정책 소송 때는 이 정책을 지지하는 판결을 내렸다. 당시 샌드라 데이 오코너 판사 등 다섯 명의 진보적 판사가 소수계 우대 정책을 지지했다.

변신 시도하는 유색인지위향상협회

흑인의 정치 경제적 환경 변화에 따라 관련 단체도 활동 방향과 노선을 수

정하고 있다. 미 최대의 흑인 인권 운동 단체인 유색인지위향상협회NAACP가 대표적인 예로 2009년 2월 12일 창립 100주년을 계기로 새로운 방향 모색에 나섰다. 이 단체는 흑인 인권 운동 지도자인 두 보이즈W. E. B. Du Bois가 이끄는 흑인 청년 단체의 나이애가라 운동과 이에 관심을 가진 백인 단체가 통합해 1909년 창설됐다. 이후 한 세기 동안 흑인의 인권 및 복지 향상을 위해 노력해왔다. 특히 흑인의 법적 불평등 해소를 위해 지속적인 투쟁을 전개했다. 1915년 법정투쟁을 통해 남부에서 흑인의 투표권을 제한하기 위해 문맹자의 선거권을 제한하면서도 남북전쟁 전부터 선거권을 가지고 있었던 자와 그 자손에게는 자동적으로 투표권을 인정하는 '그랜드파더 조항Grandfather Clause' 철폐에 결정적 공헌을 했다. 또 1954년 '브라운 대 토피카 교육위원회Brown v. Board of Education of Topeka, Kansas' 사건을 대법원에 상정해 학교 내 인종차별을 금지하는 판결을 이끌어냈다. 민권법 제정에도 앞장서는 등 흑인 민권운동사에 커다란 족적을 남겨왔다.

메릴랜드 주 볼티모어에 본부를 두고, 전국에 1700개 지부를 두고 있는 NAACP는 과거 민권운동이 절정에 달했던 1964년에는 60만 명의 회원을 두며 전성기를 구가했다. 2012년 25만여 명의 유료 회원과 22만 5000여 명의 기부자를 두고 있다. NAACP는 미국 역사상 최초의 흑인 대통령 탄생으로 단체의 존재 이유에 의문을 던지는 시각도 나타남에 따라 적극적인 방향 전환을 모색 중이다. 벤저민 토드 젤러스 NAACP 대표는 "사상 최초의 흑인 대통령 탄생이 기념비적 사건이기는 하지만 인종적 불평등이 모두 사라졌다고 생각하지 않는다"며 인종적 평등을 위한 압력을 계속 행사해나갈 것이라고 밝혔다. 특히 학교 내 불평등 문제, 경찰의 무차별 총격, 주택 압류 문제 등 생활과 밀접한 불평등 문제를 시정하는 데 활동의 초점을 맞추며 주민에게 다가가고 있다.

남침례교단의 변화

미국 개신교 최대 교단이며 남부에서 가장 규모가 큰 남침례교Southern Baptist Church, SBC도 시대 변화에 맞춰 개혁을 시도하고 나섰다. 남침례교는 1845년 노예 소유주에게 선교사 자격을 주는 문제를 놓고, 이에 반대하는 교단 북부 지회와 결별한 뒤 남부를 지역 기반으로 지속적으로 성장한 교단. 미 전역에 5만여 개의 교회에 1600만 명의 신도가 있으며, 매년 5억 달러 이상의 자발적 헌금을 통해 1만 명 이상의 선교사를 해외에 파송할 정도다. 미국 내 개신교 두 번째 규모인 연합감리교가 3만 교회, 798만 명의 교인을 가진 것에 비해 거의 두 배 이상의 교세를 자랑한다. SBC는 막강한 교세 속에서 보수적 성향을 보이며, 정계에 대한 영향력도 적극 행사해 조지 W. 부시 대통령의 경우 이 교단 연차 총회에 빠지지 않고 참석했다는 일화가 전해져온다.

SBC는 그러나 백인이 주도해온 교단으로, 특히 과거 인종차별을 옹호한 어두운 과거사를 지니고 있다. 이에 따라 1995년 150차 연례 총회에서 노예제를 옹호하는 인종차별의 과거사를 사과하는 결의안을 통과시켰다. 당시 SBC 총회장인 브라이언트 라이트 목사는 "우리의 잘못

▎남침례교회 총회장 프레드 루터 목사

에 용서를 구하고, 흑인 친구들에게 사과하고, 인종차별주의에 대한 용서를 구하기까지 150년이 걸렸다"고 시인했다.

SBC는 이후 지난 10년 새 소수 인종의 참여를 촉진하는 결의안을 잇따라 채택했고, 2011년에는 흑인 목사를 선임 부총회장으로 선출하는 등 소수 인종을 지도부에 적극 기용해왔다. SBC는 결국 2012년 6월 20일 루이지애나 주 뉴올리언스에서 연차 교단SBC 대의원 총회를 열어 흑인인 프레드 루터Fred Luter 목사를 새 총회장으로 선출했다. 흑인이 교단 수장을 맡은 것은 침례교회 내 남부파가 노예제도를 반대하던 북부와 결별하고 남침례교단을 조직한 1845년 이후 167년 만이다. 총회는 또 교단 명칭에 있는 남부Southern라는 단어가 백인 중심의 보수적이고, 배타성이 강한 지역이란 부정적 이미지를 풍김에 따라 개별 교회가 그레이트 커미션 뱁티스트Great Commission Baptist, 큰사명침례교라는 명칭도 병용할 수 있도록 했다.

인종차별의 대명사 미시시피대학의 변모

미시시피 주는 미국에서 흑인이 가장 많이 사는 곳으로, 2차 세계대전 전에는 흑인이 총인구의 50퍼센트를 차지했다. 이들은 주로 목화 지대에서 소작 노동에 종사했다. 하지만 전쟁 후에는 북부로 이주하는 흑인이 늘어 1975년에는 흑인 비율이 36퍼센트로 크게 감소하기도 했다. 하지만 흑인의 사회적 지위도 낮아 미국에서는 가장 늦은 1964년에 공립학교에서 흑백 공학이 인정됐다. 흑인의 가난한 생활을 반영하듯 흑인은 1인당 연평균소득이 미국에서 최하위에 머무르고 있다.

미시시피 주 북서부에 위치한 작은 도시 옥스퍼드Oxford. 인구 2만 명의 이 시골 도시는 테네시 주 멤피스에서 승용차로 한 시간 거리에 있다. 이곳은 풋볼 팀이 대학 랭킹 10위

▌기자회견하는 제임스 메러디스의 부인과 아들

안에 들 정도로 유명한 미시시피대학Ole Miss의 캠퍼스가 위치한 대학 도시. 남북전쟁 때는 학생 대부분이 남부연합군에 가담했고, 특히 게티즈버그 전투에서 이 대학 학생으로 구성된 부대가 모두 전사하는 등 많은 희생자가 발생했다. 이 같은 전통을 반영하듯 캠퍼스 내에는 남부연합군 전사자 추모상도 설치돼 있고, 남부연합의 깃발을 대학의 상징으로 사용하기도 했다. 하지만 치어리더였던 한 흑인 여학생이 인종차별을 한 남부연합을 상징하는 깃발을 들고 입장하기를 거부해 학교 측은 이 깃발을 더 이상 사용하지 않는다. 이 대학은 또 1960년대까지만 해도 남부에서 보수적이고 인종차별이 심한 대학으로 유명했다. 특히 공군 참전 용사 출신으로 1962년 이 학교에 처음 입학을 희망한 최초의 흑인 학생인 제임스 메러디스James Meredith에 대해 당시 로스 버넷 주지사가 입학을 거부하고, 백인 학생들도 등교를 방해하는 사건이 발생했다. 존 F. 케네디 대통령은 500여 명의 연방 보안관을 대학에 파견했고, 백인학생들이 이들을 공격하는 폭력 사태 속에서 두 명이 사망하기도 했다. 결국 연방군까지 출동한 끝에 유혈 사태는 진압됐다.

이 같은 유혈 사태가 발생한 지 46년 뒤인 2008년 9월 26일이 대학 캠퍼스에서는 미국 대통령 후보 1차 토론회가 열렸다. 당시 토론회에서 민주당의 오바마 후보와 공화당의 존 매케인 후보가 첫 TV 토론을 가졌다. 토론회를 현장에서 취재하면서 제임스 메러디스의 부인과 아들이 교내 인권 센터 광장에서 가진 기자회견에도 참석했다. 아들 존 메러디스는 '왜 아버지는 기자회견에 참석하지 않았냐'는 질문에 "아버지가 토론회에 참석할 경우 과도한 언론의 관심으로 역사적인 대선 토론회의 의미가 퇴색될 것을 우려했기 때문"이라면서 "미시시피 주 잭슨 시에서 작가로 활동하고 있다"고 근황을 전했다.

이 대학에서는 2012년 10월 메러디스 사건 발생 50주년을 맞아 '50 Years of Intergration : Opening the Closed Society'라는 제목 아래 기념 행사를 갖기도 했다. 또 필 브라이언트 미시시피 주지사는 이 사건 발생 50주년을 맞아 10월을 '인종 화해 경축의 달'로 선포하고 인종의 벽을 허물기 위한 캠페인을 집중 전개했다. '빵을 나누면서 벽도 깹시다'란 제목 아래 전개된 캠페인은 자기와 다른 피부색을 가진 사람을 식당에 데려와 식사를 같이 하면 음식 값의 22퍼센트를 할인해주도록 했다. 하지만 11월 6일 미국 대선 당일 저녁에는 수백 명의 학생이 오바마 대통령의 재선에 반대하는 시위를 하면서 인종 비하적 구호를 외쳐 비판을 받기도 했다.

흑인 학생이 인종차별의 벽을 뚫고 대학에 입학한 사례는 인근 앨라배마에서도 있었다. 1963년 앨라배마대학교에 첫 흑인 대학생이 됐던 제임스 후드James Hood가 그 주인공. 후드는 인종차별 정책을 고수한 조지 월리스George C.Wallace 전 앨라배마 주지사에 맞서 1963년 6월 11일 또 다른 흑인 학생인 비비안 말론과 함께 전교생이 백인인 앨라배마대학교에 입학했다.

월리스 주지사는 1963년 1월 취임 연설에서 "인종 분리 정책은 오늘도, 내일도 영원할 것"이라고 주장하며 존 F. 케네디 행정부의 인종 평등 정책을 정면으로 반박했던 인물. 당시 월리스 주지사는 후드의 대학교 본관 진입을 막았지만 흑인에게 대학교 입학을 허가하라는 케네디 대통령의 명령으로 후드는 연방군의 호위를 받아 말론과 함께 입학금을 내고 등록을 마칠 수 있었다.

월리스 전 주지사는 30여 년 뒤인 1996년 후드를 만나 자신의 행동을 사과했고, 후드는 1998년 월리스 전 주지사의 장례식에 참석해 월리스에 대한 용서를 당부했다. 앨라배마대학 측은 2010년 후드가 월리스 전 주지사와 대치했던 장소를 말론·후드 광장으로 명명했다. 후드는 2013년 1월 세상을 떠났다.

계속되는 과거 단죄

피의 일요일 촉발 경관 구속

인종차별과 흑인에 대한 폭력 행위 등에 대한 역사의 단죄는 현재도 계속되고 있다. 또 인종차별적 발언이나 행위는 엄격하게 법으로 규제하고 처벌을 받도록 돼 있다.

앨라배마 주에서는 동등한 투표권 보장을 요구하는 흑인들을 백인 경찰이 폭력적으로 진압한 소위 '피의 일요일Bloody Sunday' 행진 사건 관련자가 45년 만에 단죄를 받았다. 2010년 10월 앨라배마 연방 지방 검사실은 지난 1965년 앨라배마에서 투표권 보장을 요구하며 행진을 벌이던 흑인 지미 리 잭슨에게 총격을 가해 살해한 전직 주 경찰관 보나드 파울러에 대해 과실치사 혐의로 징역 6개월을 확정해 수감했다. 이로써 1960년대 흑인 민권운동과 관련된 장기 미제 사건 중 하나가 해결됐다.

흑인 청년 잭슨에 대한 총격 사건은 1965년 2월 18일 저녁 앨라배마 주 매리언Marion 시에 있는 맥 카페에서 발생했다. 당시 흑인 시위대가 투표권 보장을 요구하며 행진을 벌이다 주 경찰의 진압으로 아수라장이 됐다. 이

와중에 스물일곱 살의 청년이던 잭슨은 땅바닥에 쓰러진 어머니와 할아버지를 보호하려다 파울러가 쏜 총에 맞아 숨졌다. 잭슨이 백인 경관이 쏜 총에 맞아 숨진 데 격분한 흑인 민권운동가들은 마틴 루서 킹 목사 주도로 장례를 치른 뒤 본격적으로 시위를 벌였다. 하지만 총격 사건 직후 연방 배심원단은 현장 조사를 실시했지만 아무도 기소하지 않는 편파 수사를 했다. 장기 미제으로 남았던 이 사건은 현역에서 은퇴한 파울러가 2005년 민권운동 당시 미제 사건을 조사하는 단체인 '민권운동 미제 사건 프로젝트'의 존 프레밍 대표와의 인터뷰에서 범행을 시인하면서 새로운 국면을 맞았다. 파울러는 당시 "잭슨이 시위를 진압하는 내 권총을 빼앗으려 시도해 여러 번 참다가 자위 차원에서 한 번 총격을 가했다"고 말했다. 앨라배마 주의 마이클 잭슨 연방 지방 검사는 이 인터뷰를 본 뒤 재수사에 착수했고, 결국 2007년 5월 파울러를 살인 혐의로 기소했다. 킹 목사가 창설한 흑인 인권 운동 단체인 남부기독교지도자회의SCLC는 1991년 매리언 시에 잭슨을 추모하는 기념비를 설치했고, 앨라배마 주 민권운동 박물관은 그를 순교자로 추모하고 있다.

KKK단원에 대한 잇단 단죄
|

앨런 파커 감독의 영화 〈미시시피 버닝Mississippi Burning〉으로 유명한 1960년대 흑인 인권 운동가 살해 사건의 주범들도 잇따라 법의 심판을 받았다. 2007년 8월 미시시피 주 잭슨 연방 법원은 1964년 6월 19살 헨리 디와 찰

▎미시시피 버닝 사건 관련자에 대한 수배전단

스 무어라는 두 명의 흑인 운동가를 납치 살해한 혐의로 백인우월주의 단체 '큐 클럭스 클랜KKK' 전 단원이자 경찰관이었던 제임스 실에 대해 종신형을 선고했다.

제임스 실은 당시 두 흑인 운동가를 납치한 뒤 나무에 묶어 엽총을 겨눈 채 폭행하고 생존 상태에서 발에 레일을 매달아 강에 던진 혐의를 받고 있다. 이들의 시신은 약 2개월 뒤 다른 실종자 수색 과정에서 우연히 발견됐다. 실은 증거가 불충분하다는 이유로 석방된 뒤 행방이 묘연했으나 2007년 1월 체포돼 법의 심판을 받았다.

64년 당시 같은 지역에서 인권 운동을 벌이던 백인 두 명과 흑인 한 명을 살해한 이른바 '미시시피 버닝' 사건의 주범이었던 에드가 레이 킬런도 2007년 징역 60년형을 선고받았다. 킬런은 KKK단의 지도자 겸 전도사로, 1964년 흑인 참정권 운동가인 백인 청년 마이클 슈워너, 앤드루 굿맨, 흑인 제임스 체이니 등 세 명을 살해한 혐의다. 킬런은 이 사건과 관련해 다른 공범 일곱 명이 1967년 범죄 공모 등 혐의로 처벌을 받을 당시에도 한 배심원이 "전도사에게 유죄 평결을 내릴 수 없다"며 버티는 바람에 석방됐다.

미 민권사상 가장 악명 높은 사건 중 하나인 1963년 앨라배마 주 버밍햄 교회 폭탄 투척 사건 관련자 가운데 마지막 피의자인 보비 프랭크 체리도 2002년 5월 법의 심판을 받았다. 이 사건은 1963년 9월 15일 인종차별 반대 시위의 중심지였던 버밍햄 16번가 침례교회에서 발생했다. 일요일인 9월 15일 오전 10시 20분께 교직자들이 청소년 예배를 한창 준비하고 있을 때 다이너마이트가 폭발했다. 이 폭발로 에디 콜린스, 데니스 맥나이어, 캐롤 로버트슨, 신시아 웨슬리 등 흑인 10대 소녀 네 명이 사망했다. 이 사건은 당시 백인우월주의 단체 KKK단원 출신 네 명이 저지른 것이었다. 그동안 두 명의 KKK단원은 이미 유죄판결을 받았고, 또 다른 한 명은 기소되지 않은 채 사망했다. 그런 가운데 사건 발생 50여 년 만에 보비 프랭크 체리가 1급 살인의 유죄 평결을 받고 종신형에 처해진 것이다.

당시 버밍햄은 흑인 및 민권운동가에 대한 KKK단의 폭력과 테러가 기승을 부려 도시 별칭이 '폭탄Bomb'이란 단어를 빌려 '바밍햄Bombingham'이라 불릴 정도였다.

흑인 지도자, 경범죄 사면 거절

앨라배마 주 버밍햄 시는 2009년 8월 과거 흑인 민권운동을 하다 경범죄 위반으로 구류를 산 전과 기록의 사면을 추진했다. 래리 랭포드 버밍햄 시장은 과거 민권운동을 하다 경범죄 위반 등의 혐의로 구류를 살았던 민권운동가에 대한 사면을 제안했다. 버밍햄 시는 1950년대 후반부터 흑인의 민권운동이 거세지자 경찰이 사냥개를 동원해 시위대를 위협했다. 또 허가를 받지 않고 집회와 시위를 벌였다는 이유로 경범죄 위반 혐의를 적용해 수천 명의 시위대를 체포하거나 구류 처분했다. 랭포드 시장의 사면 제안은 당시 경범죄 위반 혐의로 전과 기록이 있던 민권운동가나 시위 참여자에게 '역사를 바로 잡는' 상징적인 차원에서 이뤄진 것이다.

딕시Dixie
목화밭에서 오바마까지,
미국 남부를 읽는다

이 제안에 대해 오랫동안 민권운동을 했던 캘빈 우즈 주교는 당시 민권운동에 나섰던 수천 명을 대신해 이를 환영한다고 밝혔다. 하지만 대다수 흑인 민권운동가는 이 제안을 일축했다. 열네 살의 나이로 63년 민권 시위에 참여했던 웹 해플링 목사는 "우리는 당시 자유를 위해 스스로 구속당하는 길을 택했다"면서 "이를 정말 자랑스럽게 생각한다"며 사면 제안을 일축했다. 앨라배마 주는 2006년에는 비폭력 민권운동 시위에 참여했던 인사가 요청할 경우 당시 전과 기록을 삭제할 수 있도록 하는 소위 '로자 파크스법'을 통과시켰다. 루이지애나 주와 테네시 주도 유사한 법률을 통과시켰으나 삭제를 요청한 신청자는 거의 없었다. 전과 기록 삭제 요청이 거의 없었던 것은 이를 '영광스런 훈장'으로 생각했기 때문이다. 조지프 램버트 목사는 "사면 제안은 흑인 운동가에 대한 모독"이라고 지적했다.

아직도 남은 미제 사건

흑백 차별과 관련된 사건에 대한 단죄 노력에도 불구하고 남부에는 과거 KKK단원이 저지른 폭력 사건 등 많은 폭력 및 살인 사건이 미제 사건으로 남아 있다. 사건 발생 당시 수사 당국의 묵인 또는 부실 수사로 인해 사건 해결에 가장 중요한 초동 단계의 증거 수집이나 단서 확보가 안 됐기 때문이다. 미연방수사국FBI은 2007년부터 흑인 민권운동 시기에 발생한 의문사 100여 건의 진상 조사를 계속해왔지만 많은 사건이 미제로 분류될 정도로 과거사 단죄는 진척을 못 보고 있다.

2010년 2월 28일 워싱턴포스트WP가 분석한 3년간의 의문사 진상 조사에 대한 분석에 따르면 FBI가 사건 대부분의 진상을 파악했지만, 유력 용의자가 사망했거나 증거 확보가 어려워 기소까지 가지 못한 경우가 많았다. 미제로 남은 사건 중에는 1946년 조지아 주 월튼 카운티에서 흑인 소작농 네 명이 총에 맞아 숨진 사건도 있다. 당시 지역 주요 인사를 포함해 스물네 명가량이 범행에 연루된 것으로 추정되지만, 기소된 이는 아무도 없었다. FBI는 인종차별로 얼룩진 과거사와 관련된 미제 사건을 밝히기 위해 그 나름대로 애썼지만 한계를 절감할 수밖에 없는 상황이라고 신문은 전했다.

KKK단의 유산

미국 내 대표적인 백인우월주의 단체이자 흑인 차별 폭력 단체인 '큐 클럭스 클랜KKK'. 이 단체는 남북전쟁 패배로 절망한 남부의 재향군인 여섯 명이 중심이 돼 1865년 테네시 주 남서부 풀라스키Pulaski라는 소도시에서 창설됐다. 뾰족한 두건과 하얀 가운을 뒤집어쓴 모습으로 대표되는 이들은 백여 년간 흑인에겐 공포의 대상이었다. 남북전쟁 종전 후부터 1870년대 초반까지 기승을 부리다 수그러든 KKK단은 1920년대 들어 다시 최고조에 달했다. 1925년 8월 워싱턴 DC 펜실베이니아 가에서 8만여 명이 참가한 가운데 대규모 행진을 벌인 것은 단적인 예이다. 1920년대 KKK단은 십자가를 불태우는 것을 상징으로 채택한 게 특징. KKK단의 활동은 현대에 와서도 계속돼 1950년대 말부터 1960년까지 민권운동 시기에는 흑인의 민권운동에 폭탄 투척 등을 통해 격렬하게 방해 공작을 전개했다.

하지만 1970년대 이후 KKK단 활동은 중앙의 단일 조직이 존재하지 않고, 개별적이고 독립적인 지부별로 활동이 이뤄지고 있는 게 특징. 전문가들은 현재 회원수를 5000여 명 안팎으로 추정하는 가운데 이중 과반 이상이 남부에 거주하는 것으로 보고 있다. 또 미 남

딕시Dixie
목화밭에서 오바마까지,
미국 남부를 읽는다

부빈민법률센터SPLC가 2012년 3월 발표한 연례보고서에 따르면 KKK 지부의 수는 2010년 221개에서 2011년에는 152개로 줄어든 것으로 파악됐다. 이들은 시대 변화에 따라 백인우월주의 대신에 불법 이민자 문제, 동성 결혼 문제, 도시 범죄 등과 관련한 문제를 이슈로 내걸며 활동하고 있다. 한 KKK 단체는 2006년 6월 남북전쟁의 격전지였던 메릴랜드 주 앤티텀Antietam 공원에서 집회를 가졌다. 또 KKK의 나이트 라이더스Knight Riders라는 단체는 2010년 2월 20일 조지아 주 남부 나훈타에서 주말 집회를 갖기도 했지만 핵심 주제는 불법 이민자 문제였다. 원래 조지아 주는 1915년 애틀랜타 인근의 스톤 마운틴에서 윌리엄 조셉 시몬스William Joseph Simmons 목사를 중심으로 KKK의 부활을 외쳤던 일이 발생하는 등 KKK단의 핵심 활동 무대 중 하나다.

흑인 민권운동의 성지

남부는 극심한 인종차별의 역사를 지닌 지역답게 곳곳에 차별의 아픔과 비극의 현장이 있다. 동시에 차별의 사슬을 끊어내기 위해 분연히 떨치고 일어난 민권운동의 역사 현장도 산재해 있다. 앨라배마 주 몽고메리Montgomery에서부터 셀마Selma, 버밍햄Birmingham, 터스키기Tuskegee 그리고 조지아 주 애틀랜타Atlanta, 노스캐롤라이나 주 그린즈버러Greensboro는 대표적인 흑인 민권운동의 성지이자 요람이다.

승차 거부 운동 시발지, 몽고메리

앨라배마 주 주도인 몽고메리는 현대자동차 앨라배마 공장HMMA이 있어 한국인에겐 친숙한 도시다. 남부인에겐 남북전쟁 당시 남부연합이 출범한 성지이지만 1950~60년대 흑백 차별을 없애고 동등한 권리를 누리고자 한 민권운동의 중심 무대로도 유명하다. 몽고메리는 앨라배마의 중심 도시지만 고층 빌딩이 그리 많지 않은 전형적인 남부 시골 도시다. 시내 곳곳에는

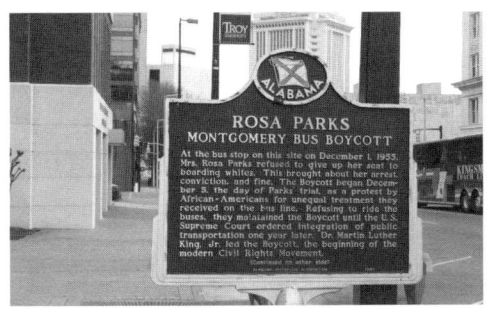

▮ 로자 파크스 승차거부운동 알리는 동판

▮ 민권기념센터

흑인 민권운동의 성지와 유적이 많다. 다운타운의 트로이대학 몽고메리 캠퍼스 입구에는 1955년 마흔두 살의 흑인 재봉사였던 로자 파크스Rosa Parks가 버스 안에서 백인에게 자리 양보를 거부해 버스 승차 거부 운동을 불러일으킨 현장을 알리는 동판 표지판이 서 있다. 바로 옆 4층 규모 기념관에는 파크스 여사의 거사 뒤 381일간 계속된 승차 거부 투쟁 속에 대중교통의 흑백 분리를 철폐하라는 연방 대법원의 판결 그리고 파크스 여사가 탑승했던 모형 버스 등이 전시돼 있다.[33]

발길을 돌려 주 의사당 쪽으로 가면 의사당 우측에는 마틴 루서 킹 목사가 스물여섯 살에 초임 목사로 1954년부터 6년간 시무를 하면서 인권 운동을 했던 '덱스터 애비뉴 킹 기념 침례교회'가 있다. 예배당 내 낡은 연단은 "킹 목사가 생전에 희망과 형제애를 강조하며 설교하던 연단"이라는 게 한 신도의 설명이다. 교회 지하실은 킹 목사가 몽고메리 버스 승차 거부 운동을 지원할 당시 흑인 지도자들과 대책을 논의하던 핵심 거점이었지만 지금은 주일학교 학생을 위한 공간으로 사용되고 있다.

인근의 '민권기념센터' 입구에는 "until justice rolls down like waters and righteousness like a mighty stream, 정의가 강물처럼 흐를 때까지…"라는 킹 목사의 연설 문구가 새겨진 검은 대리석 위로 물이 쉼 없이 흘러내리는 조각품이 관광객을 맞는다. 민권기념센터에는 1954년 학교 내 인종차별을 금지한 '브라운 대 토피카 교육위원회' 사건의 대법원 판결부터 1968년 킹 목사 암살까지 민권운동의 획을 그은 사건이 연대기로 정리돼 있다. 특히 순교자 코너에는 민권 투쟁 속에 숨져간 45인의 행적이 기록돼 있다.[34] 1955년 5월 7일 미시시피 주 벨조니에서 투표권 등록 운동을 집중적으로 전개하다 숨진 흑인 목회자인 조지 리 목사에서부터 1968년 4월 암살된 마틴 루서 킹 목사에 이르기까지. 그중에는 버밍햄의 교회 예배에 갔다가 백인 우월주의자들이 설치한 폭탄 폭발로 숨진 에디 콜린스 양 등 흑인 소녀 네 명도 있다. 디지털 영상으로 제작된 '관용의 벽Wall of Tolerance'에는 비폭력 민권운동의 취지에 따라 증오와 부정을 배격하고 정의와 관용을 맹세한 50여만 명의 이름이 연이어 나타난다. 방문객도 이를 서약한 뒤 이름을 올릴 수 있도록 배려하고 있다.

이밖에 킹 목사가 부인 코레타 스콧 킹Coretta Scott King 여사와 함께 살던 집과 인종차별에 항의하는 '자유의 기수들Freedom Riders'이 버스 시위를 벌이다 백인들에게 공격당한 '그레이 하운드 버스 정거장 기념관'도 있다. 의사당 앞에서 마주친 주 경찰관 게리 경위는 "앨라배마인은 몽고메리가 남부군의 거점이었다는 사실과 함께 민권운동의 성지라는 데 자부심을 느낀다"면서 "많은 관광객이 몽고메리를 찾는 이유도 이런 역사의 숨결을 느껴보려는 데 있다"고 전했다.

'투표권을 달라', 셀마

몽고메리에서 서북부로 50여 마일 떨어진 시골 도시 셀마. 인구 2만의 작은 도시지만 앨라배마 주에서 두 번째로 오래된 도시로, 남북전쟁 당시 병참기지 역할을 한 유서 깊은 곳. 몽고메리에서 셀마로 이어지는 80번 하이웨이 주변은 온통 소 떼가 풀을 뜯는 목초지나 평야가 대부분이다. 그러나 40여 년 전에는 흑인에게도 똑같은 투표권을 부여하라는 염원을 담고 전국 각지에서 모인 민권운동가들이 대행진을 펼친 길이다. 이 길은 현재 '국립역사탐방로'로 지정돼 있다. 시내에는 낡은 건물이 많아 쇠락한 시골 마을을 연상케 한다. 시를 관통하는 앨라배마 강을 횡단하는 '에드먼드 페터스 다리Edmund Pettus Bridge' 입구에서부터 민권운동 유적이 눈에 띄었다. 다리 왼쪽에는 1965년 흑인의 투표권을 보장하는 투표권리법이 제정

|셀마 에드먼드 페터스 다리

되기까지의 투쟁사를 생생하게 보여주는 '국립 투표권기념박물관 겸 연구소'가 위치해 있다. 당시 민권운동가들이 체포돼 수감됐던 감옥 모형에서부터 사상 첫 흑인 대통령인 오바마 대통령의 당선을 알리는 2008년 11월 5일 자 'USA 투데이'에 이르기까지 다양한 유물과 문서가 전시돼 있다. 다리 오른쪽에는 1965년 3월 7일 투표권 보장을 위해 에드먼드 페터스 다리를 건너는 행진을 벌이다 백인 경찰이 휘두른 곤봉에 맞아 숨진 '피의 일요일'의 아픔을 알리는 공원이 보인다. 공원 내에는 당시 희생된 4인의 추모상과 각종 벽화가 그날의 아픔을 말해주고 있다. 다리 건너편에는 킹 목사가 투표권 보장을 요구하는 셀마-몽고메리 대행진을 지원하기 위해 상주했던 브라운 채플 AME 교회도 있다. 교회 입구에는 킹 목사의 추모상이 설치돼 있다.

　매년 3월 첫째 주말에는 셀마-몽고메리 대행진을 기리는 '다리 횡단 행진 기념제Bridge Crossing Jubilee' 행사가 열린다. 94년부터 시작된 이 행사에는 2000년에는 빌 클린턴 대통령이 참석해 축사를 했고, 2007년에는 대선 예비 후보 경선에 나섰던 버락 오바마 상원 의원과 힐러리 클린턴 상원 의원, 그리고 2010년에는 안 덩컨 연방 교육부 장관이 참석하는 등 매년 유명 인사가 대거 참석한다.

인권 운동의 요람, 버밍햄

앨라배마 주 최대의 도시이자 20세기 초반까지 미국 철광 산업의 중심지

| 버밍햄 인그래함공원 조각상

였던 버밍햄. 이곳은 킹 목사가 1960년대 민권 투쟁 당시 잠시 투옥돼 '버밍햄 감옥으로부터의 편지'를 쓴 곳으로 유명하다. 1963년 9월 앨라배마 주 버밍햄의 인권 운동 성지인 16번가 침례교회에서 폭탄이 터져 네 명의 흑인 소녀가 숨지는 사건이 발생하면서 민권운동의 햇불은 타올랐다. 버밍햄은 미국 남부의 인종 분리 정책에 맞서 대학생들이 버스를 타고 남부를 돌며 시위를 벌인 '자유의 기수들Freedom Riders' 운동의 중심지이기도 했다. 이 운동은 1961년 5월 다양한 인종의 학생이 흑백 인종차별에 항거하기 위해 남부 일대를 기차나 버스로 여행하며 연좌농성을 벌인 시민 불복종 운동. 이는 1942년 인종평등회의Congress of Racial Equality를 공동 창설한 제임스 파머James L. Farmer, Jr가 주창했다. 흑백 차별에 항거하기 위한 첫 버스가 워싱턴 DC를 떠난 것은 1961년 5월 초 '어머니의 날'. 당시 열세 명의 학생은 장거리 고속버스인 '트레일 웨이즈 버스'를 타고 루이지애나 주 뉴올리언스를 향해 떠났다. 10여 일 만에 앨라배마 주 애니스턴과 버밍행에 도착했다. 하지만 학생들이 탑승한 버스는 버밍햄에서 폭도의 공격을 받아 불에 탔고, 일부 학생은 구타와 폭력을 당했다.

하지만 학생들은 굴하지 않았고 그 수가 400여 명으로 불어난 자유를 향한 운동가는 사우스캐롤라이나, 조지아, 앨라배마, 미시시피 주 등 남동부 지역 주요 도시를 순회하며 인종차별 철폐를 요구했다. 미시시피 주 정부는 300여 명의 운동가를 '평화 침해' 혐의로 구속했다. 또 테네시 주 정부는 당시 시위에 참가했던 학생들을 퇴학시켜 나중에 학생들로부터 소송을 당했다. 결국 당시 케네디 행정부는 같은 해 9월 '주간州間상업위원회'를 통해 주를 횡단하는 장거리 여행 버스에서 흑백 차별을 철폐하도록 했다.

현재 애틀랜타에 거주 중인 찰스 페르손 씨도 당시 열여덟 살의 나이로 모어 하우스 컬리지에 재학하다 이 버스에 탑승했던 열세 명 중 한 명. 그는 버밍햄의 버스 정류장에서 폭행을 당했고 그 후유증으로 평생을 휠체어에 의지해 살아야 했다. 당시 이 운동에 참여했던 에모리대 신학대의 버나드 라파예트 교수는 "자유의 기수들 운동은 남부의 인종차별 실태를 미 전역에 알렸고, 미국민에게 차별 철폐를 위해 행동에 나서도록 촉구하는 계기가 됐다"고 평가했다.

버밍햄 다운타운에 위치한 '버밍햄민권박물관Birmingham Civil Rights Institute'에는 버밍햄의 과거사는 물론 60년대 민권 투쟁의 역사가 잘 정리돼 있다. 또 박물관 앞의 인그래함공원Ingram Park에는 경찰이 사냥개를 동원해 흑인을 탄압하는 장면을 그린 조각 등 흑인에 대한 차별을 적나라하게 묘사한 조각상이 공원을 찾는 방문객을 맞고 있다. 킹 목사는 1963년 5월 이곳에서 인종차별에 항의하는 시위를 주도하다 사흘간 구속 수감돼 '버밍햄 감옥으로 부터의 편지'를 발표했다. 당시 경찰은 시위대를 곤봉으로 구타하는 것은 물론 사냥개를 동원해 물도록 했고, 시위에 동참한 1000여 명의 어린아이까지 구금했다.

킹 목사의 고향, 애틀랜타

애틀랜타에는 민권운동가인 마틴 루서 킹 목사가 시무했던 애틀랜타의 에벤에셀 침례교회Ebenezer Baptist Church 등 민권운동의 명소가 많다. 다운타운에 위치한 에벤에셀 교회는 킹 목사가 세례를 받고 1960년부터 1968년 4월 멤피스에서 암살당하기까지 시무했던 곳. 1886년 흑인 노예로 태어났던 존 파커 목사가 설립한 이 교회는 창립 초기부터 적극적인 사회참여 활동을 전개해온 교회로 '자유교회Freedom Church'라는 별칭까지 갖고 있다. 교회 내에는 1960년대 흑백 차별과 흑인 민권운동 투쟁을 보여주는 각종 자료와 비디오 등이 전시돼 있어 전 세계로부터 오는 관광객의 발길이 끊이지 않는다. 특히 파커 목사 후임인 애덤 다니엘스 윌리엄스 2대 목사는 킹 목사의 외조부였고, 3대 목사직은 킹 목사 부친이 이어받아 이곳은 킹

▍에벤에셀 교회의 킹 목사 추모 행사

목사와는 민권운동 차원뿐 아니라 개인적 차원에서도 정신적인 고향이다. 킹 목사는 1960년대 이 교회를 무대로 동등 투표권 쟁취 등 흑인 민권운동을 전개했고, 흑인 지도자들이 창립한 인권 운동 단체인 '남부기독교지도자회의SCLC'가 발족식을 가진 곳도 이곳이다.

킹 목사를 도와 민권운동을 했던 존 루이스 연방 하원 의원민주, 조지아은 2011년 2월 버락 오바마 대통령으로부터 대통령 자유 메달을 받았다. 1977년 지미 카터 대통령 재임 당시 사후에 이 메달을 받은 킹 목사에 이어 이 교회 출신의 두 번째 자유 메달 수상자가 됐다. 루이스 의원은 "에벤에셀 교회가 없었다면 킹 목사도 존재할 수 없었을 것"이라며 "이 교회는 킹 목사의 정신을 그대로 보여주는 상징적인 곳"이라고 강조했다.

식당 내 차별 철폐 운동, 그린즈버러

50여 년 전 대학생들이 흑백 차별을 하던 식당에서 연좌 농성sit-ins을 통해 항의 시위를 벌인 대표적인 곳이 테네시 주 내슈빌과 노스캐롤라이나 주 그린즈버러. 그린즈버러는 주간고속도로 85번과 40번이 교차하는 교통의 중심지로, 남북전쟁 당시 남부연합의 제퍼슨 데이비스 대통령이 패색이 짙어지자 수도인 리치먼드를 탈출해 남부로 향하다가 마지막으로 내각회의를 주재해 '남부연합 최후의 수도'라는 별칭도 있다.

그린즈버러 시내 울워스Woolworth 간이식당은 1960년 2월 1일 노스캐롤라이나 농업기술대 흑인 대학생 네 명이 백인 전용 좌석에 앉아 커피와 음

▌1960년 울워스 간이식당에서 연좌 농성 중인 학생들

식을 주문했으나 주인이 거절하자 연좌 농성을 했던 유서 깊은 곳. 당시 남부 열한 개 주에서 화장실, 레스토랑, 호텔, 극장, 기차 등 공공시설에서 흑백을 분리한 인종차별법인 '짐크로우법'이 시행돼 흑인은 식당 내 간이 의자에 앉아 샌드위치나 햄버거 등을 사 먹을 수 없었다. 이 식당의 흑백차별에 항의하는 연좌 농성은 5일째 되던 날 1000여 명이 동참했고, 민권 단체와 백인 대학생까지 가세한 가운데 6개월간 지속됐다. 결국 7월 말 식당 내 좌석의 흑백 분리가 폐지되어 민권운동 승리의 상징적인 곳이 됐다.

1960년 2월 테네시 주 내슈빌 다운타운 내 5번가에 있는 백화점과 약국에 있던 간이식당에서도 흑인 대학생을 중심으로 차별에 항의하는 연좌 농성이 시작됐다. 학생들은 간이식당의 백인 전용 카운터에 앉아 샌드위치를 주문하며, 흑백 차별에 항의했고, 주인이 음식 제공을 거부하자 연좌 농성으로 맞서며 항거했다. 결국 5월 10일부터는 흑백 차별이 사라지게 됐다.

그린즈버러 농성 주도자 중 한 명인 조지프 맥닐 씨는 2010년 2월 1일 'USA 투데이'와의 인터뷰에서 "우리 세대가 지금 행동에 나서지 않으면 우리 다음 세대도 차별 속에 살아야 한다고 생각해 행동에 나섰다"고 말했다. 그린즈버러와 내슈빌에서의 연좌 농성은 50년대 말 버스 승차 거부 운동 이후 소강상태이던 흑인 민권운동이 재촉발하는 계기가 됐다. 당시 연좌 농성은 남부 112개 도시에서 동시다발적으로 진행됐고, 참여한 대학생

수만 10만여 명에 달했다. 그린즈버러 식당은 1993년 문을 닫았다가 연좌농성이 시작된 지 정확히 50년 만인 2010년 2월 '국제민권운동센터 및 박물관The International Civil Rights Center & Museum'으로 문을 열었다.

흑인 조종사의 고향, 터스키기

앨라배마 주도 몽고메리에서 85번 하이웨이를 따라 동쪽으로 이동하다 보면 터스키기Tuskegee라는 작은 도시가 나온다. 주민 수가 만여 명의 작은 농촌 마을이지만 흑인 역사에서 각별한 의미를 갖는 곳이다. 1950년대 말 버스의 흑백 차별에 항의해 몽고메리에서 승차 거부 운동을 촉발한 로사 파크스 여사의 고향이며, 유명한 팝 가수 라이오넬 리치도 이곳 태생이다. 또 노예 출신의 흑인 지도자인 부커 워싱턴이 1881년 흑인을 위해 설립한 전문학교 '터스키기 인스티튜트'가 이곳에 자리 잡고 있고, 이 학교의 교사였던 조지 워싱턴 카버는 땅콩 농사와 관련해 혁신적인 기법을 발견한 것으로 유명하다.[35]

터스키기는 다른 남부 도시와 마찬가지로 인종차별의 오랜 역사와 슬픔을 간직하고 있는 도시 중 하나다. 우선 미 공중보건국USPHS이 1932년부터 1972년까지 40여 년간 600여 명의 흑인을 대상으로 매독실험을 한 곳으로 유명하다. 터스키기 매독 연구에 참가한 흑인은 자신들이 실험대상이란 사실을 몰랐던 이 실험은 검사만 하고 진료나 치료를 해주지 않은 비윤리적 임상 실험이었다. 빌 클린턴 대통령은 1997년 이 실험 대상자로 참여했던 생존자들을 초청해 미 정부를 대표해 사과했다.

터스키기는 또 2차 세계대전 당시 흑인으로 구성된 비행 부대원이 온갖 차별 속에서도 맹훈련을 받고 참전해 명성을 날린 부대의 고향이다.[36] 터스키기 비행장에서 훈련을 받고 2차 세계대전에 참전해 명성을 날린 흑인 파일럿은 994명, 지상 요원은 1만 5000명에 이른다. 이들은 당시 백인 조종사와 분리돼 별도의 훈련을 받았다. 심지어 독일군 포로는 '백인 전용 화장실'을 이용할 수 있었지만 흑인 조종사는 이용할 수 없었을 정도로 그들은 심한 인종차별을 받았다. 이들은 이런 차별을 뚫고 2차 세계대전 당시 유럽과 북아프리카 전선에서 1만 5000회 출격해 260대의 적기를 격추시키는 등 혁혁한 전과를 올렸다. 1942년 이 학교를 졸업한 예비역 공군 중령 찰스 드라이든 씨는 "우리가 실패하면 흑인은 다시는 공군 파일럿이 될 수 없을 것으로 생각해 열심히 비행했다"고 회고했다. 미 의회는 60여 년이 지난 2007년 3월 이들에게 '의회 골드 메달'을 수여해 공로를 뒤늦게 인정했다. 오바마 대통령도 2009년 1월 20일 초선 취임식에 생존한 비행 부대원을 초청해 위로했다.

콘돌리사 라이스 전 국무 장관의 고향 사랑

인종차별이 극심한 앨라배마 주에서 차별과 편견을 극복하고 우뚝 선 인물 중에 콘돌리사 라이스Condoleezza Rice 전 국무 장관이 있다. 라이스 전 장관은 앨라배마 주 버밍햄에서 흑인 중산층 부모 사이의 무남독녀로 태어나 청소년기를 보낸 뒤 고등학생 때 콜로라도 덴버로 이사했다. 라이스 전 장관은 2010년 말 출간한 회고록 《비상한, 보통 사람 Extraordinary, Ordinary People—A Memoir of Family》에서 버밍햄에서 갖은 인종차별의 모욕을 겪은 경험이 자신을 강하게 만들었다고 회고했다. 라이스는 "우리 가족은 식당에 갈 수도 없었고 호텔에 들어갈 수도 없었다"면서 "흑인과 백인 학생이 다른 반에서 공부하는 학교에 다녀 덴버로 이사할 때까지 백인 급우가 하나도 없었다"고 털어놓았다.

2006년 4월에는 한 잡지와의 인터뷰에서 흑백 인종차별에 맞서던 어머니 안젤리나 여사의 일화를 소개했다. 딸을 데리고 부활절에 입을 옷을 사러간 안젤리나 여사가 딸에게 옷을 입어보게 하려 하자 가게 점원은 고객용 탈의실이 아니라 창고 쪽을 가리켰다. 하지만 라이스 장관의 어머니는 고객용 탈의실을 이용하겠다고 당당하게 요구해 관철시켰다. 1963년 9월 버밍햄 16번가 침례교회 폭발 사건의 희생자 중 한 명인 데니스 맥나이어는 라이스의 친구였다. 라이스 장관은 2005년 10월 22일 고향인 버밍햄에서 열린 추모식에 참석해 먼저 간 친구를 추모하기도 했다. 스물여섯 살 때 덴버대학에서 소련 관련 연구로 박사학위를 받은 라이스는 1981년부터 스탠퍼드대 강단에 섰다. 부친이 열렬한 공화당원인 라이스 전 장관은 1976년 민주당의 지미 카터 전 대통령에게 한 표를 행사했지만 소련의 아프가니스탄 침공에 대한 카터 행정부의 대응에 실망해 공화당 후보였던 로널드 레이건 지지로 바꾸었고, 이후 평생을 공화당원으로 살아왔다. 라이스 장관은 현직은 물론 공직에서 물러난 뒤에도 흑인 민권운동 행사나 고향인 앨라배마 관련 행사에 자주 참석하며 고향을 챙기는 각별한 모습을 보였다. 2011년 5월에는 고향인 버밍햄이 토네이도로 많은 피해를 입자 위로 방문을 하기도 했다.

미 흑인 약사, 노예제에서 백악관까지

2008년 11월 4일 대선에서 버락 오바마 후보가 미국의 제44대 대통령이자 최초의 흑인 대통령으로 당선됨에 따라 노예의 신분으로 처음 미 대륙에 발을 들였던 흑인의 곡절 많던 역사에 '영광의 순간'이 추가됐다. 미국 흑인사의 주요 사건을 살펴보기로 한다. 연합뉴스가 외신을 종합해 2008년 11월 5일 보도한 약사 그리고 《미국의 흑인》장태한저, 고려대 출판부 을 참고해 작성했다.

1619년 아프리카 흑인 노예 20명, 버지니아 주 제임스타운에 도착.

1776년 미국, 독립선언.

1793년 목화씨를 빼내는 조면기繰綿機 발명으로 노예 노동력에 대한 남부의 수요 증가.

19세기 초 대다수 유럽 국가가 노예제 및 노예 매매를 점진적으로 금지.

1804년 미 북부 지역, 노예제 전면 폐지.

1807년 미 의회, 노예 수입 금지법 통과.

1861~65년 남부 열한 개 주 '남부연합' 결성, 남북전쟁 발발.

1862년 링컨 대통령, 노예해방 선언.

1865년 수정헌법 제13조로 노예제 공식 폐지.

1868년 흑인에게 투표권 부여.

1870년 흑인에게 미국 시민권 부여.

1896년 미 대법원, "서로 다른 인종은 동등하지만 분리될 수 있다"는 판결을 내려 남부에 확산된 인종 분리주의를 정당화함.

1909년 유색인지위향상협회NAACP 설립.

1941~45년 흑인 미군, 2차 세계대전에 참전.

1947년 재키 로빈슨, 흑인 야구선수 최초로 메이저 리그에 입성.

1949년 해리 트루먼 대통령, 전투 부대 내 흑백 분리 폐지 명령.

1954년 미 대법원, 학교 내 흑백 분리가 위헌이라고 판결.

1955년 미 앨라배마 주 몽고메리에서 버스 승차 거부 운동.

1961년 '자유의 기수들Freedom Riders' 운동 전개.

1962년 제임스 메러디스, 흑인 학생 최초로 미시시피대학에 입학.

1963년 마틴 루서 킹 목사, 워싱턴 DC 연설.

1964년 린드 존슨 대통령, 민권법에 서명. 킹 목사, 노벨평화상 수상.

1965년 흑인 운동 지도자 말콤 X, 피살.

1967년 서굿 마셜, 흑인 최초로 대법관에 임명됨.

1968년 마틴 루서 킹, 테네시 주 멤피스에서 암살당함.

1989년 더글러스 와일더 버지니아 주지사, 재건 시대 이후 첫 흑인 주지사로 선출됨.

      콜린 파월이 흑인 최초 미 합참의장으로 임명됨.

1992년 로스앤젤레스 흑인 폭동 발생.

2005년 콘돌리자 라이스, 흑인 여성 최초로 국무 장관에 임명됨.

2008년 버락 오바마 상원 의원, 흑인 최초로 미 대통령에 당선.

2012년 오바마 대통령, 미대통령 재선 당선.

끝나지 않은 남북전쟁의 상흔과 과거 반성

14 남북전쟁 150주년과 여론분열
4년간의 동족상쟁 | 전쟁이 남긴 영향과 갈등의 골 | 남북전쟁 150주년과 분열된 여론 | 계속되는 남부연합 복고시도 | 링컨 탄생 200주년 켄터키 생가를 가다 | 남부연합의 불운한 지도자, 제퍼슨 데이비스 | 잠수함 헌리호의 최후 | 앤더슨빌 전쟁포로수용소
15 과거사 바로 세우기, 노예제에서 단종법까지
연방·주 의회의 노예제 사과 결의 | 에모리대학의

제5장

노예제 사과
노스캐롤라이나, 탄핵한 전 주지사 복권 | 20세기 또 하나의 수치, 단종법
단종법 첫 피해자의 아픈 사연
16 인디언의 슬픈 역사
체로키족의 '눈물의 여정' | 세미놀족의 끈질긴 투쟁과 나바호족의 '머나먼 여정'
오클라호마 보호구역과 연방 차원의 사과

▌남부연합 깃발

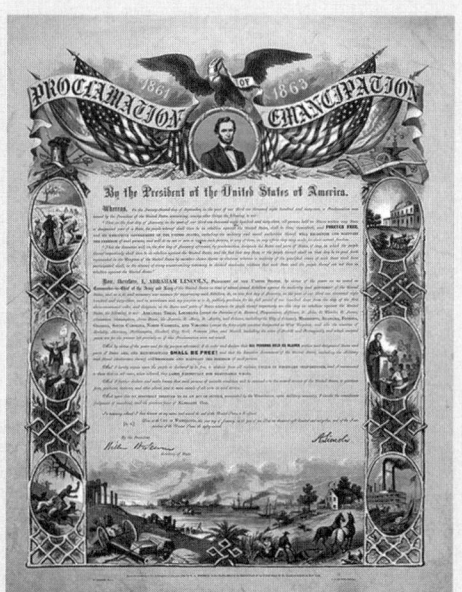
▌링컨 대통령이 발표한 노예해방선언문

남북전쟁 150주년과
여론 분열

4년간의 동족상쟁

남북전쟁Civil War은 1861년 4월부터 1865년 5월까지 진행된 미국의 내전이다. 1776년 건국한 지 84년밖에 안 된 미합중국은 4년간 계속된 내전으로 국가 분열 위기에 처했지만 많은 희생을 치르며 이를 극복했다. 1860년 11월 6일 16대 대통령 선거에서 노예제 반대론자인 공화당의 에이브러햄 링컨Abraham Lincoln이 39.8퍼센트의 득표율로 29.5퍼센트를 기록한 민주당의 스티븐 더글러스Stephen A. Douglas 등 세 명의 경쟁 후보를 누르고 당선됐다. 당시 링컨은 동북부와 서부에서는 강력한 지지를 받았지만 남부에서는 거의 한 표도 얻지 못해, 남부 지역 996개 카운티 중에서 단 두 개 카운티에서만 승리했다. 노예제를 근간으로 하는 남부는 연방의회 의석 분포에서 북부에 밀려 주도권을 내준 데 이어 1860년 대선에서 노예제 폐지론자인 링컨이 백악관을 차지하게 되자 결국 연방 탈퇴를 선택했다. 남부의 연방 탈퇴 배경에는 노예제 외에 건국을 전후로 계속돼온 연방주의와 반연방주의, 보호무역주의와 자유무역주의 그리고 강력한 중앙집권과 지

방자치를 둘러싼 북부와 남부의 대립도 중요한 요인으로 작용했다.[37]

1860년 12월 20일 사우스캐롤라이나 주를 시작으로 미시시피, 플로리다, 앨라배마, 조지아, 루이지애나, 텍사스 등 일곱 개 주가 연방을 탈퇴하고 1861년 2월 앨라배마 주 몽고메리에서 남부연합이란 독자적인 정부를 출범시켰다. 미시시피 주 상원 의원이던 제퍼슨 데이비스를 임시 대통령으로 선출하고, 각 주의 독자적 권리와 노예제를 인정하는 헌법을 채택했다. 1861년 3월 4일 취임한 링컨 대통령은 취임 연설에서 노예제를 폐지할 계획이 없다고 밝히면서도, 일곱 개 주의 분리 독립을 인정할 수 없음을 분명히 했다. 링컨 대통령이 취임할 당시 대법원장은 1857년 드레드 스콧 대 샌퍼드Dred Scott v. Sanford 사건 판결을 통해 흑인은 미국 시민이 아니라고 판결한 로저 태니Roger Brooke Taney 대법원장이었으니 이는 역사의 아이러니가 아닐 수 없다.[38] 남부연합군이 4월 12일 사우스캐롤라이나 주 찰스턴 항에 있는 연방 요새인 '포트 섬터Fort Sumter'를 공격해 하루 만에 함락시키면서 기나긴 내전은 막을 올렸다. 이후 버지니아, 아칸소, 테네시, 노스캐롤라이나 등 네 개 주가 추가로 연방에서 이탈해 남부연합에 가담한 주는 모두 열한 개가 됐다. 수도도 버지니아 주 주도인 리치먼드Richmond로 이전했다. 반면, 버지니아의 북서부 지역은 버지니아의 연방 이탈에 동조하지 않고 웨스트버지니아 주를 따로 형성해 연방에 잔류했고 델라웨어, 켄터키, 메릴랜드, 미주리 등 네 개 주는 노예주임에도 불구하고 연방에 남는 등 스물세 개 주가 연방에 잔류했다.

남북전쟁은 북동부 버몬트에서 남동부 애리조나에 이르는 광범위한 지역에서 전개됐고, 남부와 북부군 장병 62만 명을 비롯해 100만여 명이 숨졌다. 4년간 이름이 명명된 237회의 대형 전투가 벌어진 가운데 이 중 펜실베이니아 주 게티즈버그 전투를 제외하곤 대부분 남부에서 벌어졌고, 특히 40퍼센트는 버지니아와 테네시 주에서 벌어졌다. 북부군의 수도인 워싱턴 DC와 남부연합의 수도인 리치먼드의 거리가 100마일160킬로미터에 불과해 버지니아 주가 상대방의 수도 공략을 위한 일진일퇴 공방전의 주요 무대가 됐다. 또 평균 고도가 1000미터에 달하는 애팔래치아 산맥이 완충지대 역할을 함에 따라 북부군은 이 산맥의 남쪽 끝자락인 테네시 주를 통해 조지아 등 남부의 후방을 공략하는 전략을 택해 테네시 주도 주요 전장이 됐다. 개전 초기 북부군은 어빈 맥도웰Irvin Mcdowell 장군의 지휘 아래 남군의 거점 리치먼드 점령에 나섰으나 7월 21일 버지니아 주 매너서스Manassas 전투일명 불런Bull Run전투에서 예상치 못한 대참패를 당했다.

전쟁 초기 인구는 북부연방이 2200만 명인데 반해 남부연합은 900만 명에 불과했고, 병사의 수도 북부는 221만 명인데 반해 남부는 108만 명에 불과할 정도로 북부가 월등하게 우세했다. 그런데도 남부연합이 초기 전투에서 승리한 배경에는 대부분의 전투가 남부에서 발생해 남부연합군이 지형에 익숙했고, 내 고향을 지키고 독립을 위해 싸운다는 병사들의 사기가 충천했기 때문이다. 또 남부연합 지휘관은 정규군 장교가 대거 합류해 지휘와 전략 구사에 능했던 반면, 북부군은 전직 상하원 의원 등 정치인 출신이 지휘관으로 대거 기용된 오합지졸의 부대였다. 북부군은 전열을 가다듬고, 해군을 동원해 남부 해안을 모두 봉쇄했다. 이에 따라 남부는 핵심 수출품이던 목화를 수출할 수 없게 되는 등 막대한 경제적 타격을 입었다. 반면, 남부연합 지도자들은 전쟁 과정에서 목화의 경제적 비중을 과대 평

■ 링컨 기념관 내의 링컨 대통령 초상

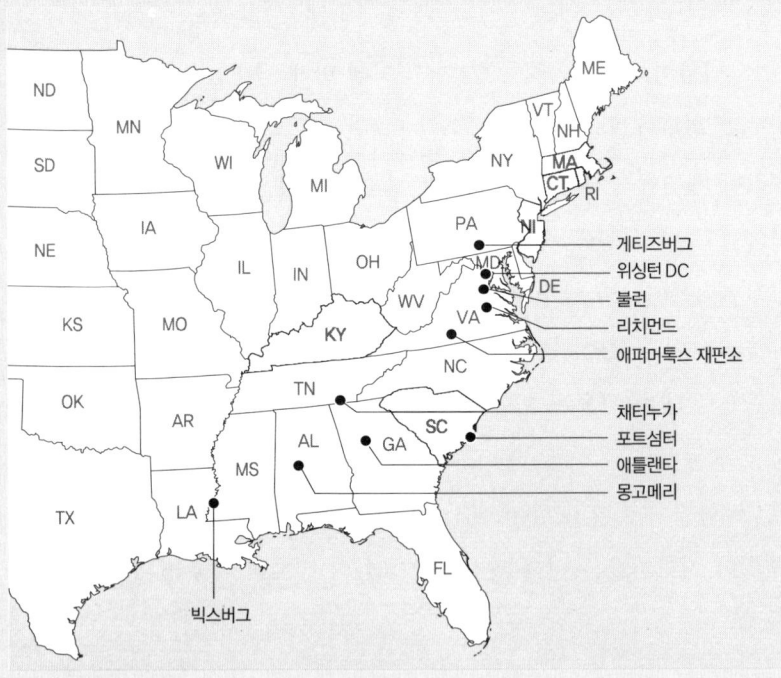

■ 남북전쟁 주요 전투 지역

가하는 오판을 했다. 북부군이 유럽으로 향하는 남부 목화 수출품을 차단하고 나서면 이를 수입하던 영국과 프랑스가 남부연합의 동맹국으로 가세해 북부의 봉쇄정책을 좌절시킬 수 있을 것으로 판단했다. 하지만 북부에서 상당량의 식량을 수입하던 영국은 북부와의 전쟁 상황이 조성되는 것을 원치 않았다. 이에 따라 "옥수수 왕이 목화 왕보다 더 세다, King Corn was more powerful than King Cotton"란 말이 나올 정도였다. 또 남부의 연방 탈퇴 핵심 논거 중 하나였던 주의 독자적 권리States Rights 문제는 나중에 남부에 부메랑으로 작용했다. 남부연합을 구성한 여러 주 가운데 텍사스 등 일부 주는 남부연합 수뇌부로부터 군 지원 요청을 받았지만 중앙정부보다는 주의 독자적 이익을 우선시하며 응하지 않았다. 역사가들은 이 같은 사례를 지적해 남부연합이 "주권 때문에 망했다, died of states rights"고 꼬집기도 했다.

　전쟁 초기 100만여 명의 병력이 버지니아 주에서부터 미주리까지 1200마일에 달하는 전선에서 대치한 가운데 1862년부터 전쟁은 본격화됐다. 북부군은 조지 맥클레런George B. McClellan 장군의 지휘 아래 1862년 9월 17일 메릴랜드 주 앤티텀 전투에서 승리했다. 앤티텀 전투는 남부군 1만여 명, 북군 1만 2000여 명 등 하루에 가장 많은 사상자가 발생한 전투로 기록됐다. 이 전투에서 남부가 패하자 영국과 프랑스는 남부연합을 승인하려던 방침을 보류했다. 링컨 대통령은 앤티텀 전투 승리의 여세를 몰아 닷새 뒤인 9월 22일 노예해방을 선언했고, 이는 1863년 1월부터 발효됐다. 북부군은 특히 1863년 7월 펜실베이니아 주 게티즈버그Gettysburg와 미시시피 주 빅스버그Vicksburg 전투에서 잇따라 승리해 전세를 결정적으로 뒤집었다. 북부는 5만 1000여 명이 사망하는 최대 유혈 전투로 평가된 게티즈버그 전투에서 승리해 남부군이 재기하지 못하도록 했다. 또 6주간에 걸친 격전 끝에 7월 4일 빅스버그 전투에서 승리해 미시시피 강을 완전히 장악함으로써 텍사스 등 서부 지역에서 남부연합을 지원하는 물자 보급을 완전히 차

▎로버트 리 장군이 율리시스 그랜트 장군에게 항복하는 모습

단했다. 북부군은 특히 1864년부터는 미 연방을 회복한다는 소극적 전략에서 탈피해 남부를 완전히 초토화시키는 전략으로 전환했다. 1864년 9월 2일 북부군의 윌리엄 셔먼William Tecumseh Sherman 장군은 남부연합의 핵심 거점이던 애틀랜타를 함락했고, 이어 남부 서배너로 '바다를 향한 진군March To the Sea'을 계속하며 주변 60마일을 모두 불태우는 초토화 작전을 전개했다. 1864년 11월 8일 대선에서 링컨 대통령은 재선에 성공해 남북전쟁 종식을 위한 장정을 계속했다. 북부군은 1865년 4월 2일 피터스버그Petersburg 전투에서 승리했고, 남부연합 수도인 리치먼드를 함락시켰다. 이에 따라 남부군의 로버트 리 장군은 그해 4월 9일 애퍼머톡스 재판소Appomattox Court House에서 북부군의 율리시스 그랜트Ulysses S. Grant 장군에게 항복했다. 공식적으로는 1865년 5월 9일 종전이 선언됐고, 마지막 전투는 5월 13일 텍사스 주 팔미토 랜치Palmito Ranch에서 벌어졌다. 하지만 남북전쟁을 승리로 이끈 링컨 대통령은 남부군이 항복한 직후인 1965년 4월 14일 워싱턴의 포드극장에서 남부연합 출신의 배우 존 윌크스 부스John Wilks Booth의 총에 맞아 다음 날 56세의 나이로 세상을 떠났다. 남부연합의

제퍼슨 데이비스 대통령은 리치먼드를 떠나 도주하다 1865년 5월 10일 조지아 주 어윈빌Irwinville에서 체포됐다. 1865년 12월 6일 미 의회는 노예제를 완전 철폐하는 수정헌법 13조를 통과시켰다.

전쟁이 남긴 영향과 감정의 골

남북전쟁이 끝난 뒤 연방군은 1865년부터 1877년까지 남부에서 군정을 실시했다. 이 기간을 재건기Reconstruction Period라 부른다. 연방에서 이탈했던 남부 주들은 1870년 7월 15일 조지아 주를 마지막으로 모두 연방에 복귀해 전쟁으로 인한 국가 분열 위기는 모두 봉합됐다. 하지만 남북전쟁이 남긴 영향은 매우 컸고, 상처도 매우 깊었다. 우선 피비린내 나는 동족상쟁 속에서 북부군 36만 명, 남부군 26만 명 등 62만 명의 장병을 포함해 미국 전체 인구의 3퍼센트에 해당하는 100만여 명이 숨졌다. 장병 62만 명의 사망은 전쟁 기간 동안 하루 평균 425명의 젊은 생명이 스러져 갔음을 의미한다. 남북전쟁 사망자는 미국이 치른 다른 전쟁에서 숨진 미국인을 합한 숫자보다 많은 비극적인 전쟁이었다. 미군은 1차 세계대전에서 11만 명, 2차 세계대전에서 40만 명, 베트남전에서 5만 8000명, 한국전에서 3만 6000여 명, 멕시코전에서 1만 3000여 명이 숨졌다.[39] 일부에서는 1815년 나폴레옹 전쟁 이후부터 1914년 1차 세계대전 발발 전까지 서구 세계에서 발생한 최대 규모이자, 가장 파괴적인 전쟁으로 평가한다. 또 전략국제연구소CSIS의 추산에 따르면 남북전쟁 때 사용된 전비는 620억 달러로 당시 미국 전체 GDP의 104퍼센트가 투입됐다. 이 전쟁은 미국의 많은 가정에 깊고 깊은 상처와 아픔을 남겼다.

전쟁이 발발하자 미합중국 정규군 장교 1000여 명 중 300여 명이 고향인 남부를 위해 싸우겠다고 떠났다. 한마디로 어제까지 함께 동고동락했던 전우가 총부리를 겨누며 싸움에 나선 것이다. 링컨 대통령은 처남과 동서가 모두 남군에 지원 입대했다. 이밖에도 부자 또는 형제가 남부와 북부군으로 갈려 싸운 경우도 많았다고 하니 한국전쟁 때 형제가 국군과 인민군으로 나뉘어 싸운 비극을 연상케 한다.[40]

남북전쟁 때 벌어진 각종 전투의 이름도 남과 북이 각기 다르게 부른다. 남북전쟁의 첫 전투를 북군은 불런Bull Run 전투라 하지만 남군은 매너서스Manassas 전투로 칭한다. 박정기의 《남북전쟁》에 따르면 도시가 많은 북부는 강이나 하천 등 자연조건에 따라 전투 명칭을 부여한 반면, 도시가 희귀했던 남부는 전장에 가까운 도시 명칭을 붙여 불렀기 때문이라고 한다.[41] 남부군 병사는 또 북부군 병사를 촌뜨기 뉴잉글랜드인을 가리키는 '양키Yankee'라고 부르며 조롱했다.

남북전쟁은 미국 사회에도 많은 변화를 초래했다. 손영호의 《다시 읽는 미국사》에 따르면 수백만 정의 총이 생산됐고, 병사들이 전쟁이 끝난 후 총기를 들고 고향으로 돌아가 총기 문화가 전국적으로 확산됐다. 뉴올리언스에서 재즈가 발전하게 된 이면에는 당시 남북전쟁에 참여했던 군악대 병사가 대거 복귀한 점도 작용했다는 설도 있다. 서부 개척 시대에 소몰이에 나선 카우보이는 초기에는 상당수가 남부연합군 제대군인 출신이었다.

남북전쟁은 세계 전쟁사 측면에서도 중요한 의미를 갖는 것으로 평가

된다. 우선 철도, 전보, 증기선 등이 광범위하게 전쟁에 사용돼 산업화된 전쟁의 초기 형태를 보여준 것으로 평가받는다. 링컨 대통령은 1844년 모르스Morse가 개발한 전보Telegraph를 전쟁 기간에 적극 활용했다. 백악관 상황실에서 전방에서 들어온 전쟁 상황에 관한 전보를 읽고, 전방 지휘관들에게 작전 지시를 내렸다. 셔먼 장군이 애틀랜타 함락 후 전개한 '바다로의 진군' 작전 그리고 피터스버그 전투에서의 일진일퇴 공방전은 1차 세계대전에서 본격적으로 나타난 총력전의 초기 단계라는 평가다.[42] 남북전쟁은 또 전쟁 부상병에 대한 간호가 본격적으로 진행된 전쟁으로 평가된다. 소독약이 없어 부상병이 제대로 치료를 받지도 못했고, 수술할 때 사용되는 마취제는 고작 위스키를 사용하는 게 다였을 정도로 열악한 상황이었다. 이런 가운데 '전장의 천사'로 알려진 클라라 바튼Clara Barton 여사가 1862년부터 앤티텀 전투와 프레데릭스버그Frederick sburg 전투 현장을 찾아가 북부군 장병을 치료했다. 바튼 여사는 이후 독일·프랑스 전쟁에 희생자를 위한 구호물자 분배를 하기도 했고 1881년에는 미국 적십자사를 창설했다.

　남북전쟁은 남과 북으로 분열되어 분단국이 될 뻔했던 미합중국이 재통합의 기틀을 마련해 초강대국으로 발돋움할수 있는 토대를 구축하는 계기가 됐다. 특히 미국이 독립한 이후에도 해결되지 않고 있던 '미합중국이 주권을 가진 개별 주의 단순한 연합체로 남느냐 아니면 통일된 단일국가를 지향할 것이냐'라는 오랜 숙제에 통일된 단일국가로 남는 해답을 제시했다. 역사가인 쉘비 푸트Shelby Foote는 "미국을 이해하려면 우선 남북전쟁에 대한 이해가 없이는 불가능하다"면서 그 이유는 "남북전쟁이 미국인의 정체성을 정의하고 있기 때문"이라고 설명했다. 푸트에 따르면 남북전쟁 전에는 미국인은 사국을 언급할 때 여러 주의 단순한 집합체라는 의미에서 "The United States are"라는 복수표현을 사용했다. 하지만 남북전쟁 이후에는 단일국가 체제의 의미를 강조하는 "The United States is"라는 단수 표현을 사용한다.[43] 또한 남북전쟁은 남부 지역에서 목화 농사 등으로 혹사당하던 350만 흑인 노예을 해방시켜 자유를 찾게 했다. 2013년은 링컨 대통령이 노예해방을 선언한 지 150주년이 되는 해다.

남북전쟁 150주년과 분열된 여론

남북전쟁이 끝난 지 2011년으로 150주년을 맞았지만 남부와 북부 간 감정의 골이나 인식의 차이는 지속되고 있다. 피비린내 나는 내전인 남북전쟁이 남긴 외상은 세월의 흐름 속에 아물었지만 미국인의 정서에 미친 상흔은 그대로 지속될 정도로 남북전쟁은 미국인에게 아픈 역사이자 '뜨거운 감자'다. 2011년 4월 CNN과 여론조사 기관 '오피니언 리서치 코퍼레이션 ORC'의 전화 여론조사 결과를 보면 미국 사회는 남부연합Confederacy과 노예제 문제에 관해 아직도 여론이 분열돼 있다. 이 조사에 따르면 응답자 네 명 중 한 명꼴로 북부연방Union보다 남부연합을 더 지지한다고 답했다. 특히 남부 지역 백인은 열 명 중 네 명꼴로 남부연합을 지지한다고 답했다. 남북전쟁의 원인이 노예제에 대한 찬반 때문이냐 아니면 주의 권리 문제 때문이냐는 질문에는 응답자의 52퍼센트가 남부연합 지도자들이 자기 주에서 노예제의 합법화를 유지하기 위해 연방에서 탈퇴했다고 답했다. 반면 응답자의 42퍼센트는 노예제가 남부 주들이 연방에서 탈퇴한 주된 이유는 아니라고 답했다. 남부에서는 실제로 노예제뿐 아니라 북부의 산업 보호를 위한 관세 부과 문제 그리고 주의 독자적 권리 문제 등이 복합적으로 작용한 것으로 역사 교과서에 기술하고 있다.⁴⁴ CNN 여론조사 책임자인 홀랜드 키팅은 "여론조사 결과를 보면 150년 전 발생한 남북전쟁과 관련해서 인종·정치·지정학적 요소에 따라 의견이 갈리고 있다"고 평가했다. 특히 연방에서 탈퇴했다가 전쟁에서 패한 아픈 경험을 지닌 남부 지역은 남북전쟁 150주년을 바라보는 시각이 매우 복잡하다. 노예제에 찬성해 연방 탈퇴와 남부연합이란 새로운 국가를 창설한 결단을 기리자는 입장과 이를 인종차별주의라고 비판하면서 흑인 민권운동의 역사도 함께 기려야 한다는 입장이 맞서고 있다.

남부연합을 옹호하는 측은 남북전쟁 150주년을 전후로 다양한 기념 이벤트를 개최했다. 대표적인 단체가 '남부연합군 참전용사의 후손들Sons of Confederate Veterans'. 1896년 창설된 이 단체는 현재 스물아홉 개 주에 3만 5000여 명의 회원을 가질 정도로 전국적인 조직망을 갖추고 있다. 2010년 12월 20일 찰스턴에서는 사우스캐롤라이나 주가 연방 탈퇴를 선언한지 150주년을 기념하는 분리 기념 무도회Secession Ball 행사가 열렸다. 남부에서 사우스캐롤라이나 주 의회가 제일 먼저 연방 탈퇴를 선언한 것을 기념하기 위한 것이다. 이에 대해 유색인지위향상협회NAACP는 이 행사가 노예제를 고수하기 위해 반역을 저지른 자들을 기리는 것이라고 강력 비판했다.

2011년 2월 19일 앨라배마 주 몽고메리에서는 150년 전 남부 일곱 개 주 대표가 남부연합이란 새 정부를 출범시킨 것을 기념하는 행사가 개최됐다. 남부인의 가슴속에 '예루살렘' 격인 몽고메리에서 열린 이 행사에는 회색 남부연합군 복장과 남부 전통의상을 입은 참가자들이 남부연합의 첫 국기the Stars and Bars를 앞세우고, 국가國歌 격인 '딕시Dixie'를 부르며 퍼레이드를 벌였다. 또 4월 12일에는 1861년 남부연합군이 찰스턴 항 앞의 북부군 기지인 포터 섬터Fort Sumter에 포격을 가해 남북전쟁이 시작된 것을 기념하는 행사도 열렸다. 앞서 밥 맥도넬Bob Mcdonnell 버지니아 주지사는 2010년 남부연합에 가담했던 주의 역사를 기려 4월을 '남부연합 역사의 달'로 선포했다. 하지만 남북전쟁의 단초가 된 노예제를 언급하지 않아 전국적인 비난을 받았고 결국 사과 성명을 발표했다.

1960년 남북전쟁 100주년을 앞두고는 연방 정부 차원의 기념위원회가 구성돼 조직적으로 행사가 추진됐다. 하지만 150주년 때는 연방 정부 차원의 지원이 거의 이뤄지지 않았다. 의회도 남북전쟁 150주년 기념법안 처리에 소극적인 태도였다. 이는 남북전쟁 문제가 본질적으로 '뜨거운 감자'의 성격을 내포하고 있었기 때문이다. 텍사스 베일러 대학의 마이클 패리쉬 교수는 "남북전쟁 150주년 기념위원회가 결성되지 않았다는 점 자체가 남북전쟁이 아직도 뜨거운 감자라는 점을 단적으로 말해준다"고 지적했다. 미국의 싱크탱크 뉴아메리카재단NAF의 공동 설립자인 마이클 린드Michael Lind는 남북전쟁 당시 남부군에 속한 대부분의 주가 현대에 와서는 공화당 강세 지역인 반면, 북부에 속한 대부분의 주는 민주당 강세인 점을 가리키면서 "남북전쟁이 어떤 측면에서는 아직도 계속되고 있다"고 진단했다.

딕시Dixie
목화밭에서 오바마까지,
미국 남부를 읽는다

계속되는 남부연합 복고 시도

남부의 많은 지역에서는 150여 년 전 연방에서 탈퇴해 독자적으로 구성했던 남부연합의 기치를 다시 세워보거나 그 전통을 이으려는 시도가 이어지고 있다. 남부의 일부 주에서 최근 들어 주의 독자적 권리를 강조하는 결의안을 채택하고 있는 점은 이런 복고적 움직임의 한 사례다. 남북전쟁 직전 남부가 연방에서 탈퇴한 배경에는 노예제 폐지 반대 외에 중앙정부보다 주의 독자적 권리를 보장해야 한다는 점을 고수하려는 목적도 매우 컸다. 알래스카, 노스다코타, 오클라호마, 사우스다코타, 아이다호 등 다섯 개 주는 2009년 연방 정부의 간섭을 최소화하고, 주의 독자적 권한을 강조하는 결의안을 주 의회 상하원에서 모두 통과시켰다. 또 조지아, 인디애나, 미시시피, 미주리, 테네시, 사우스캐롤라이나 등 다섯 개 주는 주 의회 양원 중 한곳에서 비슷한 결의안을 통과시키는 등 최소 20여 개 주에서 비슷한 결의안을 통과시키려는 움직임을 보였다. 흥미로운 점은 이 결의안 통과에 적극적인 주들이 대부분 2008년 대선에서 공화당의 존 매케인 후보가 승리한 남부와 중서부 주여서 '레드 스테이트의 반란'이란 해석도 나왔다.

 2012년 11월 대선에서 버락 오바마 대통령이 재선에 성공한 직후에도 레드 스테이트의 반란은 계속됐다. 당시 남부 지역에서 오바마 대통령은 버지니아 주와 플로리다 주에서 간발의 차이로 승리했지만 나머지 지역에서는 밋 롬니 공화당 후보가 압도적인 승리를 거뒀다. 오바마 대통령이 재선에 성공한 이후 백악관의 민원 사이트인 'We the People' 홈페이지에는 "우리 주를 미합중국에서 독립시켜 우리가 새로운 정부를 만들 수 있게 해주기를 호소한다"는 탄원이 쏟아졌다. 상당수가 앨라배마, 텍사스 등 롬니 후보가 승리한 주에서 제기된 것이었다고 워싱턴 포스트는 전했다.

남부의 많은 주는 또 남부연합 국기를 본떠서 주기州旗를 제작하며 이에 대한 각별한 애착을 보이고 있다. 남부연합을 상징하는 기는 여러 형태가 있지만 보통 붉은색 바탕에 파란색 X자 문형이 그려져 있고, 남부연합에 가담한 주의 수만큼 하얀색 별이 속에 그려진 'the Stainless Banner'로 불리는 깃발이다. 미시시피, 조지아, 노스캐롤라이나, 앨라배마, 플로리다의 주기는 남부연합 국기를 본뜨거나 그와 유사한 모습을 하고 있다. 조지아 주는 1956년 남부연합군으로 격전을 치른 다섯 개 주의 깃발을 리본 형태로 함께 그려 넣은 깃발을 주기로 채택했다. 이에 대해 흑인 및 민권운동 단체들로부터 과거의 노예제도를 연상케 하는 도안이라는 비판이 잇따르자 2001년 1월 30일 남부연합군 다섯 개 주 깃발의 크기를 축소하고 일부 모양을 수정한 새 주기를 채택했다. 새 주기를 채택하는 데 앞장선 민주당의 로이 반즈Roy Barnes 주지사는 그러나 2002년 11월 선거에서 남부연합의 기치를 축소한 데 대한 주민의 반감으로 낙선의 고배를 마셔야 할 정도로 남부연합 깃발에 대한 남부인의 자부심은 상당하다.

남부연합 깃발에 대한 남부인의 애정은 남북전쟁의 첫 포성이 울린 사우스캐롤라이나 포트 섬터 유적지에서도 확인할 수 있다. 이 유적지에 가면 포대 옥상에 여섯 개의 깃발이 개양돼 있는데 중앙에는 성조기 그 옆에는 남부연합 깃발을 본떠서 만든 사우스캐롤라이나 주기가 걸려 있다. 또 그 옆에는 1861 남부연합 창설과 더불어 사용된 남부연합 깃발 그리고

딕시Dixie
목화밭에서 오바마까지,
미국 남부를 읽는다

▎포트 섬터 요새에 내걸린 미국과 남부연합 국기

1863년부터 사용된 2차 남부연합 기도 게양돼 있다. 물론 당시 북부연방 기도 게양돼 있지만 남부연합 기는 1차와 2차 기를 모두 게양해 역사와 전통을 부각시키고 있다.[45] 테네시 주 컬럼비아에 본부를 둔 '남부연합군 참전용사의 후예들Sons of Confederate Veterans, SCV'이란 단체는 앨라배마 등 남동부 아홉 개 주에서 남부연합 깃발이 그려진 번호판을 제작해 선보이기도 했다. SCV의 미시시피 주 지부는 남부 연합 기병 장교 네이선 베드포드 포리스트Nathan Bedford Forrest를 자동차 번호판을 통해 기리자는 제안까지 내놓아 빈축을 사기도 했다. 포리스트는 노예 거래로 많은 돈을 벌고, 남북전쟁 당시 북부군 포로를 무참히 살해했고, 전쟁 후에는 백인우월주의 단체인 큐 클럭스 클랜KKK 창설에 앞장선 인물이기 때문이다.

앨라배마 주 킬렌에 본부를 둔 남부동맹League of the South이라는 단체는 아예 자유롭고 독립적인 남부공화국 창설을 목표로 1994년에 창설된 단체. 이 단체는 과거 남부연합에 속했던 주를 중심으로 새로운 '남부합중국'을 건설하고, 전통적으로 보수적이며, 기독교 전통에 기반한 남부 문화로 돌아가자는 운동을 전개하고 있다. 또 1998년 8월에는 노스캐롤라이나 주에서 남부 지역의 분리주의자 200여 명이 모여 연방으로부터의 분리를 목적으로 하는 남부당Southern Party을 결성하기도 했다.

링컨 탄생 200주년, 켄터키 생가를 가다

"저도 역시 켄터키인입니다I, too, am a Kentuckian."
　에이브러햄 링컨 대통령이 1861년 한 연설에서 자신이 태어난 켄터키와의 인연을 강조하면서 한 말이다. 이 한마디는 2009년 2월 링컨 탄생 200주년을 맞은 켄터키 주에서는 유행어가 됐다. 켄터키의 링컨 탄생 200주년 기념사업위원회KALBC가 주제어로 정했기 때문이다. 링컨은 켄터키에서 어린 시절을 보내다 인디애나로 이사했고, 이어 일리노이에서 성인 시절 대부분을 보냈다. 링컨의 정치적 고향인 일리노이 주민은 링컨을 '자랑스러운 일리노이 주의 아들'로 부를 정도로 각별한 애정을 보인다. 차량 번호판에는 '링컨의 땅Land of Lincoln'이란 슬로건이 적혀 있고, 2월 12일 링컨 생일은 주 정부가 지정한 공휴일이다.[46] 하지만 16대 대통령이 태어난 켄터키의 열기는 이를 훨씬 뛰어넘는다. 링컨 탄생 200주년인 2009년 2월 7일 링컨 생가가 있는 하젠빌Hodgenville이란 시골 마을을 방문 취재했다. 다운타운에 있는 링컨박물관 앞에서 만난 한 노인은 "오바마 대통령 당선으로 일리노이가 더 부각되는 것 아니냐"는 '우문'에 "그런다고 켄터키가 고향이란 사실이 변할 수는 없는 것 아니냐"는 '현답'으로 응수했다. 주민 수가 3000여 명에 불과한 전형적인 시골 마을 하젠빌은 링컨 탄생지답게 도시의 상당수가 링컨과 연관돼 있다. 켄터키를 남북으로 관통하는 65번 하이웨이에서 시로 연결되는 도로명이 링컨 파크웨이이고, 다운타운 한복판의 센트럴파크에는 대통령 때 링컨의 모습과 독서하는 소년 시절을 그린 두 개의 대형 동상이 세워져 있다. 공원 옆에는 링컨박물관이 위치해 있다. 또 하젠빌 시를 관할하는 러루LaRue 카운티는 매년 10월 둘째 주말을 '링컨 기념일'로 정해 축하한다. 센트럴파크의 대통령 청동 동상을 내려다보는 곳에 위치한 링컨박물관은 2층으로 그리 큰 규모는 아니지만 링컨의 삶과 당시 역사 등을 추적해볼 자료나 소장품이 알차게 준비돼 있다. 1층에는 링컨의 삶과 남북전쟁 등 미국사와 관련된 열두 개 장면을 재현해놓았고, 2층에는 당시 상황을 알 수 있는 각종 사료와 신문, 잡지 등이 비치돼 있었다. 남북전쟁 때 사용된 포탄과 암살범 존 부스가 사용한 권총 모형, 피살 직후 전쟁성이 범인 검거에 10만 달러의 현상금을 내건 사실을 보도한 '뉴욕 헤럴드' 신문도 한자리를 차지하고 있다.

시내에서 3마일 정도 떨어진 외곽에는 200년 전 링컨이 고고한 일성을 울린 오두막집과 가족 농장인 '싱킹 스프링 팜Sinking Spring Farm'이 있다. 오두막집은 참나무와 찰흙으로 만든 것으로 방 한 칸에 문과 창문이 각기 하나인 작은 집으로 당시의 척박한 생활상을 짐작하게 했다. 공원 안내자인 비키 윌리엄슨은 "침실과 거실 및 부엌까지 겸한 방 하나에 온 가족이

┃하젠빌 시내의 링컨 동상

┃링컨이 태어난 오두막집 모형

┃링컨 기념관 내에 전시된 링컨 가족의 성경책

함께 사는 모습을 상상해보라"고 말했다. 지난 1848년 다시 지은 오두막집은 파손을 막기 위해 1911년 대리석 석조 건물로 된 기념관을 지어 보호하고 있고, 국가 사적지 겸 국립공원으로 지정돼 있다.

생가 근처에는 또 링컨 가족이 사용한 우물도 이끼가 가득 낀 채 터를 유지하고 있었다. 방문객 센터 내 갤러리에는 링컨 가족이 애독하던 1799년판 성경이 관람객의 눈길을 끌고 있었다. 링컨은 두 살 때 생가에서 10마일 정도 떨어진 노브 크리크Knob Creek 농장으로 이사를 가 일곱 살 때까지 보냈다. 링컨은 이곳에서 이주 교사였던 칼렙 하즐이 운영하던 'ABC 스쿨'에 다니며 첫 정규교육을 받았고, 성경과 워싱턴 전기 등 다양한 독서를 하며 소년 시절을 보냈다. 역사가들은 링컨이 노예제의 문제점을 파악하고, 노예해방의 결심을 굳히게 된 시점도 노브 크릭 시절로 보고 있다. 우선 하즐 선생님이 유명한 노예해방론자였고, 링컨이 다닌 '리틀 마운트 침례교회'가 노예제에 반대하는 목사가 설립한 교회였기 때문이다. 공원 내 안내문도 "당시 링컨이 살던 하딘 카운티에는 16세 이상의 백인 인구가 1627명인데 비해 노예는 1007명에 달했고, 특히 루이빌에서 내슈빌로 팔려가던 노예가 통과하는 길목에 링컨 집이 위치해 노예제의 참상을 알 수 있었다"고 적고 있다.

200주년 기념사업위원회의 자체 웹사이트에는 링컨이 고향에서 환영받지 못한 영웅의 아픈 사연도 소개하고 있다. 링컨이 대선에 출마했을 당시 노예제에 반대하고, 공화당으로 당적을 변경했으며, 처가 쪽 상당수가 남부연합 지지자여서 켄터키에서 지지를 받지 못했다고 설명하고 있다.

켄터키에서는 위대한 고향 사람으로 추앙받는 링컨이지만 다른 남부 지방에서는 그리 환영을 받지 못한다. 남부의 주요 도시를 가면 남부연합 대통령인 제퍼슨 데이비스의 동상은 쉽게 찾아볼 수 있는 반면, 링컨 동상을 찾는 것은 쉽지 않다. 남부연합의 수도였던 몽고메리에는 주 의사당 바로 앞에 데이비스의 동상이 서 있고, 두 번째 수도였던 리치먼드 중심가에도 그의 대형 동상이 자리 잡고 있다. 하지만 리치먼드에는 2003년이 돼서야 링컨의 동상이 간신히 들어섰다.[47]

남부연합의 불운한 지도자, 제퍼슨 데이비스

켄터키는 링컨 대통령을 배출한 곳이기도 하지만 남부연합 초대 대통령인 제퍼슨 데이비스의 고향이기도 하다. 그는 하젠빌에서 남서쪽으로 두 시간여 떨어진 크리스천 카운티의 페어뷰Fairview에서 1808년 6월 3일 태어났다. 데이비스는 그러나 세 살 때 가족이 루이지애나 주로 이사하고, 곧이어 미시시피 주로 이사해 켄터키와의 연고는 강하지 않다. 첫 부인인 사라 녹스 테일러와 켄터키 루이빌에서 결혼했지만 신혼생활은 미시시피에서 시작했다. 이를 반증하듯 크리스천 카운티에는 제퍼슨 데이비스와 관련된 기념물을 거의 찾아 볼 수 없다. 오히려 미시시피 주와 루이지애나 주에는 각각 그의 이름을 딴 카운티와 패리쉬가 있다.

 제퍼슨 데이비스 대통령은 미 육사를 졸업하고 상원 의원, 전쟁 장관 등 다양한 공직을 거쳤다. 이런 경험을 살려 남부연합 대통령이 된 그는 직업 군인 출신을 남부군의 근간으로 활용해 초기 전쟁에서 연승하는 데 큰 역

앨라배마 주의사당 앞의 제퍼슨 데이비스 동상

할을 했다. 하지만 전체적으로 보면 대선에서 싸운 정적을 내각에 기용하는 광폭 행보를 한 링컨 대통령에 비해 리더십을 제대로 보여주지 못했다. 남부연합 출범 후 충분한 전쟁 비용을 조달하지도 못했고, 유럽 열강이 남부연합을 국가로 인정하게 만드는 외교력도 보여주지 못했다.

1865년 5월 10일 체포된 데이비스 대통령은 버지니아 주 포트 먼로 요새에 수감돼 반역 혐의로 기소됐지만 보석금 10만 달러를 내고 석방됐다. 이후 미시시피 주 빌럭 시에서 말년을 보내다가 1889년 12월 6일 뉴올리언스에서 세상을 떠났다. 그는 생전에 《남부연합 정부의 흥망성쇠The Rise and Fall of the Confederate Government》란 책을 냈다. 그가 취임 직후 거주했던 '남부연합의 첫 백악관First White House of the Confederacy' 건물은 몽고메리의 주의사당에서 남쪽으로 약간 떨어진 곳에 남아 있다. 1861년 2월 남부연합이 결성된 뒤 그해 5월 수도를 버지니아 주 리치먼드로 이전하기까지 그가 머물던 관저다. 이탈리아 스타일로 지어진 이 건물은 2층 건물로 지난 1974년 국립 사적지로 등재됐고, 데이비스 대통령이 사용하던 물품이 대거 전시돼 있다. 또 제퍼슨이 말년을 보낸 미시시피 주 빌럭시Biloxi의 보부아르Beauvoir 저택은 2005년 허리케인 카트리나로 파괴되기도 했다. 그의 후손은 2년에 한 번씩 미시시피 주 우드빌Woodville에서 모여 추모 행사를 갖는다.

잠수함 헌리호의 최후

미국에서 잠수성의 역사는 1776년 9월 데이비드 부쉬넬David Bushnell이 민든 1인 탑승용 반잠수정 '터틀Turtle'로 거슬러 올라간다. 이후 남북전쟁 기간에 원시적인 형태이기는 하지만 잠수함도 개발되어 전쟁에 사용됐다. 대표적인 예가 1863년 앨라배마 주 모빌에서 호러스 로슨 헌리Horace Lawson Hunley가 만든 헌리호H. L. Hunley. 헌리호는 1864년 북부군이 사우스캐롤라이나 등 남부 항구에 대한 해상봉쇄를 강화하자 이를 뚫기 위해 남부연합군이 만든 비밀병기다. 6미터 길이에 높이 1.2미터, 넓이 1미터의 이 잠수함은 여덟 명의 수병이 내부에 있는 크랭크를 손으로 돌려 추진력을 얻는 방식으로 기동했다. 1864년 2월 실전에 투입된 헌리호는 북부 군함 후사토닉호USS Housatonic를 침몰시켜 최초로 적함을 침몰시킨 잠수함이라는 기록을 세웠다. 하지만 이 전투에서 함께 수몰됐다가 130여 년 뒤인 2000년 8월 찰스턴 항 인근 설리번 섬에서 인양됐다. 과학자들은 현재 찰스턴에 있는 '워런 라슈 보존센터Warren Lasch Conservation Center'의 보존 탱크 속에 있는 헌리호의 침몰 원인을 규명 중이다. 전문가들은 밀폐된 공간에서 활동하던 수병들이 산소 부족과 열기 때문에 숨졌고, 배 자체는 폭발 충격으로 인해 물이 쏟아져 들어오면서 침몰했을 것으로 분석하고 있다. 2000년 인양 당시 조사 결과 승무원들의 사체가 자기 자리에서 이동하지 않고 있었던 것으로 밝혀져 산소 부족으로 숨졌을 것이란 분석을 뒷받침했다. 지난 2004년에는 잠수함 내에 있었던 딕슨 대위 등 승무원 여덟 명의 사체를 묻는 '마지막 남부 연합군 장례식'이 엄숙히 거행됐다. 헌리호 이야기는 2000년 〈헌리함의 최후〉라는 영화로 만들어지기도 했다.

앤더슨빌 전쟁 포로수용소

조지아 남서부에 앤더슨빌Andersonville이라는 시골 마을이 있다. 주민수가 300여 명에 불과한 이 마을은 섬터 카운티Sumter County에 속하는 시골 동네로, 지미 카터Jimmy Carter 전 대통령의 고향인 플레인즈Plains 그리고 밀러드 풀러Millard Fuller가 해비타트 집 짓기Habitat for Humanity 운동을 처음 시작한 아메리커스Americus도 이 카운티에 있다. 주변에는 목화 밭과 땅콩 밭이 많은 전형적인 농촌 마을이다. 이 마을에는 150여 년 전 남북전쟁 당시 남부군에 생포된 북부군 포로수용소가 있었으며, 수많은 포로가 배고픔과 전염병으로 숨져 나간 곳으로 악명이 높다.

남부연합은 전쟁 초기 수도인 버지니아 주 리치먼드에 포로수용소를 운영하다가 포로가 급증하자 1864년 초부터 앤더슨빌 포로수용소를 건설했다. 1만 명 정도를 수용할 수 있는 앤더슨빌 수용소는 남북전쟁 종전까지 14개월 동안 4만 5000여 명의 북군 포로를 수용했다. 전쟁 초기부터 북부군이 남부 해안을 봉쇄해 각종 물자와 생필품 공급이 끊기면서 포로수용소에 대한 공급은 열악하기 그지없었다. 전쟁 중 부상이나 기아 상태에서 생포된 포로들이 제대로된 치료나 영양 공급을 받지 못해 1만 3000여 명이 죽어 나갔다. 전쟁이 끝난 뒤 수용소의 열악한 실태와 포로에 대한 비인간적인 대우와 처우가 알려졌다. 당시 수용소장이던 헨리 위르즈Henry Wirz 대위가 전범으로 체포돼 군사재판에 회부돼 교수형에 처해졌다. 남부연합 대통령이던 제퍼슨 데이비스도 전범이 아니라 일반 재판을 받고 2년 정도 복역한 뒤 풀려났는데 대위에 불과한 포로수용소장이 유일하게 전범재판을 받고 교수형에 처해졌다는 점은 앤더슨빌 수용소에 대한 분노가 얼마나 컸던가를 단적으로 보여준다. 하지만 위르즈 소장의 혐의에 대해서는 그가 전범으로 재판을 받을 만큼 악행을 저지른 혐의가 명백하게 입증되지 않았다는 게 중론이어서 여론 재판의 희생양이란 시각이 많다. '남부연합군 참전용사의 딸들'이란 단체가 이 마을에 그에 대한 기념비를 설립하고, 매년 추모 행진을 벌이는 것은 이 같은 관측을 뒷받침해준다. 포로수용소 옆에는 수용소에서 숨진 북군 포로가 대거 묻힌 앤더슨빌 국립묘지Andersonville National Cemetry가

1865년 조성됐다. 수용소터와 국립묘지는 1970년 국가역사유적지로 지정됐다. 이곳에는 또 국립전쟁포로박물관National POW Museum이 1999년 4월 설립돼 미국이 겪은 많은 전쟁에서 포로로 고통받은 장병의 희생을 기리고 있다.

과거사 바로 세우기, 노예제에서 단종법까지

연방·주 의회의 노예제 사과 결의

미국에서 흑인 노예제가 시작된 것은 1619년까지 거슬러 올라간다. 정상환의 《검은 혁명》에 따르면 서인도 제도의 사탕수수 농장에서 일하던 흑인 20명이 1619년 네덜란드 배에 실려 버지니아 주 제임스타운Jamestown에 팔려 오면서부터 시작됐다. 이후 많은 아프리카 흑인 노예가 신대륙으로 끌려와 남북전쟁 직전까지 400만 명의 노예가 미국에 존재한 것으로 알려지고 있다. 미 남부에서는 1670년경부터 노예제를 인정하는 법률이 통과된 이래 링컨 대통령이 노예해방을 선언하기까지 약 200여 년간 노예제가 합법적으로 실시됐다.

　노예제와 인종차별로 대표되는 미국사의 어두운 유산과 치부에 대해서는 최근 들어 이를 반성하고, 바로 잡으려는 노력이 이어졌다. 미 연방 하원은 2008년 7월 29일 노예제와 흑인에 대한 인종차별에 대해 사과하는 결의안을 채택했다.[48] 테네시 주의 스티브 코언Steve Cohen.민주 의원이 발의한 결의안은 "인종 간 화해 과정에 있어 첫걸음으로 진정한 사과가 중요하고 필요하다"면서 "흑인과 노예제에서 고통을 받았던 흑인 조상에게 잘못된 행동을 저지른 것을 사과한다"고 명시했다.

상원도 오바마 대통령 취임 후 5개월 뒤인 2009년 6월 19일 노예제와 인종차별법일명 짐크로법에 사과하는 결의안을 만장일치로 채택했다. 결의안은 "미 의회는 노예제와 짐크로법의 부당성, 야만성, 잔혹성을 인정한다"면서 "미국민을 대신해 노예제와 짐크로법으로 고통받은 흑인과 그들의 선조에게 사과한다"고 밝혔다.

앞서 미 상원은 2008년 4월 아메리카 원주민에게 폭력과 학대 등의 행위를 저지른 데 사과하는 결의안을 채택했다. 또 1893년 독립국이던 하와이 왕국을 전복시킨 데 사과하는 결의안이 100년뒤인 1993년 통과됐다. 1988년엔 2차 세계대전 당시 일본계 미국인을 수용소에 감금한 데 사과하는 결의안을 채택하고 피해자에게 1인당 2만 달러의 보상금을 지급했다.

노예제에 대한 사과는 주 차원에서도 진행됐고, 특히 남부에서 활발하게 전개됐다. 50개 주 가운데 처음으로 버지니아 주 의회가 2007년 2월 24일 흑인 노예제에 유감을 표시하는 결의안을 채택했다. 결의안은 "미 정부가 승인한 노예제는 미 역사상 인권 파괴 행위 가운데 가장 끔찍한 것이고 근본적인 이상을 위반한 것"이라고 지적했다. 그러면서 노예제 폐지 이후에도 조직적인 차별과 분리주의, 그리고 인종주의와 인종 편견에 바탕을 둔 음흉한 제도와 관습이 이어졌다는 반성을 담았다. 이 결의안은 1619년 아프리카 흑인 노예가 미국에 처음 도착한 버지니아 주 제임스타운의 400주년 기념일을 맞아 채택됐다.

버지니아 주에 이어 메릴랜드·노스캐롤라이나·앨라배마 주에서 사과

딕시Dixie
목화밭에서 오바마까지,
미국 남부를 읽는다

결의안이 채택됐다. 앨라배마 주는 2006년 6월 말 통과된 결의안에서 노예제 시대를 "야만적인 인간성 말살과 부정不正의 세기"라고 지적하며 노예제 아래 자행된 학대와 미국에 남아 있는 부정적 영향에 대해 사과했다.

에모리대학의 노예제 사과

노예제에 대한 사과 움직임은 민간 차원에서도 진행됐다. 남부 명문 사립대인 에모리대학은 2011년 1월 과거 학교 창립 과정에서 노예제를 인정하고 동원했던 과거사를 반성하는 성명을 발표했다. 개교 175주년을 맞아 발표된 성명은 "에모리는 초기 대학 건립 당시 노예제에 결부됐던 사실을 인정한다"면서 "특히 이 같은 부인할 수 없는 잘못을 저지르고, 잘못된 역사를 오랫동안 인정하지 않아온 점을 유감스럽게 생각한다"고 사과했다. 그러면서 "에모리는 미래를 향해 나가면서 무엇이 정의인지를 분간할 수 있는 지혜와 인류를 위해 지식을 사용한다는 창학 정신을 구현해나가는 용기를 추구할 것"이라고 다짐했다.

존 에모리John Emory 감리교 감독은 1836년 에모리대학을 창립할 당시 노예 소유주였고, 옥스퍼드 캠퍼스 조성 공사에 노예를 동원했다. 존 에모리 감독은 이 대학의 첫 교수이자 재단 이사였고, 그의 이름을 따서 대학 이름이 정해진 만큼 성명은 대학 창립자의 잘못된 과거를 시인하고 사과한 것이라 할 수 있다. 에모리대가 '외면하고 싶은 과거사'를 인정하기까지에는 적지 않은 진통과 시간이 필요했다. 당장 대학을 창설한 감리교 감독교회는 남북전쟁 전후 노예제에 찬성한 남부와 반대한 북부로 분열되는 아픔을 겪었다. 또 1902년에는 앤드루 슬레드 교수가 노예에 대한 사형私刑을 비판했다가 대학에서 쫓겨나기도 했다. 하지만 에모리대는 지난 1960년대부터 진보적인 대학으로 거듭나기 시작했고, 인종차별을 철폐하는 데 앞장섰다. 이런 진보적 학풍 속에 이 대학 역사학과의 게리 하욱Gary S. Hauk 교수가 《용기 있는 탐사가 주도하는 곳》이란 저서를 통해 대학 창립 과정에서 노예제와 관련된 사실을 공개하자 대학 이사회 측이 논란 끝에 사과 성명을 내기로 결정했다. 짐 왜그너James W. Wagner 총장은 "우리는 찬란한 역사뿐만 아니라 부끄러운 역사도 인정해나갈 것"이라고 강조했다.

남부 명문 노스캐롤라이나대학도 2005년 11월 창학 과정에서 흑인 노예를 캠퍼스 공사에 동원했고, 일부 교직원이 노예를 소유한 사실을 인정하는 성명을 발표했다. 앨라배마대학도 남북전쟁 전 수년 동안 대학 캠퍼스 공사 과정에서 혹사당한 노예와 교직원이 소유한 노예의 후손에게 사죄하는 자리를 2004년 마련했다. 캠퍼스 내 두 노예의 묘지 근처에 기념비도 세웠다. 동부의 브라운대학도 2006년 노예제 문제에 대해 사과하는 조치를 취했다. 브라운대학 자체 조사 결과, 대학 설립자인 브라운가家가 노예를 수송하는 선박을 소유했고, 노예제를 통해 번 돈이 대학 설립에도 충당된 점이 확인되자 루스 시몬스 총장 명의로 사과 성명을 냈다.

딕시Dixie
목화밭에서 오바마까지,
미국 남부를 읽는다

노스캐롤라이나, 탄핵한 전 주지사 복권

남북전쟁 직후 남부 정가에서는 어떤 일이 벌어졌을까. 정당한 법 집행을 한 주지사를 인종주의적 편견에 사로잡혀 탄핵한 노스캐롤라이나 주의 사례는 당시 남부 정가의 모습을 잘 설명해준다. 남북전쟁이 끝난 뒤 6년이 지난 1871년 3월22일 노스캐롤라이나 주 의회는 당시 윌리엄 홀든William Woods Holden 주지사에 대한 탄핵안을 가결해 미 역사상 처음으로 주지사를 공직에서 추방했다. 홀든 주지사는 남북전쟁 직후인 재건 시대의 혼란기에 백인우월주의 단체인 '큐 클럭스 클랜KKK'이 새로이 해방된 노예를 살해하는 등 폭력을 휘두르며 발호하자 주 민병대를 동원해 이를 진압했다. 하지만 미 연방 탈퇴와 남부연합 창설을 지지했던 민주당은 주 의회 선거에서 승리해 다수당이 되자 곧바로 홀든 주지사에 대한 탄핵을 시도했다. 주 하원은 홀든 주지사가 KKK단원을 적법한 절차에 따르지 않고 구속했다는 이유 등을 들어 탄핵안을 승인했고, 주 상원도 이를 승인해 주지사 관저에서 쫓아냈다.

홀든 주지사는 공직에서 물러난 뒤 당시 사태와 관련, "인간 생명을 구하고, 자유 투표권을 지키기 위해서 주지사 권한을 행사한 것"이라며 "법치주의, 시민의 인권 그리고 공공의 안녕을 위한 행동이었다"고 강조했다. 그러면서 1892년 73세의 나이로 세상을 떠날 때까지 사면을 요구하지 않는 등 자신의 신조를 굽히지 않았다.

2011년 3월 노스캐롤라이나 주 의회에서는 140여 년 전 당시 선배 의원들이 인종주의 편견에 입각해 저지른 잘못을 바로잡으려는 조치가 이뤄졌다. 주 의회는 홀든 전 주지사에 대한 사면 결의안을 통과시켰고, 홀든 전 지사는 비록 사후지만 명예를 회복했다.

20세기 또 하나의 수치, 단종법

남부에서는 열등한 아동 출산을 막는다는 명분 아래 일부 시민에게 강제로 불임수술을 시킨 소위 '단종법compulsory sterilization law'에 대한 진상 규명과 사과도 이뤄지고 있다. 우생학 이론을 근거로 한 단종법은 20세기 초반 많은 국가에서 시행됐다. 미국에서는 서른세 개 주에서 시행됐는데 남부 주가 상당수 포함돼 있다. 노스캐롤라이나 주는 유전적으로 열등한 아동의 출산을 막는다는 핑계 아래 간질환자, 정신박약자, 저능아에 대해 강제 불임수술을 하는 단종법을 1929년부터 1974년까지 시행했다. 이 법으로 불임수술을 받은 사람은 모두 7600여 명. 버지니아 주도 1924년부터 1974년까지 8300여 명에게 불임수술을 했고, 조지아 주는 1937년부터 1970년까지 3000여 명에게 불임수술을 했다. 단종법으로 강제 불임수술을 받은 미국인은 모두 6만 5000여 명으로 집계되지만 법이 제정되지 않은 일부 지방에서도 이 같은 프로그램이 시행된 점을 고려하면 피해 주민은 10만 명이 넘을 것으로 추정된다. 2차 세계대전 종전 후 열린 뉘른베르크 전범 재판에서 나치 전범들은 미국의 단종법 관련 소송을 인용하며 자신들의 유대인 학살 정책을 옹호하기까지 했다.

노스캐롤라이나 주 단종법은 특히 의사나 사회복지 사업가들이 집에서

만 생활하는 장애인까지도 불임수술 여부를 결정하는 권한을 가진 주 정부의 '우생학위원회'에 신고해 수술을 받게 하는 매우 포괄적인 내용을 담고 있었다. 노스캐롤라이나 주는 2009년 '단종법 피해자를 위한 재판소'를 설치해 희생자에 대한 배상을 적극 추진했고, 2011년 6월부터는 피해자의 증언을 본격적으로 청취했다. 당시 증언에 나선 흑인 여성인 일레인 리딕Elaine Riddick은 열네 살 때인 1968년 성폭행을 당한 후 강제로 불임수술을 받았던 케이스. 당시 그녀의 할머니가 손녀의 장래를 걱정해 주 정부에 불임수술을 허용했다. 하지만 그녀는 당시 원치 않는 수술로 수년간 우울증과 육체적 고통을 겪었다고 증언했다. 노스캐롤라이나 주 정부는 2011년 말 과거에 강제로 불임수술을 받은 주민 수천 명 중 40여 명의 행방을 파악하고, 배상 등 후속 조치 마련에 들어갔다. 앞서 조지아 주는 2007년 주 상원에서 우생학 이론을 근거로 단종법을 시행한 데 깊은 유감을 표시하는 결의안을 통과시켰다.

단종법 첫 피해자의 아픈 사연

미국의 수치스런 역사인 단종법에 대한 진상 규명은 조지아주립대 법률사학자인 폴 롬바르도Paul Lombardo교수의 주도로 전개됐다. 전국 일간 USA 투데이는 2009년 6월 24일 롬바르도 교수의 노력을 집중 보도했다. 이 보도에 따르면 버지니아 주가 1924년 단종법을 제정해 시행 후 첫 피해자가 된 여성은 캐리 벅Carrie Buck. 버지니아 주 샬러츠빌Charlottesville에서 태어난 그녀는 정신박약자인 어머니가 린치버그에 있는 간질환자·정신박약자 수용소에 수용되자 양부모 밑에서 자라다가 열일곱 살 때 임신을 하게 된다. 그녀는 친척에게 성폭행을 당한 것이라고 설명했지만 양부모는 그녀를 어머니가 있는 수용소로 보냈고, 그녀의 아기 비비안까지 빼앗았다. 수용소 측은 단종법에 따라 벅에 대해 불임수술을 시도했고, 이를 둘러싼 논란은 법정으로 옮겨갔는데 소송 명칭은 벅과 수용소장인 존 벨의 이름을 딴 '벅 대 벨Buck v. Bell' 소송. 롬바르도 교수의 추적 결과, 이 소송은 애초부터 수용소 측이 단종법을 본격적으로 시행하려는 차원에서 의도적으로 법정소송으로 비화시킨 의혹이 드러났다. 벅의 국선 변호인으로 참여했던 변호사가 단종법 찬성자로 간질환자 수용소장을 지냈고, 수용소 측 변호사와 친구인 점 등으로 볼 때 한마디로 '짜고 치는' 재판의 성격이 강했다. 대법원은 1927년 "3대에 걸쳐 저능아라면 충분하다"며 버지니아 주 단종법이 다수의 안전과 복지를 추구한다는 헌법 정신에 어긋나지 않는다며 원고 패소판결을 내렸다. 결국 벅은 버지니아 주 단종법의 첫 희생자가 됐다. 하지만 롬바르도 교수가 뒤늦게 찾아낸 벅의 수용소 품행 카드와 그녀의 딸인 비비안의 성적표를 보면 두 모녀는 심신장애자가 아닌 것으로 드러났다. 벅은 수용소 내 품행과 성적이 아주 우수한 것으로 기록돼 있었고, 딸 비비안은 여덟 살 때 홍역으로 숨지기 전까지 우등생이었다. 롬바르도 교수는 특히 1983년 당시 76세의 할머니였던 벅을 잠시 면담했다. 할머니는 "어렸을 때 성폭행을 당한 게 사실이며, 7학년까지 진급해 학교생활을 했었다"고 회고했다. 벅 할머니는 이후 노환으로 숨져 현재는 딸 비비안과 함께 고향인 샬러츠빌의 오크우드 공동묘지에 묻혀 있다. 버지니아 주 의회는 2002년 벅 할머니에 대한 잘못을 시인하는 결의안을 통과시켰다. 또 2006년에는 주 상원에 벅 할머니 성폭행범에 대해 거세형을 가하도록 하는 법안을 제출하는 등 뒤늦게 과오를 인정했지만 벅 할머니는 세상을 떠난 뒤였다. 롬바르도 교수는 "캐리 벅은 무고한 누명을 쓴 것이며, 막강한 연방 대법원은 무고한 누명을 악화시키는 데 결정적 역할을 했다"고 비판했다.

인디언의 슬픈 역사

체로키족의 '눈물의 여정'

미국 대륙의 원주민인 인디언은 곳곳에 퍼져 살았다. 북부에는 이로쿼이, 모히칸, 대평원 지역에는 수, 크로족 그리고 남서부에는 아파치족, 남동부에는 체로키, 세미놀 인디언이 모여 살았다. 백인이 아메리카 대륙에 상륙하기 전에 인디언 수는 800만~2000만 명으로 추산됐다. 미 정부가 적극적인 서부 개발 정책을 추진하면서 인디언은 갖은 고난과 탄압을 받으며 쫓기는 신세가 됐다. 미 정부는 서부 개척을 적극 추진하면서 1830년 '인디언 추방법Indian Removal Act'을 제정해 미시시피 강 주변에 퍼져 살던 인디언을 강 서쪽으로 강제 이주시켰다. 또 인디언 토벌에 나섰던 필립 셰리든Philip Sheriden 장군의 "죽은 인디언이 가장 좋은 인디언"[49]이란 말이 상징하듯 인디언 말살 정책을 본격화해 20세기 초에는 그 수가 20여만 명으로 감소했다.

서부 개척 과정에서 체로키와 세미놀 등 남동부에 거주하던 부족이 수난을 당했다. 1820년대까지 조지아 북부 및 테네시 남부에 집단으로 거주한 체로키족은 적극적으로 백인 문물을 받아들이고, 고유 문자까지 개발하고, '체로키 피닉스'라는 신문까지 발행할 정도로 개화된 부족이었다. 조지아 북서부의 뉴에초타New Echota를 수도로 정하고, 부족 헌법을 제정하고, 의회와 대법원까지 구성하며 자치를 실시했다. 그러나 캘리포니아보다 20여 년 앞서 조지아 북부 덜라너가Dahlonega에서 금광이 발견되어 백인 인구가 급격히 팽창하자 조지아 주 정부는 체로키족을 북쪽으로 밀어냈다. 조지아 주 정부는 체로키족의 자치를 금지하는 법률을 제정해 탄압했고, 이들의 땅을 몰수해 백인에게 제비뽑기로 분배해줬다. 1828년 당선된 7대 앤드루 잭슨Andrew Jackson 대통령은 인디언 추방법을 제정해 동부 지역에 살던 인디언의 추방을 최우선 정책으로 추진했다.

전설적인 체로키 추장인 존 로스는 마지막 수단으로 연방 대법원에 소송을 제기했다. 대법원은 조지아 주 정부의 탄압이 체로키 인디언의 자치권을 침해하는 것이라고 판결했지만 잭슨 대통령은 이 판결의 집행을 거부했다. 결국 체로키 인디언은 백인의 탄압에 못 이겨 테네시의 레드 클레이Red Clay로 이동해 임시 수도를 정하고 살다가 1838년 1000마일 이상 떨어진 오클라호마로 강제로 쫓겨났다. 이것이 '눈물의 여정Trail of Tears'이다.[50] 당시 미군은 1만 8000여 명에 달하던 체로키 인디언을 오클라호마로 쫓아내면서 반발을 우려해 1000여 명씩 분리해 이동시켰다. 이 과정에서 추위와 배고픔 및 탈진으로 4000여 명의 인디언이 죽어갔지만 장례를 치를 시간도 주지 않았다. 〈인디언 보호구역Indian Reservation〉이라는 노래에는 백인과 적극 동화하면서 살았지만 결국 쫓겨난 체로키족의 슬픔이 배어 있다. 당시 오클라호마 및 아칸소 등으로 이주한 체로키 인디언 후손은

체로키공화국을 형성해 살고 있다. 반면, 당시 오클라호마로 이주 도중 도망친 인디언의 후손은 현재 노스캐롤라이나 주 '이스턴 밴드 체로키 보호구역'에 모여 살고 있다. 노스캐롤라이나 주의 스모키 마운틴 인근의 체로키 인디언 박물관에 가면 체로키 부족의 삶과 고난의 역사를 볼 수 있다. 또 에초타 유적지에는 눈물의 여정에서 숨진 체로키족을 추모하는 기념비가 세워져 있다. 미국 정부의 강제 이주 정책에 의해 뿔뿔이 흩어져 살던 체로키 인디언은 170여 년 만인 2009년 4월 마지막 수도였던 테네시 주립 레드클레이역사공원에서 이산 부족 재회 행사를 갖기도 했다.

세미놀족의 끈질긴 투쟁과 나바호족의 '머나먼 여정'

체로키 부족이 테네시 주와 조지아 주 일대에서 생존 투쟁을 벌일 때 플로리다 주에서는 세미놀Seminole족이 끈질긴 저항을 계속했다. 세미놀족은 오스케올라Osceola라는 지도자를 중심으로 1817년부터 미군과 세 차례 전쟁을 치르며 투쟁을 했다.[51] 세미놀족은 미국 정부와 강화 협정을 체결하지 않은 유일한 인디언으로 평가될 정도로 강력하게 투쟁했다. 1835년 시작된 미군과의 2차 전쟁은 7년간 계속됐다. 하지만 오스케올라가 미군에 잡혀 죽은 뒤 세미놀족은 서부 오클라호마로 강제 이주해야 했고, 일부는 플로리다 남부 에버글레이

세미놀족 지도자 오스케올라

즈Everglaze 습지로 도망쳤다. 현재 국립공원이 들어선 에버글레이즈에는 이들의 후손 2000여 명이 거주하고 있다.

체로키족에게 '눈물의 여정'이라는 아픔이 있었다면 서부 나바호족에게는 '나바호의 먼 길Navajo Long Walk'이란 아픈 역사가 있다.[52] 나바호족은 뉴멕시코 등 서부에서 농사와 유목을 병행하며 살던 인디언 최대의 부족. 미 정부가 1851년 나바호족의 목초지인 캐니언 드 셰이Canyon de Chelly에 포트 데피안스Fort Defiance를 건설하면서 갈등이 시작됐다. 키트 칼슨Kit Carson 장군이 이끄는 미군은 나바호족 가옥을 불사르고, 가축을 빼앗는 초토화 작전을 전개했고, 결국 나바호 인디언은 1864년 캐니언 드 셰이에서 마지막 항전을 벌이다 항복했다. 미군은 8000여 명의 인디언을 포로로 잡아 400마일 떨어진 뉴멕시코의 포트 섬너Fort Sumner로 강제 이주시켰다. 나바호 인디언은 4년간 수용소 생활을 하는 과정에서 굶주림과 각종 질병으로 상당수가 숨졌다. 나바호족은 유배 생활을 마치고 1868년 애리조나, 콜로라도, 뉴멕시코, 유타 등 네 개 주의 경계가 만나는 곳이자 고향인 포코너스Four Corners로 돌아오지만 그 수는 먼 길을 떠난 부족 중 절반도 안 됐다. 나바호족은 이후 1923년 자치정부 형태의 나바호공화국을 설립했고, 현재는 애리조나 주 윈도우락Window Rock에 행정 수도를 설치해 자치를 하고 있다. 나바호족 보호구역은 웨스트버지니아 주보다 여섯 배가 클 정도로 넓다. 나바호족은 2차 세계대전 당시 해독 불능의 암호를 개발해 미군의 승리에 기여해 미 의회가 주는 최고 명예의 시민 훈장인 의회 금메달을 받기도 했다.

이밖에 1864년 콜로라도 주 샌드크리크에서 존 시빙턴John Chivington 미군 대령이 샤이엔족 부녀자와 노약자 600여 명을 무참히 살해한 '샌드크리크 학살Sand Creek Massacre' 사건이 발생하는 등 인디언에 대한 학살과 무자비한 탄압은 곳곳에서 자행됐다.

오클라호마 보호구역과 연방 차원의 사과

미 대륙의 원래 주인인 인디언은 1924년에야 미국 시민권을 받게 됐고, 1948년에야 참정권을 받을 정도로 차별과 탄압을 받아왔다. 인디언은 현재 미 내무부 산하 인디언 사무국Bureau of Indian Affairs이 관리하는 인디언 보호구역에서 생활하고 있다. 미 전국 각지에 대략 310개의 보호구역이 있으며, 약 100만 명의 인디언이 이곳에서 살고 있다. 보호구역은 대부분 미시시피 강 서쪽의 중부와 서부에 위치한 가운데 총면적은 5570만 에이커로 미 전체 면적의 2.3퍼센트를 차지한다. 아홉 개 보호구역은 델라웨어 주보다 넓을 정도로 대규모인 곳도 많지만 대부분 농업에 적합지 않은 황무지이거나 척박한 땅이다.[53] 현재 미국에는 약 250만 명의 인디언이 살고 있지만 평균수명은 일반 미국인에 비해 4.6년 짧고, 4분의 1이 빈곤층으로 분류될 정도로 가난과 질병에 시달리고 있다. 연방 정부로부터 공식 지위를 인정받아 예산 지원을 받는 인디언 부족은 약 560여 개이다. 하지만 250여 부족은 아직 인정을 받지 못해 재정 지원을 못 받고 있다. 다만 많은 인디언 부족이 연방 정부의 정책적 배려에 따라 보호구역 내에 카지노를 운영해 관광 수입으로 재정을 충당하고 있다.

인디언에 대한 중앙정부의 무관심은 대통령의 인디언 보호구역 방문 횟수에서도 알 수 있다. 역대 대통령 중 프랭클린 루스벨트 대통령이 1936년 노스캐롤라이나 주의 체로키 보호구역을 비공식 방문했고, 빌 클린턴 대통령이 1997년 사우스다코타 주 파인 리지Pine Ridge의 인디언 거주 지역을 방문했을 뿐이다.

　일부 인디언 권리 운동가는 이러한 고난과 차별에 항의하는 운동을 전개하기도 했다. 한 예로 인디언 권리 운동가 러셀 민즈는 1970년 일단의 인디언 원주민과 함께 네 명의 미국 대통령 두상이 조각된 러시모어 산을 점거하기도 했다. 또 1890년 미국 기병대가 인디언 수족을 학살한 사우스다코타주 운디드니에서 1973년 71일 간의 무력 항쟁을 벌이기도 했다.⁵⁴

　미 정부는 2010년 5월 인디언에 가한 폭력과 가혹 행위에 대해 공식 사과했다. 샘 브라운백Sam Brownback 상원 의원은 5월 20일 워싱턴 DC의 의회 묘지에서 열린 인디언 부족 관련 행사에 참석, 인디언에 대한 미국 정부의 사과 결의안을 전달했다. 이 결의안은 과거 미 정부가 인디언 부족에 대해 폭력 행위를 저지르고, 잘못된 정책을 추진한 데 사과하고, 정책상의 잘못으로 인디언이 현재 보호구역 내에서 빈곤과 폭력 사태에 직면케 한 데도 유감을 표시했다. 그러면서 인디언 부족의 권익 향상과 복지 증진을 위한 미 정부의 약속을 재확인했다. 앞서 미 상원은 2008년 4월 인디언에게 폭력과 학대 등의 행위를 저지른 데 대해 사과하는 결의안을 채택했다.

　미 정부는 2004년 9월 워싱턴 DC에 인디언의 전통문화 보존을 위해 아메리칸인디언박물관을 개관했다. 의회 차원의 결의안과는 별도로 오바마 대통령은 2009년 11월 인디언 원주민 부족장 회의에 참석해 각별한 관심을 표시했다. 오바마 대통령은 "원주민의 역사는 폭력과 질병, 빈곤으로 점철돼 있다. (중앙정부와의) 협정은 무시됐고, 약속은 지켜지지 않았다"고 지적한 뒤 원주민도 다른 미국인과 마찬가지로 '아메리칸 드림'을 이룰 공평한 기회를 가질 수 있도록 하겠다고 약속했다. 또 백악관 국내정책자문회의 산하에 원주민 분야 선임정책자문관직을 신설해 체로키족 출신의 킴벌리 티히Kimberly Teehee를 임명했다. 또 인디언 부족 대표와 연방 정부 주요 각료가 참석한 가운데 매년 열리는 '인디언 부족'을 위한 백악관 정상회의White House summit for American Indians에 취임 후 4년간 빠짐없이 참석하며 관심을 보여왔다.

미 국방 전략의 핵심 거점

17 군사기지가 산재한 남부
남부의 핵심 군사기지 | 최대
병참기지 미 육군전력사령부
미 육군보병학교와 한국전 기념관 | 포트 베닝과
폐교요구 시위 | 전직 주한 미군 장성

18 이라크·아프간전의 사령탑
양대 전쟁 최고 사령탑, 미 중부사령부 | 중부사의

제6장

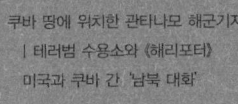

한국군 협조단
대테러전의 첨병 기지, 포트 브랙

19 지옥과 천국이 교차하는 관타나모 수용소
쿠바 땅에 위치한 관타나모 해군기지
| 테러범 수용소와 《해리포터》
미국과 쿠바 간 '남북 대화'

군사기지가 산재한 남부

남부의 핵심 군사기지

미 남부에는 군사기지와 군수공장 등 군 관련 시설이 곳곳에 산재해 있다. 남부가 카리브 해는 물론 중남미와 아프리카로 나갈 수 있는 교통의 요지인 데다 역사적으로 군 관련 시설을 이곳에 집중적으로 건설한 점도 작용했다. 1930년대 프랭클린 루스벨트Franklin D. Roosevelt 대통령은 대공황기에 남부를 최우선 지원 대상으로 정해 적극 지원했다. 특히 2차 세계대전 때 연방 정부의 적극적인 지원으로 남부에 군사기지와 군수공장이 대거 들어섰다.

제임스 바더맨의 《두 개의 미국사》는 "역사적으로 남부는 특별히 애국적인 기질을 가진 지역이었고 … 2차 세계대전 당시 남부만큼 미국을 열렬히 지지한 지역은 없었다 … 최전선에서나 자국의 군수산업에서나 남부의 전쟁 노력은 다른 지역을 능가했던 것이다"고 적고 있다. 이런 분위기 속에서 남부에는 연방 지출의 40퍼센트를 투자해 각종 군사기지와 군사훈련 시설을 집중 건설했다. 군 시설의 집중적인 남부 건설은 1970년대에도 이어졌다. 1970년대 후반에는 마흔여섯 개의 주요 군사시설 중 스물네 개가 남부에 세워졌다. 1980년대까지는 미군 장병의 약 절반 정도가 남부 기지에 배속돼 자연스럽게 군을 통해 남부를 이해하는 사회화도 이뤄졌다. 특히 2000년대 초반 조지 W. 부시 정권에 의해 이라크·아프가니스탄 전쟁이라는 양대 전쟁이 시작돼 10년 넘게 계속되면서 두 전쟁을 지원하는 남부의 후방 기지 역할은 더욱 커졌다.

양대 전쟁을 지휘하는 사령탑인 중부사령부United States Central Command, USCENTCOM에서부터 테러범과 적 전투원을 수감하는 관타나모 수용소에 이르기까지 전쟁의 지휘와 정리에 이르는 시설이 남부와 인근 카리브 해에 산재해 있다. 미국은 전세계를 대상으로 군사력을 운용하기 위해 북부, 남부, 중부, 유럽, 태평양, 아프리카 등 여섯 개 지역 책임 군사령부를 운영하고 있다. 또 특수전, 수송, 전략, 합동군 등 네 개 기능사령부도 두고 있다. 이 중 중동과 중앙아시아를 관할하는 중부사령부와 중남미를 담당하는 남부사령부USSOUTHCOM가 플로리다 주 탬파와 마이애미에 있다.[55] 네 개 기능사령부 가운데 공수부대 등 특수부대의 작전을 총괄하는 통합특수전사령부USSOCOM도 탬파에 있다. 한마디로 미국이 전 세계 군사력 운용 차원에서 설치한 여섯 개 지역 책임 군사령부 중 두 개 그리고 네 개 기능사령부 중 하나가 남부 플로리다 주에 자리하고 있는 것이다.

또 미 육군 보병 및 기갑병을 길러내는 육군보병학교가 조지아 주 포트 베닝에 있고, 미시시피 주 제3의 도시인 해티즈버그Hattiesburg에는 미국에서 가장 규모가 큰 국토방위군National Guard 훈련소가 있다. 이밖에 사우스 캐롤라이나 주 패리스 아일랜드에는 해병대 훈련소가 자리 잡고 있는 등 주요 군 훈련소가 대거 남부에 위치해 있다.

최대 병참기지 미 육군전력사령부

조지아 주 애틀랜타 시내에 위치한 포트 맥퍼슨Fort McPherson은 미 육군전력사령부FORSCOM와 육군3군사령부 및 연방예비군사령부가 위치한 미군 핵심 기지 중 하나. 또 인근에 있는 포트 길렘Fort Gillem에는 육군1군사령부 본부가 있다. FORSCOM은 특히 육군 사령부 중에서 최대 규모로, 전 세계의 전투 지역 사령관에게 병력과 물자를 공급하는 핵심 역할을 수행한다.[56] 이 부대는 주 방위군과 연방 예비군 및 현역병 등 75만 명 규모로 구성되며, 여기에 2400여 명의 군무원이 근무하고 있다.

특히 세계 주요 지역에서 위기 사태 발생 시 신속하게 파견할 수 있도록 병력을 동원 훈련시켜 투입시키고 임무 종료 시 부대를 철수시켜 재구성하는 역할까지 수행한다. FORSCOM에서 훈련시키고 실전에 배치하는 미군은 이라크전과 아프가니스탄전 참전 병력은 물론이고 허리케인 카트리나와 같은 자연재해 발생 시 구조 및 구호 작전에 투입되는 장병 등 다양하다.

FORSCOM은 워싱턴 주

| 미 육군전력사령부

포트 루이스Fort Lewis의 제1야전군, 텍사스 주 포트 후드Fort Hood의 제3야 선군 및 노스캐롤라이나 포트 브랙Fort Bragg에 있는 18공수군단 등 미국 전역에 배치돼 있는 20만 명의 병력을 총괄한다. 이 중 포트 후드 기지는 미 육군제1기병사단과 보병4사단 본부로서, 5만 2000여 명의 현역병이 수용돼 있는 미 육군의 최대 기지 중 하나다. 2009년 11월 군의관에 의한 총기 난사 사건이 발생한 곳으로도 유명하다. 캘리포니아 주 포트 어윈Fort Irwin의 국립군사훈련소와 루이지애나 주 포트 폴크Fort Polk의 합동훈련소 등 열다섯 개 지역에 FORSCOM의 각종 산하 부대가 산재돼 있다.

FORSCOM은 현재 육군 병력을 전장 배치가 용이하고, 기동력이 우수하며, 살상 능력을 최대한 높이는 방향으로 전환 중이다. 이를 위해 사단 중심 편제에서 여단 중심 편제로 전환하고 있다.

2009년 당시 사령관이던 찰스 캠벨Charles C. Campell 사령관은 3년 5개월여간 미8군사령관 겸 주한미군사령부 참모장으로 근무했던 경험이 있는 친한파 장성. 또 부사령관인 조지프 피터슨Joseph Peterson 중장도 주한미군 2사단장을 지낸 경력이 있다. 포트 맥퍼슨은 그러나 2011년 9월 국방부의 '기지 재배치 및 폐쇄BRAC 프로그램'에 따라 폐쇄됐고, 육군전력사령부는 노스캐롤라이나 주 포트 브랙으로 이전했다.

미 육군보병학교와 한국전 기념관

조지아 주 남서부 콜럼버스Columbus 시에는 미 육군 보병의 요람인 '포트 베닝Fort Benning'이 자리하고 있다. 2차 세계대전과 한국전, 베트남전, 이라크·아프가니스탄 전쟁에서 맹활약한 정예 육군 보병을 길러낸 산실이다. 콜린 파월 전 국무 장관 등 내로라하는 역대 미 육군 장성은 물론 주한 미군 등 전 세계 곳곳에서 복무 중인 미군 병사가 이곳을 거쳐 갔다. 1차 세계대전부터 이라크·아프가니스탄 전쟁에 이르기까지 육군 신병을 훈련시켜 용맹한 보병 병사로 키워낸 요람으로 한국의 논산훈련소에 해당한다. 원래 콜럼버스 시는 남북전쟁 당시 남부연합군에 군수물자를 공급한 대표적인 도시로, 1918년 육군 기갑학교와 공수부대 훈련장 등 다양한 훈련 시설이 들어섰다.[57]

포트 베닝은 한국전 및 한국군의 발전과도 밀접한 인연이 있는 곳이다. 미 보병학교는 한국전쟁 당시 한국군에게 전투 현장에서 소부대를 지휘할 초급간부 양성이 시급하다고 인식한 제임스 밴 플리트James Van Fleet 미8군 사령관의 건의로 한국군 장교들이 이곳에서 집중적으로 연수를 받았다. 1951년부터 1956년까지 약 1500명의 한국군 장교가 교육을 받았다. 이를 통해 한국군 장교들은 한국전을 승리로 이끄는 주역이 됐고, 전후에도 50여 년간 매년 이 학교의 초등군사반, 고등군사반 연수를 받아 군의 현대화에 기여했다. 현재도 육군의 영관급 장교가 연락장교로 파견돼 있고, 비록 소수이지만 한국군 장교의 연수도 계속되고 있다.

포트 베닝에는 2009년 6월 83만제곱미터의 부지에 국립보병박물관이 건립됐다. 개관식에는 미국 건국 당시 재무 장관을 지낸 알렉산더 해밀턴을 비롯해 시어도어 루스벨트 전 대통령 그리고 1차 세계대전 당시 영웅으로 불렸던 앨빈 요크 상사 등 보병 출신 유명 인사의 직계 후손이 퍼레이드에 참가했다.

파월 전 국무 장관도 개관식에 참석해 기조연설을 통해 미국 건국기에서부터 이라크 전쟁에 이르기까지 2세기가 넘도록 조국 수호를 위해 헌신한 보병 장병의 노고에 경의를 표시했다.

기지 내 보병 박물관에는 보병의 생활상을 알려주는 '포트 베닝 갤러리'가 설치돼 아이오와 출신 농부나 텍사스 출신 야구 선수 등 다양한 젊은이가 훈련을 통해 정예 보병이 되는 과정을 비디오와 사진으로 보여준다.

▌미 보병학교 내 한국전 전시관

▌포트베닝 연병장의 한국전 기념 홈

이 보병 박물관에는 특히 한국전 참전 미군 장병의 희생을 기리는 한국전 전시관 등 열네 개 전시관이 있다. 200만 달러의 예산으로 건립된 한국전 전시관에는 주요 전투 코너와 대형 한반도 지도, 산악전의 실상을 보여주는 모형 벙커가 전시돼 있다. 한국 육군이 기증한 전통 무기인 국궁國弓도 전시 중이다. 한국전 전시관 건립에는 우리 정부가 50만 달러 그리고 삼성그룹이 100만 달러의 후원금을 냈다. 또 미 보병학교 출신 한국군 예비역 및 현역 장교 336명이 후원금 6만 6000달러를 모금해 전달했다. 개관식 때는 참전 용사 각국 대표가 고국에서 가져온 흙을 연병장에 묻는 행사도 열렸는데 한국 측에서는 백선엽 예비역 대장이 참가했다.

포트 베닝과 군사학교 폐교 요구 시위

미 육군 보병 장병의 요람인 포트 베닝에는 매년 특이한 방문객이 찾아온다. 매년 11월 중순 주말 기지 정문 앞에서는 시민 단체와 인권 단체가 기지 내의 '스쿨 오브 아메리카 School of America, SOA'로 알려진 미군군사학교의 폐교를 요구하며 시위를 벌인다. SOA는 2차 세계대전 후 미군이 중남미와 카리브 해 지역 군대를 훈련시키기 위해 파나마에 설립한 '카리브훈련센터'의 후신으로 케네디 행정부 시절 SOA로 개명됐다. 미국 해외 군사훈련 프로그램IMET의 일환인 SOA는 1984년 파나마에서 포트 베닝으로 자리를 옮겨 현재에 이르고 있다.

이 학교가 논란이 된 것은 냉전 시대에 미 정부가 남미 각국의 엘리트 장교를 데려다 일반 군사훈련과 함께 고문 기술, 폭동 진압술 등을 가르친 것으로 알려졌기 때문이다. 중남미 군인과 경찰 6만여 명이 이 학교를 졸업했다. 이 중에는 파나마의 마누엘 노리에가, 아르헨티나의 로베르토 비올라, 페루의 후안 발라스코 알바라도 등 중남미의 유명한 군사독재자들이 포함돼 있다. 1989년 엘살바도르에서 SOA 출신의 군 간부가 지휘하는 특수부대에 의해 오스카 로메로 대주교 등 예수회 성직자가 살해되는 사건을 계기로 SOA의 폐교를 요구하는 시위는 본격화했다. 1990년 메리놀회 사제인 로이 부르주아Roy Bourgeois 신부가 기지 정문 앞에서 엘살바도르 학살 피해자를 추모하는 단식 농성을 시작했다. 이후 SOA 폐교를 위한 민간단체인 '에스오에이 워치SOA Watch'가 조직돼 매년 시위를 주도하고 있다.[58] 시위가 최고조에 달했던 2000년대 초반에는 1만 7000여 명의 시위대가 몰리기도 했다. 매년 세계 각지에서 인권 단체와 반전 시위대가 몰려와 시위하면서 콜럼버스 시민은 이들에 대한 숙박과 식사 제공 등으로 매년 220만 달러 규모의 뜻하지 않은 경제적 효과까지 얻고 있다.

▎미군군사학교 폐교 요구 시위

미군 당국은 2001년 SOA 이름을 '서반구 안보협력연구소WHISC'로 바꾸고, 교육 프로그램에 인권 프로그램을 새로 마련하는 등 개혁 조치를 취했다. 특히 시위 기간에 교내 투어를 마련해 군사교육과 함께 인권과 민주주의도 교육하는 점을 적극 홍보하고 있다. 이런 덕분인지 2010년 11월 20일 열린 제20주년에는 시위대가 5000명이 채 안 될 정도로 줄었다. 라틴아메리카 정치 문제가 미국 젊은이 사이에 큰 관심을 끌지 못하는 탓인지 시위 열기도 갈수록 식어가고 있다. 하지만 2012년 11월 중순에도 수백 명이 참가한 시위는 계속됐다.

전직 주한 미군 장성

남부에는 주한 미군으로 근무했던 예비역 장병들이 한국 관련 활동에 나서며 한국에 대한 지속적인 애정을 과시하고 있다. 포트 맥퍼슨Fort McPherson에 위치한 미국 육군전력사령부FORSCOM 사령관을 지낸 찰스 캠벨Charles C. Campbell 예비역 대장이 대표적인 케이스. 캠벨 전 사령관은 주한미군사령부 참모장 겸 미8군사령관 재직시 '김한수金韓守'라는 한국 이름까지 가졌던 친한파 장성.

지난 2006년 2월부터 2년여간 주한 미군 사령관을 역임한 버웰 벨Burwell Bell 예비역 대장은 퇴역 후 고향인 테네시 주 채터누가에 살고 있다. 특히 손녀는 한국 입양아인 진희 양이다. 그는 "주한 미군 사령관으로 근무하면서 얻은 가장 큰 보람은 한반도 평화를 지켜낸 것이지만 평화통일을 보지 못한 게 가장 아쉽다"면서 "진희의 손을 잡고 무너진 휴전선DMZ을 걸어서 넘어가는 게 꿈"이라고 말할 정도다. 그는 퇴역 후 부인 케이티 여사가 희귀한 폐병에 걸려 입원하자 병원 근처에 아파트를 얻어 4개월 동안 지극 정성으로 간호했다.

미군 장갑차에 의한 '여중생 사망 사건' 당시 미 2사단장을 역임했던 러셀 아너레이 Russel L. Honore' 예비역 중장도 남부에서 열심히 활동하고 있다. 아너레이 장군은 2002년 한국 근무를 마친뒤 2005년에는 허리케인 카트리나 재난 당시 여섯 주 동안 '카트리나 구조·복구를 위한 합동 태스크포스JTF-Katrina' 사령관을 지냈다. 퇴역 후에는 CNN에서 재난 전문가로 자문 활동을 하고 있다.

아너레이 예비역 장군은 2009년 출간한 《생존Surivival》이란 저서에서 여중생 사망 사건에 대한 솔직한 심정을 털어놨다. 그는 "사건 발생 후 사단의 입장 발표를 관행대로 공보 담당 소령에게 맡겼고, 이 장교는 사죄하는 태도가 아니라 해명하는 자세를 보였는데 이는 사고 발생 시 깊이 사죄하는 자세를 보여야 하는 한국 문화에 비춰볼 때 큰 역풍을 초래하는 실수였다"고 시인했다. 이어 "결국 한국인에게 잘못된 메시지를 주게 됐고, 전국적인 시위로 이어졌다"면서 "그때서야 내 실수를 깨달았지만 때는 이미 너무 늦었다"고 자책했다. 아너레이 장군은 당시 실수를 교훈으로 삼아 2005년 카트리나 구조 작업을 지휘할 당시에는 참모들이 써준 '말씀 자료' 대신 직접 보고 파악한 바를 토대로 이재민에게 솔직하게 얘기해 호응을 받았다면서 "2002년 한국 사태나 2005년 루이지애나 사태에서 사람들이 원하는 것은 리더의 한마디"라고 강조했다.

아너레이 장군은 그러나 "미군은 50여년간 한국에 주둔해왔지만 문화적 교류가 거의 없어 미국인이 소외되는 그러한 문화였다"며 문화적 교류의 부족을 문제점으로 지적한 뒤 "한국에 대해 많은 노력을 했음에도 불구, 당시 우리를 돕기위해 나선 사람을 한 명도 기억할 수 없다"며 서운함도 표시했다.

1984년부터 3년간 주한 미군 사령관을 지낸 윌리엄 리브시William J. Livsey 예비역 대장은 조지아 주 페이엣빌Fayteville에서 여생을 보내고 있다. 현재 주한 미군 사령관으로 재직 중인 제임스 D. 서먼James D.Thurman 대장도 애틀랜타에 있는 육군전력사령관을 지낸 대표적인 남부 출신 장성. 오클라호마 주 출신으로 1975년 소위로 임관한 서먼 사령관은 합참부의장과 제4보병사단장, 독일 주둔 미 육군 5군단장을 지낸 야전통으로 유명하다. 서먼 사령관의 조부는 특히 2차 세계대전에 참전했고 아버지와 삼촌이 한국전쟁과 베트남전에 참전하는 등 미국 내 유명한 군인 집안 출신으로, 현재 두 딸도 캔자스와 텍사스에서 장교로 근무 중이다.

이라크·아프간전의 사령탑

양대 전쟁 최고 사령탑, 미 중부사령부

이라크전과 아프가니스탄 전쟁을 총괄 지휘해온 미국 중부사령부약칭 중부사는 플로리다 주 탬파Tampa에 위치해 있다.

미국이 전 세계를 대상으로 군사력을 운용하기 위해 설치한 여섯 개 지역 책임 군사령부 중 하나인 중부사는 예하에 육해공군과 특수부대까지 보유하고 있어 독자적인 전쟁 수행이 가능하다. 중부사는 특히 석유 매장량이 풍부하고 분쟁이 빈발하는 중동이스라엘 제외과 천연가스가 풍부한 중앙아시아 및 남아시아의 20개국을 작전 임무 지역으로 하고 있고, 수에즈 운하 등 전략적 요충지도 많다.

중부사는 2011년 9.11 테러 이후 시작된 아프간전과 이라크전을 진두지휘하며 성가를 올려왔다. 양대 전쟁의 총괄 지휘라는 핵심 임무 외에 최근 기승을 부리는 소말리아 해적 문제 그리고 중동의 '재스민 혁명'과 리비아 내전 등 북아프리카에 불안정한 돌발 사태가 이어짐에 따라 그 기능이 확대되고 있다.

▎탬파의 중부사령부

2011년 4월 2일 주말 낮 플로리다 서부 해안 도시인 탬파에서 남쪽으로 6킬로미터 남짓 떨어진 맥딜MacDill 공군기지를 방문했다. 기지 내 중앙에 위치한 중부사 본부는 빨간색 기와지붕의 현대식 건물이다. 주변의 야자수와 아름다운 탬파 만 해변 풍경까지 어우러져 본부 옆에 전시된 군 수송기가 없다면 군 기지라는 느낌을 거의 찾아볼 수 없을 정도였다.

매일 5000여 명의 장병과 군무원이 분주하게 임무를 수행한다. 이라크전과 아프간전을 지휘하는 사령부답게 이곳에 근무하는 장병은 모두 전투복 차림으로 근무하며, 전투 현장에서 미군 전사자가 발생할 때는 조기가 게양된다. 특히 중부사 본부 내에 있는 연합 상황실은 책임 구역인 중동과 중앙아시아에서 발생하는 모든 정치·군사적 상황을 실시간으로 보고를 받는다. 카타르에 설치된 전방 지휘소와 이라크·아프간 주둔 미군사령부에서 전개 중인 주요 작전도 스물네 시간 모니터링하고 있다.

중부사에 파견 나와 있는 한국군 김형석 육군 중령은 "중동과 중앙아시아 등 책임 구역 내에서 전개되는 미군 및 동맹국군의 주요 군사작전과 미군 작전에 영향을 미칠 핵심 정보는 모두 실시간으로 체크되고 모니터링된다"고 말했다.

중부사 본부가 위치한 맥딜 공군 기지 내에는 공수부대 등 특수부대의 작전을 총괄하는 통합특수전사령부USSOCOM도 있다. 한마디로 미국이 전 세계 군사력 운용 차원에서 설치한 여섯 개 지역 책임 군사령부 중 하나와 네 개 기능 사령부 중 하나가 맥딜 기지 내에 위치하고 있는 것이다. 통합특수전사령부는 특히 미군 내 공수부대 등 특수부대를 총괄 지휘하는 사령부로, 육해공군 및 해병대 특수부대 6만 6000여 명을 거느리고 있다. 이전까지는 육해공군 및 해병대가 각기 특수부대를 운영해왔으나 1979년 이란 주재 미국 대사관 인질 구출 작전과 1982년 그레나다Grenada 침공 작전에서 공조 체제가 이뤄지지 않는 문제점을 보임에 따라 지난 1987년 통합 사령부 체제로 일원화됐다. 또 마이애미에는 중남미를 담당하는 남부군사령부가 자리하고 있다. 한마디로 관광과 휴양지로 유명한 플로리다지만 미군의 열 개 지역 및 기능 사령부 중 세 개 사령부가 위치해 있을 정도로 군사적 비중도 크다.

중부사는 '현대전은 정보전'이란 말을 입증하듯 정보 수집과 분석에도 심혈을 기울이고 있다. 사령부 본부 근처에는 정보 센터가 독립 건물 한 동을 독점 사용하며 아프간·파키스탄 센터 등 관할 핵심 지역을 분석하는 센터를 대거 가동하고 있다. 필요할 경우 민간 지역 전문가나 예비역 장성도 초빙해 공동 분석을 하는 등 정보 수집과 분석 기능을 대폭 강화했다.

리비아는 아프리카사령부USAFRICOM 관할이다. 이에 따라 2011년 8월 리비아 카다피 정권 붕괴 때 이에 대한 작전 계획은 아프리카사령부가 주도적으로 수립했다. 하지만 가동할 실질적인 전력이 부족하고, 전쟁 수행 경험이 없어 중부사가 예하의 미 해군 5함대를 파견하는 등 핵심적 역할을 수행했다. 중부사는 또 아프리카 동부 해안에서 소말리아 해적의 발호가 계속됨에 따라 해적 소탕 작전도 대폭 강화하고 있다. 2011년 1월 우리 청해부대가 해적에 납치됐던 삼호주얼리호 선원을 구출하는 작전 과정에서 해적들에 관한 정보와 수송 헬기 등을 지원했던 곳도 중부사다. 당시 제임스 매티스 중부사령관의 직접 지시에 따라 미 5함대가 정보 지원은 물론 구축함을 통한 의료 헬기를 지원해 석해균 선장의 생명을 구하는 데 일조했다.

중부사의 관할구역은 다른 지역 책임 사령부에 비해 작지만 작전구역 내에 중동 등 민감한 지역이 많다. 1991년 '사막의 폭풍 작전'으로 쿠웨이트 해방 전쟁을 수행하고, 이라크·아프간전 등 전쟁을 주도한 경험이 풍부해 미군 내 최대 사령부인 태평양사령부USPACOM의 위상을 능가할 정도로 중요성이 커지고 있다. 대테러 전쟁 전까지 미군 장교의 희망 근무지 1순위는 태평양사령부와 유럽사령부였지만 2010년 이후에는 중부사가 단연 1위로 떠올랐을 정도다. 맥딜 기지와 중부사는 그러나 2012년말 데이비드 퍼트레이어스 전 중앙정보국CIA 국장의 스캔들이 터지면서 구설에 올랐다. '전쟁 영웅' 출신의 퍼트레이어스 전 국장이 불륜 스캔들의 대상인 전기 작가를 만난 게 중부사령관 시절이었다. 또 존 앨런 아프가니스탄 주둔 사령관이 부적절한 처신을 한 여성과 만나게 된 곳도 맥딜 기지였기 때문이다.

중부사의 한국군 협조단

이라크·아프간전을 총괄 지휘하는 중부사에는 다른 사령부들과는 달리 주요 서방 동맹국의 장교들이 협조단으로 나와 사령부의 주요 작전과 관련된 공조·협력 체제를 강화하고 있다. 협조단은 이라크·아프간전이 한창일 때는 65개국 260여 명의 장교가 나와 활동했으나 현재는 57개국 200여 명 규모로 줄었다. 한국군은 아프간전 개전 초기인 2001년부터 준장급을 단장으로 다섯 명의 장교가 파견돼오다 2008년 이라크 자이툰사단이 철수하면서 단장을 대령급으로 낮춰 현재는 대령급 단장과 중령 한 명 등 두 명이 파견돼 있다. 또 협조단 외에 중부사가 서방 30개국 서른두 명의 장교로 구성한 연합기획참모단에도 한국군 장교가 파견돼 활동하고 있다. 중부사에 파병된 세 명의 한국군 장교는 모두 미국과 독일 등에서 연수를 하고, 아프가니스탄 등에 파견돼 활동한 경험이 있는 군사·외교 전문가다.

중부사 참모장은 매주 목요일 동맹군 협조단장과 회의를 갖고 이라크·아프간 등 책임지역 내 작전 활동과 관련한 정보를 공유하고, 의견을 교환한다. 또 매주 화요일에는 아프가니스탄 작전회의 그리고 수요일에는 대해적 작전 회의가 열린다. 이라크전이 한창일 때는 이에 관한 브리핑도 있었지만 2010년 9월부터 중단됐다. 대신 최근에는 소말리아 해적 활동이 증가하면서 이에 대한 공조가 주요 이슈가 되고 있다.

2011년 4월 중부사를 방문 취재하는 도중 한국군 협조단을 방문했다. 당시 한국군 협조 단장인 서영술 대령은 인터뷰에서 "이라크·아프가니스탄 전쟁뿐만 아니라 해적 소탕 작전에서도 한미 간 군사 공조는 완벽하게 이뤄지고 있다"고 강조했다. 그러면서 청해부대의 삼호주얼리호 선원 구출 과정에서 보여준 미군의 협조를 대표적인 사례로 들었다.

서대령은 이어 삼호주얼리호 구출 과정에서 중부사의 지원과 관련, 다음과 같이 설명했다. "당시 한국군의 구출 작전을 전후해 미 해군 P3C초계기가 촬영한 해적의 동태에 관한 관련 영상 정보와 인공위성 통신 장비가 지원됐다. 특히 매티스 중부사령관은 비상 상황에 대비해 의료용 헬기가 필요하다는 협조단의 요청을 받고 인도양에 있던 미 해군 5함대 사령관에게 헬기를 탑재한 구축함 쇼우프Shoup호를 한국군 작전지역 근처로 이동하도록 긴급 지시했다. 이 구축함은 당시 한국군 작전구역으로부터 200마일 밖에 있다가 긴급 이동해 작전 당시에는 150마일 해역까지 접근했다. 이에 따라 이 구축함 헬기를 이용해 총상을 입은 석해균 선장을 신속하게 오만으로 후송해 생명을 구할 수 있게 됐다."

서대령은 협조단의 임무에 대해 미 중부사와 한국 합참 간의 연락 업무를 담당하며 이라크·아프간전 등 주요 작전에 대한 정보 교환과 공조 유지가 핵심 임무라고 설명했다.

연합기획참모단에 파견된 김형석 중령은 "중부사는 이라크·아프간전 등 양대 전쟁을 치르면서 태평양사령부를 능가할 정도로 위상이 높아지고 있다"고 설명했다. 그는 이어 "특히 전쟁 수행 능력 측면에서는 어느 미군 사령부보다 월등한 경험과 노하우를 갖고 있다. 작전구역이 석유와 천연가스가 많이 생산되는 전략 요충지인 중동과 중앙아시아여서 앞으로도 미군의 핵심적 사령부 역할을 할 것으로 본다"고 말했다.

서 대령은 이어 "중부사에 파견된 프랑스군은 협조단 장교가 외교관 지위까지 부여받고 파견돼 다양한 활동을 하며, 다른 나라도 협조단을 강화하며 정보 공유 및 노하우 습득에 열심"이라며 "우리도 중부사가 갖고 있는 전쟁 수행 노하우와 세계의 화약고인 중동과 중앙아시아 사태에 대처하는 경험을 계속 전수받을 필요가 있다"고 강조했다.

협조단은 매년 10월 국군의 날 전후로 각국 협조단을 초청해 한국을 소개하는 한국의 날 행사를 열고, 연말 '인터내셔널 나이트' 행사 때도 한국 음식을 제공하고, 역사와 문화를 소개한다. 함참에 따르면 2013년 1월 현재 중부사에는 서른네 개국 마흔세 명의 장교가 파견돼 있고, 한국군은 영관급 장교 세 명이 나가 있다.

대테러전 첨병 기지, 포트 브랙

남부 군사기지 가운데 이라크·아프가니스탄 전쟁에서 핵심 기능을 수행하는 곳으로 포트 브랙Fort Bragg을 빼놓을 수 없다.[59] 남북전쟁 당시 활약했던 브랙스톤 브랙Braxton Bragg 장군의 이름을 딴 이 기지는 노스캐롤라이나 주 페이트빌Fayetteville 시 외곽에 위치해 있다. 네 개 카운티에 걸쳐 있는 251제곱마일의 넓이의 초대형 기지다. 미 육군전력사령부와 미 예비군사령부 및 육군공수특전사령부 본부가 이곳에 있다. 특히 전 세계 어디든 단시간에 급파돼 전투할 수 있는 최정예 제18공수군단과 유사시 전 세계 어디라도 스물네 시간 이내 급파할 수 있는 비상 체제를 갖춘 제82공수사단 본부가 이곳에 있다. 포트 브랙은 1918년 포병 훈련장으로 설치된 이래 팽창을 거듭해 현재에 이르고 있고, 특히 이라크·아프가니스탄전을 치르는 과정에서 핵심 기지로 부상했다. 2001년 9.11 사태 이후 명실상부한 대테러전의 사령탑으로 떠오른 미 국방부 합동특수전사령부Joint Special Operations Command, JSOC도 기지 내 포프Pope 공군기지에 위치해 있다. JSOC는 특전사의 핵심 부대로서 테러 용의자 추적과 사살을 기본 임무로 하는 부대를 총괄하는 사령부. 파키스탄 안가에 있던 알카에다 최고 지도자 오사마 빈 라덴의 사살 그리고 테러리스트인 안와르 알 올라키를 무인 공격기를 동원해 살해하는 데 핵심적 역할을 했다. 2012년 4월 미 국방정보국DIA 신임 국장에 지명된 마이클 플린Michael T. Flynn 중장도 이곳 출신이며, 아프간 주둔 미군 사령관으로 재직하다 오바마 대통령에 대한 불충 발언으로 퇴역한 맥 크리스털Stanley Mac Crystal 사령관도 JSOC사령관을 지냈다. 2011년 5월 오사마 빈 라덴을 사살한 1등 공신인 윌리엄 맥레이븐Willaim H. McRaven 사령관이 그 공로를 인정받아 통합특수전사령관으로 영전했다. 포트 브랙은 그러나 1994년 3월 포프 공군 기지 상공에서 미 공군 전투기와 훈련 비행 중이던 C130 수송기의 충돌 사고로 수십 명의 사상자를 내는 아픔을 겪기도 했다.

천국과 지옥이 교차하는
관타나모 수용소

쿠바 땅에 위치한 관타나모 해군기지

미군이 알 카에다 조직원 등 테러 용의자와 이라크·아프가니스탄전 과정에서 체포한 적 전투 요원을 수감 중인 관타나모 수용소 Guantanamo Detention Camp는 쿠바 남동쪽 관타나모 만의 미 해군기지에 있다. 120제곱킬로미터의 관타나모 기지는 미국 정부가 100여 년 전부터 쿠바로부터 영구 임차해 사용 중인 곳으로, 미 해군의 해외 기지 중 가장 오래됐고, 미국과 외교 관계가 없는 외국 땅에 유지되는 유일한 기지. 미국이 적성국인 쿠바 땅에 해군기지를 건립한 사연은 1898년 스페인과의 전쟁까지 거슬러 올라간다. 당시 미군은 해병대를 관타나모에 투입해 승리한 뒤 쿠바에 대한 통제권을 확보했다. 특히 대서양을 횡단하는 선박에 대한 석탄 연료 공급과 허리케인 대피 항으로서 관타나모 만의 전략적 중요성을 인식하고 이곳에 기지를 건설했다. 미 정부는 1903년 2월 23일 쿠바 초대 대통령인 토머스 에스트라다 팔마와 연간 사용료로 2000달러의 미 금화를 내는 조건으로 관타나모에 대한 영구 임대 협정을 맺었다. 1934년에는 사용료를 연간 4000달러로 인상하되, 양국이 모두 동의해야만 협정을 파기할 수 있게 하는 '불평등' 조항을 삽입해 영구적인 지배의 길을 열어놨다. 1959년 공산혁명으로 집권한 피델 카스트로 정권은 미국에 기지의 반환을 요구했으나 미 정부는 1934년 협정 조항을 거론하며 쿠바 요청을 일축했다.

적국인 쿠바 땅에 있고, 테러 용의자를 수용하는 구금 시설까지 있어 기지 방문은 군인 가족 등 특정인에 한해 허용된다. 더욱이 외국 특파원은 수용소를 관할하는 미 육해공군 및 해병대 합동 태스크포스JTF-GTMO의[60] 취재 허가를 받는 데 한 달이 걸릴 정도로 방문 절차가 까다로웠다. 수감자나 경비병의 얼굴이 나오는 사진은 촬영할 수 없고 민감한 사진 등에 대해서는 사전 검열을 받아야 한다는 내용의 열세 쪽짜리 '미디어 기본 준칙'에 서명을 하고서야 방문이 허가됐다. 2011년 4월 25일부터 28일까지 3박 4일간 방문이 이뤄졌다. 플로리다 주 포트 로더데일Fort Lauderdale에서 관타나모까지 유일하게 운항하는 선샤인 항공의 30인승 소형 항공기는 세 시간여의 비행 끝에 관타나모 리워드 포인트 공항에 안착했다. 공보 담당인 매튜 페리 병장의 안내로 들어선 관타나모 시내는 평화롭기 그지없었다. 현역군인과 가족, 군납업자 등 약 6000여 명의 주민이 거주하는 시내에는 필리핀 등 제3국 근로자가 집단으로 거주하는 5층 규모의 아파트가 가장 큰 건물이었다. 미군 장병과 가족을 위한 대형 옥외 체육 시설과 쿠바 땅 내에 있는 유일한 맥도널드 상점이 빨간색 바탕에 노란 대문자 'M'을 선명하게 보이며 방문객을 맞고 있었다. 산꼭대기에는 전기를 공급하는 네 개의 풍력발전 터빈용 바람개비가 바다를 보며 돌고 있었다. 산길에서는 대형 도마뱀인 이구아나도 자주 눈에 띄었는데 쿠바 쪽에서 관타나모로 많이 넘어온다는 게 페리 병장의 설명. 그 이유는 "이구아나가 쿠바에서는 식용이지만 관타나모에서는 멸종동물보호법으로 보호를 받아 이를 해칠 경우 1000달러의 벌금을 물어야 하기 때문"이라고 한다.

해변은 카리브 해의 전형적인 쪽빛 바닷물을 자랑하는 청정 해안이어서 장병들은 주말에 스노컬링과 수영 등을 맘껏 즐길 수 있다. 해변에는 크리스토퍼 콜럼버스가 1494년 4월 30일 2차 탐험 때 이곳에 하룻밤을 머문 사실을 기리는 기념탑 등 40여 점의 역사적 기념물도 있다. 하지만 관타나모는 반대편 해변에 테러 용의자가 수감돼 있는, 우리 시대 마지막 '수용소 군도'가 위치해 있는 천국과 지옥이 교차하는 상징적 땅이기도 하다.

테러범 수용소와 《해리포터》

관타나모 테러 용의자 수용소는 기지 남동쪽 해변에 자리 잡고 있다. 2002년 1월 아프가니스탄 전쟁에서 체포된 알 카에다 요원 20명이 처음으로 이곳에 도착하면서 테러범 수용소로서의 역사가 시작됐다. 첫 포로들이 수감됐던 북동쪽의 캠프 X-레이는 1년 뒤 폐쇄돼 잡초만 무성했다. 현재 핵심 수용소로 활용되는 캠프 델타는 2002년 4월 남동쪽 해변에 완공됐다. '캠프 델타'로 이어지는 1차선 도로 1킬로미터 전방에는 무장 경비병들이 수용소로 향하는 차량을 철저하게 검문했다. 수용소 담벼락에는 '자유 수호를 위한 명예 구역Honor bound to defend freedom'이란 문구가 쓰여 있다. 캠프 델타에는 취재 당시 모두 170명의 수감자가 수용돼 있었지만 그동안

▎관타나모 수용소 정문 입구

▎관타나모 해군기지 표지판

▎캠프 5 수용소 정문

거쳐 간 수감자는 700여 명에 달했다. 수용소는 7, 8중의 철조망과 높은 담 그리고 푸른색 천으로 가려져 있어 내부를 들여다볼 수 없게 돼 있다. 곳곳에는 높은 망루 위에 경비초소가 설치돼 있다. 캠프 델타 중에서 캠프4는 수용소 규칙을 잘 따르는 수감자가 열 명씩 공동생활을 하는 곳으로, 흰색 옷을 입고 있다. 이곳 수감자는 수용소 바로 옆에 딸린 야외 운동 시설에서 탁구, 배구, 축구 등을 할 수 있다. 또한 그들에게는 수용소 측이 제공하는 영어 학습 클래스 등 다양한 강좌를 수강할 수 있는 등 많은 자유가 주어진다.

하지만 캠프4와 바로 길 하나를 두고 마주 보고 있는 캠프5, 6은 최첨단 수감 시설이며, 특히 캠프5는 수용소 지시에 잘 따르지 않는, '매우 위험한' 테러 용의자들을 독방에서 특별 관리하는 시설이다. 5, 6중의 철조망으로 둘러싸인 출입문 서너 개를 지나 들어선 캠프5 중앙에는 수감자들을 스물네 시간 감시할 수 있는 모니터실이 있고, 이를 중심으로 부채꼴 모양으로 독방 수감 시설이 연결돼 있었다. 가로·세로 2미터 크기의 독방에는 작은 침상과 담요, 의류와 신발 등이 마련돼 있었고, 입구에는 수세식 변기와 작은 세면대도 보였다. 캠프5에서 캠프6으로 이동하는 과정에서 철망 속에 마련된 옥외 운동 시설에 있던 두 명의 수감자가 목격됐지만 그들은 무표정한 얼굴로 밖을 내다보고 있었다. 캠프6 내 일부 수감자는 TV를 시청하거나 헤드폰을 끼고 음악을 듣고 있었다. 수감자들은 오바마 대통령이 수용소 폐쇄 방침을 밝힌 2009년 1월 40여 명이 단식 농성을 벌이며 수용소의 폐쇄를 촉구하기도 했다. 일부 수감자들은 경비병에게 오줌을 뿌리거나, 욕설을 하는 등 공격적인 행위를 하는 사례도 있다.

2011년 4월 말 미국 언론에서는 과거 수용소에서의 인권 침해 논란과 수용소 측의 수감자 자체 평가의 오류 등에 관한 보도가 잇따르고 있었다. 하지만 수용소 측은 인권 침해 논란은 과거의 이야기라고 일축했다. 수용소 측은 과거 부시 행정부 시절 제기됐던 각종 인권 침해 논란을 종식하고, 수용소 이미지 쇄신을 위해 다양한 프로그램을 도입해 추진해왔다. 우선 급식은 미군에게 제공되는 수준과 같은 다양한 음식이 제공되고 있다. 특히 채식주의자 등 수감자의 특성을 고려한 급식이 이뤄지며, 무슬림 수감자가 많은 점을 고려해 양고기 음식도 제공하고, 라마단 때는 식사 시간을 조절해 새벽과 밤에 음식을 제공한다. 수감자들에게는 또 수용소 내 최신 설비를 갖춘 병원에서 미군과 같은 치료와 진료 서비스가 제공된다. 백내장 수술을 하거나 의족, 의수를 받으며 생명을 구한 경우도 많다는 게 한 군의관의 설명이다. 기지 병원에서 만난 미군 군의관은 서울의 용산 미군 기지에서 근무했고, 1997년 대한항공기 괌 추락 사고 때는 괌 해군기지 병원에서 한국인 환자를 치료하기도 했다고 한다. 그는 "캠프 델타 내 병원은 입원 병상이 스무 개에 100여 명의 전문 의료팀이 항시 대기 중인 초특급 시설로, 미국에서도 이 같은 일류 시설에서 치료를 받기가 쉽지 않다"고 전했다.

  수용소 측은 2005년 수용소 내에서 이슬람 경전인 코란 파손 논란이 제기된 이후 요르단 출신의 이슬람 전문가인 자키 씨를 문화 담당 자문관으로 임명했다. 자키 씨는 "하루 다섯 차례 메카를 향해 기도하는 시간을 보장하고, 40여 개국 언어로 된 코란이 제공되는 등 철저하게 이슬람 문화와 전통을 존중하는 방향으로 수용소를 운영 중"이라며 "경비병과 직원도 이슬람 문화를 존중하도록 교육을 시키고 있다"고 전했다.

수감자들은 또 영어·컴퓨터 배우기·그림 그리기 클래스 등 다양한 문화 예술 프로그램에도 자유스럽게 참여할 수 있다. 현재 50여 명의 수감자가 이 프로그램에 참여하고 있다. 수용소 내에는 1만 8000여 권의 도서와 잡지, DVD가 구비된 도서관도 있다. 도서관 근무자인 로사리오 씨는 "아랍어로 된 《해리포터》가 수감자 사이에서 인기를 끌고 있어 추가 주문을 해놓고 있다"면서 "아랍어 신문과 잡지는 이집트에서 수입해 비치한다"고 전했다.

캠프6에 수감돼 있는 수감자들은 대표를 뽑아 수용소 측과 정기적으로 만나 건의 사항을 전달한다. 국제적십자위원회ICRC 관계자가 3개월마다 방문해 수감자들을 면담할 수 있는 여건도 보장한다.

수용소 책임자로 두 차례 주한 미군 근무 경험을 가진 더니 토머스 육군 대령은 그동안 수용소에서 숨진 사람은 자살자가 다섯 명, 심장마비 등으로 자연사한 수감자가 두 명이며, 또한 모두 여섯 명이 유죄판결을 받았다고 설명했다. 수용소 측은 과거 일부 인권 유린 의혹이 있었지만 일부는 수감자들이 정치적 동기에서 과장한 측면도 있다고 전제했다. JTF-GTMO의 사령관인 제프리 하버슨 해군 소장은 "일부에서 제기되는 각종 의혹에 대해서는 철저하게 조사를 해왔고, 부임 이후 아무런 인권 침해 행위도 발생하지 않았다"고 강조했다.

관타나모 수용소에서는 2012년 7월 오사마 빈 라덴의 요리사 겸 경호원으로 일했던 이브라힘 아흐메드 마흐무드 알 코시가 석방돼 수단으로 이송됨에 따라 168명의 수감자가 남은 상태라고 외신은 전했다. 하지만

2008년 대선 당시 수용소를 폐쇄하겠다는 오바마 대통령의 공약은 재선에 성공한 2012년말까지도 이행되지 않고 있다.

미국과 쿠바 간 '남북 대화'

관타나모는 미국과 쿠바가 국경을 접하며 대치하는 곳답게 야산 곳곳에 미군 경비 감시탑이 설치돼 있고, 중요 시설은 이중 삼중의 철조망이 처져 있다. 또 해안으로의 적 침투에 대비해 미 해안경비대 경비정이 매일 정기적으로 해상을 돌며 경계를 하고 있다. 산 곳곳에는 미사일 기지로 보이는 시설 등 각종 군사시설도 엿볼 수 있었다

관타나모에 가장 큰 긴장이 조성된 것은 1962년 10월 22일부터 11월 2일까지의 쿠바 미사일 위기 때. 미 육해공군 및 해병대 합동 태스크포스 JTF-GTMO의 공보 관계자는 "쿠바 미사일 위기 당시 관타나모 주민은 소지품은 여행용 가방 하나만 갖고, 강아지 등 애완동물은 마당에 묶어놓은 채 신속하게 공항으로 나오라는 통보를 받고 대피해야 했다"고 전했다.

쿠바 정부는 1961년 관타나모 국경 17마일27킬로미터 지역 주변에 철책을 설치했고, 일부 지역에는 선인장을 집중적으로 심어 '선인장 장벽Cactus Curtain'을 만들어 쿠바인의 관타나모행을 막았다. 특히 국경선을 따라 쿠바군이 지뢰를 대거 심었고, 미군도 지뢰를 심어 한때 5만 5000여 개의 지뢰밭이 조성돼 한국 비무장지대DMZ 다음으로 지뢰가 많은 곳이라는 오명을 갖기도 했다. 그러나 미국은 1996년 빌 클린턴 대통령의 지시에 따라 지뢰

를 제거했다. 미군은 정예 해병대 병력이 주둔 중이고, 쿠바는 최정예 '국경수비여단'이 주둔 중이다.

　미군과 쿠바군은 수년 전부터 한 달에 한 번씩 대령급 대표자 회담을 갖고 현안을 논의하고 있고, 특히 우발적인 충돌 방지를 위해 애쓰고 있다. 익명을 요구한 해군 관계자는 "산불, 지진 등 자연재해 발생 시 공조 방안도 논의하며, 회담이 열리지 않을 때는 이메일을 통해 연락을 취하고 있다"고 전했다. 미군과 쿠바군 간 대치와 대표 회담 등은 한국의 비무장지대 대치와 판문점을 무대로 한 남북 군사 회담을 연상시켰다.

　쿠바혁명 이전까지 수천 명의 쿠바인이 관타나모로 출퇴근하며 생업에 종사해왔으나 공산정권 출범 이후 쿠바인의 관타나모 출입이 완전히 차단됐다. 쿠바 정부는 다만 상징적으로 나이가 든 주민 세 명에 한해 국경 통행을 허용했으나 2010년 말 한 명이 병사해 현재는 단 두 명의 쿠바인이 매

▌관타나모 기지 내 쿠바 실향민촌

일 관타나모를 오가며 일을 하고 있다.

2011년 현재 관타나모에는 공산혁명 이후 관타나모에 잔류한 쿠바인과 1994~95년에 어선을 타고 쿠바를 탈출한 주민 등 30여 명이 집단으로 모여 사는 이른바 쿠바판 '실향민촌'이 형성돼 있다. 쿠바 실향민촌에서 만난 노엘 웨스트 씨는 "쿠바 공산혁명 전까지 나는 미 프로야구 엘에이 다저스 팀의 팬일 정도로 쿠바와 미국은 같은 생활권이었다"면서 "고향이 관타나모에서 두 시간이면 갈 수 있는 구아로Guaro지만 1964년 이곳에 정착한 이후 한 번도 고향에 가보지 못했다"고 말했다.

쿠바 커뮤니티 센터 관리자인 멜라니 레스토 씨는 푸에르토리코 출신의 미국인으로 대구에서 2년간 청소년 프로그램을 운영하기도 했다. 레스토 씨는 "쿠바인은 매주 일요일 오후 2시에 이곳에 모여 도미노 게임도 하며 실향의 슬픔을 달래고 있다"면서 "경조사에는 반드시 모여 기쁨과 슬픔을 함께한다"고 전했다.

미국 정부는 관타나모 내 쿠바인에게 시민권을 부여하고, 직장 알선과 건강보험 혜택 그리고 장례식 때는 미군 의장대까지 보내 각별하게 지원하고 있다.

한국을 사랑한 남부인, 남부의 자랑스런 한국인

20 한국을 사랑한 미국인
한국 파견 미 선교사 마을, 블랙마운틴
| 전쟁고아 돌본 미 선교사
| 미 최대 지한파 '한국전참전용사회' |
푸에르토리코 한국전 참전 용사 |
제임스 레이니 전 주한 미국 대사 | 한국 문화 알리는 미 쌍둥이 자매
21 남부의 자랑스런 한국인
여성·인권운동 앞장선 한인 여의사 |

제7장

고교 중퇴 청소년의 멘토, 서니 박
테네시의 슈바이처, 톰 김 박사 | 독도와 동해가 새겨진
오거스타 한국전 참전비
| 플로리다 아팝카의 한인 화훼 마을 |
이민자에게 '밥퍼' 봉사하는 애틀랜타 한인
| 남부의 북한 연구 주도한 박한식 교수

■ 은퇴한 선교사 할머니와 가족

■ 한국전참전용사회 총회

한국을
사랑한 미국인

한국 파견 미 선교사 마을, 블랙마운틴

전쟁으로 폐허가 된 한국에서 복음을 전파하고 봉사 활동을 하며 젊음을 바쳤던 미국 선교사들이 남부 한 산골 마을에 모여 살고 있다. 노스캐롤라이나 주의 블루리지Blue Ridge 산속에 아늑하게 자리 잡은 인구 1만 명의 산골 마을 블랙마운틴Black Mountain 시. 이곳에는 해방 시기부터 1990년대 초까지 한국에서 짧게는 1, 2년, 길게는 2, 30년 봉사하다가 은퇴한 선교사 20여 명이 모여 살고 있다.

 2009년 5월 이 마을에서 만난 마리엘라 프로보스트 할머니는 일제 때 한국에 파견돼 활동하던 선교사 집안에서 태어나 2대째 한국을 위해 봉사한 케이스. 광주에서 태어난 할머니는 전주 예수병원과 대구 동산병원에서 간호사로 활동했고, 한국전쟁 때는 환자와 전쟁고아를 돌봤다. 그녀의 집 문 앞에는 '부례문'이란 한글 문패가 걸려 있다. 이는 1960년 경주 문화중고등학교를 재개교하는 등 교육 활동을 하다 세상을 떠난 남편의 한글 이름이다. 할머니도 '부마리아'라는 한글 이름을 갖고 있다. 할머니는 "최근 한국을 방문했는데 "한국이 정말 놀라울 정도로 발전했다. 늘 한국을 사랑하고 가슴에 새길 것"이라고 말했다. 미국으로 돌아와 한국 유학생을 위한 장학 재단을 설립했던 그녀는 은퇴 후에는 '조선의 기독교 친구들'이란 단체에 가입해 북한 주민 돕기에도 나서고 있다.

로이스 플라워즈 린튼 할머니는 구한말 근대 교육과 의료 사역을 펼쳤던 유진 벨 선교사의 외손자인 휴 린튼의 부인으로 '인애자'라는 한글 이름도 갖고 있다. 한국전쟁 뒤부터 94년 순천 결핵재활원장으로 은퇴할 때까지 35년간 결핵 퇴치에 일생을 바쳐왔다. 그녀의 6남매 자녀 중 '유진벨 재단' 회장인 둘째 스티븐 등 4형제가 북한의 결핵 퇴치 등 북한 돕기 활동을 하고 있어 린튼 집안은 4대째 한반도에서 봉사 활동을 하는 셈이다. 2011년 한국으로 귀화한 인요한미국명 존 린튼 박사도 아들 중 한 명이다. 산중턱에 위치한 린튼 할머니의 집은 2009년 4월 미국을 방문했던 북한 대표단이 머물다 가는 등 이곳을 찾는 남북한 인사의 사랑방 역할을 하고 있다.

엘리자베스 탈마지 할머니는 1900년대 초반 조선에 파송돼 한센병 환자 요양소인 '애양원'을 세우고 만 명이 넘는 조선인 한센병 환자를 돌봤던 로버트 윌슨 박사의 장녀. 할머니는 한국에서 태어나 애양원에서 환자를 돌보며 선교 활동을 했다. 그녀는 "여섯 형제가 모두 한국에서 태어나 평양외국인학교를 졸업한 뒤 선교사로 활동했다"며 "2007년 4세대가 이곳에 모여 윌슨가의 조선 선교 100주년을 기념했다"고 말했다.

이밖에 1953년부터 1990년까지 전주 예수병원에서 간호부장으로 재직하고, 기독의학연구소 등을 설립했던 매리 씰 할머니와 계성고와 장로교신학대에서 영어와 성경을 가르친 메리 안네 멜로즈 할머니도 있다. 일부 할머니는 매주 화요일에 정기적으로 모여 한국어로 예배를 보고 있다.

선교사들이 이곳에 모여 살게 된 데는 몇 가지 요인이 복합적으로 작용했다. 린튼 할머니의 셋째 아들인 제임스 린튼 씨는 "블랙마운틴의 몬트리트Montret에 선교사들이 파송되기 전 마지막 교육을 받던 센터가 있어 안식년 때 주로 이곳에 와서 휴가를 보냈고, 미국에 남아 공부하던 선교사 자녀들도 방학 때는 이곳에서 보낸 점이 작용한 것 같다"고 말했다. 블랙마운틴이 미국 남장로교파의 중심지이고, 세계적인 부흥사인 빌리 그레이엄 목사의 부인인 고故 루스 그레이엄Ruth Graham 여사가 고향인 이곳에 은퇴한 선교사들이 정착할 수 있도록 지원한 점도 한몫을 했다. 과거에는 40여 명의 선교사가 거주했으나 세월이 흐르면서 세상을 떠나거나 건강 때문에 자녀가 있는 다른 지역으로 이사해 20여 명으로 줄어든 상태다.

2009년 5월 8일 블랙마운틴 시내의 장로교회에서는 이들을 위한 위문 행사가 개최됐다. 재미기독실업인연합회CBMC가 이 마을에 사는 은퇴 선교사들을 초청해 한국 음식으로 저녁을 대접한 뒤 메달을 증정하며 감사의 뜻을 전했다.

전쟁고아 돌본 미 선교사

미국 선교사 가운데는 한국전쟁을 전후로 전쟁고아를 돌보며 헌신적으로 봉사활동을 했던 분이 적지 않다. 2009년 5월 16일 노스캐롤라이나 주 몬트리트 시에서는 한국에서 고아를 돌보며 젊음을 바친 선교사를 추모하는 조촐한 행사가 열렸다. 미 장로교 헤리티지 센터 주관으로 열린 행사는 선교사의 유족과 후손은 물론 광주광역시 양림동의 사회복지법인 '충현원忠峴院'의 유혜량 목사 등 한미 양국 관계자 80여 명이 참석했다.

참석자는 일제시대부터 1970년대 말까지 전남·광주 지역 및 충현원의 고아를 돌보며 물심양면의 지원을 아끼지 않았던 선교사를 추모했다. 1905년부터 1948년까지 한국에 머물며 한센병 환자 요양소인 '애양원'을 세우고 환자를 돌봐 '조선 한센병 환자의 아버지'로 불리는 로버트 윌슨 박사와 부인 베시 여사, 1906년부터 1952년까지 광주에서 고아를 돌봐온 로버트 낙스 목사 내외 그리고 1947년부터 30여 년간 광주 기독병원장을 지내며 결핵 환자 치료에 앞장선 허버트 아우구스투스 박사 내외도 포함됐다. 또 한국전쟁 당시 북한군 포로를 상대로 선교 활동을 하면서 고아를 돌봤던 브루스 커밍스 목사, 한국전쟁 때 한국을 떠나지 않고 광주 수피아 여고 교장을 지내며, 충현원 고아를 지원했던 플로렌스 루트 여사 그리고 1963년부터 20여 년간 고아들에게 치과 진료를 하며 봉사했던 딕 노이스마 박사도 추모의 대상이 된 분이다.

추모 행사가 열린 데는 한국전쟁 때 서울에 남아 있던 전쟁고아 1000여 명을 피신시킨 한국판 '쉰들러 리스트'의 주인공인 고故 러셀 브레이즈델 목사의 아들인 카터 목사의 숨은 노력이 컸다. 브레이즈델 목사는 1950년 7월 미 제5공군사령부 군목으로 한국에 파견돼 전쟁의 참화 속에서 버려진 고아들을 보살펴왔다. 특히 11월 중공군 개입으로 전황이 급박한 상황에서 1000여 명의 고아를 미 공군 화물수송기 편으로 제주도로 피난시켰다. 그는 은퇴 후에도 미국에 온 한국 입양아와 정기적으로 만나고, 돌봐왔다. 카터 목사는 부친의 유지를 이어 받아 물심양면으로 한국의 입양아를 도와왔고, 추모 행사까지 마련했다.

미 최대 '지한파' 한국전참전용사회

미국의 여러 곳을 다녀보면 한국전에 참전했거나 한국에서 근무했던 주한 미군 출신 인사를 자주 만날 수 있다. 이들만큼 한국과 한국인에 대한 애정이 깊은 미국인도 드물다. 특히 젊은 나이에 어디에 있는지도 모르던 나라에 파견돼 목숨을 걸고 싸운 한국전 참전 용사의 한국에 대한 사랑을 보면 절로 고개가 숙여진다. 미국에는 베트남전참전용사회 등 많은 참전 용사 단체가 활동 중인 가운데 한국전참전용사회KWVA/US도 1985년부터 다양한 활동을 전개하고 있다.[61]

KWVA의 시초는 1984년으로 거슬러 올라간다. 이 단체는 한국전쟁 당시 미 보병 25사단 소속으로 참전했던 고故 윌리엄 노리스 예비역 하사가 주도적 역할을 해 결성됐다. 그는 1984년 25사단 재회 행사에 참석했다가 옛 전우 여덟 명을 만난 뒤 한국전 참전 용사를 찾아 나섰다. 딸 지니 양이 "학기말 과제로 한국전에 관해 논문을 써야 하는데 참고할 만한 서적이 없다"고 말하는걸 듣고 협회를 결성해 한국전에 관해 알려 나가기로 결심했다. 언론에서 2차 세계대전과 베트남전만 부각되고 한국전은 잊히고 있는 점도 자극제가 됐다. 노리스 씨는 1985년 알링턴에서 열린 연방 우체국의 한국전 참전 기념우표 발행 행사에서 만난 40명의 한국전 참전 노병과 의 기투합해 그 자리에서 10달러씩의 회비를 내고 한국전참전용사회를 결성했다. KWVA는 발전을 거듭해 2008년 6월 미 의회로부터 한국전 참전 용사 단체로는 유일하게 공식 법인으로 인정받았다. KWVA의 현재 회원 수는 1만 7000여 명이며 미 전역에 열여섯 개 지부, 240여 개 지회가 활동하고 있다. '그레이비어드Graybeards'라는 잡지를 격월간으로 발행해 회원의 동정과 소식을 알리고 있다. 다만 참전 용사 대부분이 80대여서 갈수록 회원이 줄고 있는 게 이 단체의 가장 큰 걱정거리. 수년 전 만해도 미 전역에서 활동하던 지회가 300여 개가 넘었지만 최근에는 240여 개로 줄었다. 2009년 10월 24~26일 댈러스 인근 어빙 시에서 열린 KWVA 연차 총회 취재 때 댈러스 총회장에서 만난 한 노병은 "회원들이 80을 넘으면서 갈수록 생존 회원의 수가 줄고 있어 앞으로 10년 뒤에 이 단체가 계속 존재할지가 가장 큰 걱정"이라고 말했다. KWVA는 이에 따라 한국전 종전 이후 현재까지 주한 미군으로 근무했던 재향군인으로 구성된 '한국근무재향군인협회KSVA' 회원도 2004년부터 회원으로 수용하고 있다. 또 'KWVA 교육재단'을 설립해 한국전에 대한 책자와 홍보물을 발간, 한국전의 실상과 의미를 널리 홍보하고, 일반인도 적극 참여할 수 있는 길을 열어놨다.

현재 미 연방보훈부는 한국전 참전 용사 중 생존자를 240만 명으로 추산한다. 반면, 한국 보훈처는 미국 내에 현재 48만 9000여 명이 생존해 있는 것으로 추정하고 있다. 미국은 한국전 당시 전 세계에 근무 중이던 미군을 모두 참전 용사로 간주하는 반면, 한국은 한국전에 참전했거나 해공군으로 지원 작전에 참여했던 미군을 기준으로 계산을 하기에 차이가 난다.

미 전역에는 90여 개의 한국전 기념비와 기념탑 등이 건립돼 있다. 대부분 참전 용사들이 십시일반으로 기금을 모아 설립한 것이다. KWVA는 그동안 한국과 관련한 현안이 대두될 때마다 한국의 입장을 적극 지지하는 목소리나 행동을 보이며, 한국에 대한 애정을 과시해왔다. KWVA 등 미국 내 일곱 개의 한국전 참전 용사 단체로 구성된 '미국한국전참전용사회연맹USFKVO'은 2008년 8월 의회에 한미 자유무역협정FTA을 조속히 비준 동의할 것을 촉구하는 청원서를 제출하는 등 영원한 친한파로 활동을 계속하고 있다.

2005년부터 2009년까지 주미 대사를 지낸 이태식 전 대사는 한국전 참전 용사들에게 고마움을 전하기 위해 재임 기간 워싱턴의 한국전쟁기념공원에 매주 수요일 화환을 보냈다. 또 지방 출장 때는 항상 그 지역의 한국전 참전 기념비에 헌화하고, 참전 용사를 행사에 초청해 감사의 뜻을 표시했다. 동시에 참전 용사에게 삼성전자와 LG전자로부터 협찬받은 한국산 핸드폰을 선물로 증정하며 감사의 뜻을 전했다.

푸에르토리코 한국전 참전 용사

푸에르토리코Puerto Rico는 카리브 해에 있는 미국의 자치령. 1493년 콜럼버스가 발견한 이후 1508년 스페인령이 되었으나 1898년 미국·스페인 전쟁으로 미국 영토가 됐다. 1952년 국방·외교·통화를 제외한 내정을 이양받아 미국의 자치령이 되었다. 2012년 미국 대선 때는 주민투표를 통해 미국의 51번째 주가 되겠다는 안건이 과반 찬성으로 통과됐다. 이 작은 섬 출신의 병사들이 이국 만리에서 발생한 한국전에 참가해 많은 목숨을 잃은 사실은 크게 알려져 있지 않다. 푸에르토리코 출신 미군은 한국전에 모두 6만 1000여 명이 참전해 753명이 전사했고, 2300여 명이 부상했다.[62] 이들은 미 육군 주방위군 65보병연대 소속으로 참전했다. 이 섬의 토착 부족 중 하나인 보린케니어스Borinqueneers의 이름을 따서 '보린케니어스 부대'로 불렸다. 1, 2차 세계대전에 이어 한국전에도 참전했던 이 부대는 나중에 푸에르토리코 주방위군의 모태가 됐다. 한국전쟁 때 이들은 미군에 속해 참전했다. 하지만 미국민이 아니어서 푸에르토리코 출신 장병으로만 별도 부대가 구성됐고, 흑인 병사처럼 차별 대우를 받았다. 푸에르토리코 출신 장병 96명은 1954년 12월 한국전 당시 탈영 및 명령 불복종 등의 혐의로 군사법정에 회부되어 처벌을 받았다. 그러나 2001년 미 육군 당국의 재조사 결과, 이들에 대한 처벌에는 인종차별적인 편견이 개입된 것으로 확인됐을 정도로 극심한 차별을 받았다. 이런 차별 대우 속에서도 푸에르토리코 병사들은 한국에 도착하자마자 최일선으로 배치돼 아홉 개 주요 전투에 참가했다. 특히 1950년 12월 한중 국경 지대에서 중공군의 대공세로 '장진호 전투'가 벌어지자 미 해병대가 철수할 수 있도록 지원했고, 흥남철수 때는 마지막까지 남아 후방 방위를 담당했다. 더글러스 맥아더Douglas MacArthur 장군은 "한국전에 참전해 용맹을 떨친 65연대 장병들을 지휘할 수 있었던 것을 영광스럽게 생각한다"고 치하했을 정도다. 한국전 당시 푸에르토리코 출신 참전 용사의 희생이 컸던 데는 열대지방 출신의 장병에게 한국의 겨울 추위가 너무 혹독했기 때문이다. 참전 용사인 길레르모 알라모 씨는 언론 인터뷰에서 "한국전에 참전한 뒤 난생 처음으로 눈 구경을 했다"고 회고했다. 여기에 독립국가 출신 장병이 아니라 자치령 출신으로 미군에 배속되어 참전하는 바람에 여러 차별을 겪었고, 대다수 장병이 영어가 아니라 스페인어를 구사해 미군과 의사소통에 어려움을 겪은 점도 작용했다. 한국전사가인 빈센트 크렙스 씨는 "푸에르토리코 참전 용사는 당시 흑인 병사와 같은 차별 대우을 받았고, 아무도 이들의 권익을 위해 나서지 않았다"면서 "특히 한국의 혹독한 추위에 대비도 안 되어 있는 상태에서 최일선에 투입된 것"이라고 지적했다. 이들의 희생은 2000년대 들어서 뒤늦게 평가를 받기 시작했다. 2000년 9월 워싱턴 알링턴국립묘지에서 푸에르토리코 참전 용사를 위한 추모 행사가 거행됐다. 또 푸에르토리코 정부는 2001년 5월 제65연대를 기념하는 기념비를 별도로 건립했다. 수도인 산후안San Juan의 한 거리 명칭을 'La 65 de Infanteria'라고 명명했다. 앞서 1996년에는 국회의사당 뒤편에 한국전에서 전사한 장병들의 이름을 새긴 추모비를 세웠다. 미 국립지리원의 지명위원회BGN 자료에 따르면 푸에르토리코의 리오그란데 카운티에 '코리아'라는 마을이 있고, 베가알타 카운티에는 '코리아 거리Boulevarda Korea'가 있는 것으로 확인됐다. 이 같은 한국 관련 지명은 푸에르토리코 장병의 한국전 참전과 관련이 있는 것으로 추정되고 있다.

제임스 레이니 전 주한 미국 대사

애틀랜타에서 활약 중인 대표적인 지한파 인사 중 한 명을 꼽으라면 제임스 레이니James T. Laney 전 주한 미국 대사를 들 수 있다. 레이니 박사는 에모리대 총장을 지낸 뒤 1993년부터 1997년까지 주한 미국 대사로 재직하며 1차 북한 핵 위기 해결 과정에서 주도적 역할을 했다. 그는 앞서 해방 직후인 1947년부터 한국전 발발 직후까지 미 육군방첩대CIC의 문관 요원으로 서울에서 활동했다. 그와 절친한 한완상 전 부총리는 2012년 한겨레신문에 연재한 비망록 《햇볕따라 평화따라》에서 "김구 선생을 비롯해 여운형, 송진우, 장덕수 등 정치 지도자가 줄줄이 저격범의 손에 쓰러질 때 젊은 레이니는 이들을 조사하는 일에 참여했다"고 전했다. 또 주한 미국 대사로서의 역할에 관해서는 "레이니 대사는 과거 주한 미국 대사들이 보였던 '총독형' 이미지와는 전혀 다른 모습을 보여줬다. 그는 친구의 나라라는 생각과 신학직 관점에서 늘 겸손했고, 핵 위기 상황에서도 대북 정책은 군사적 억제를 넘어서야 한다며 오히려 진보적인 자세였다"고 평가했다. 레이니 박사는 1960년 무렵 선교사로 한국에 와서 연세대 신학과에서 기독교 윤리를 가르치기도 했다. 그는 한미 양국 정부로부터 훈장을 받았고, 미국의 코리아 소사이어티로부터 한미 우호 증진에 기여한 공로로 '밴 플리트 상'을 받았다. 현재 부인 버사 여사와 함께 애틀랜타에 살고 있는 레이니 전 대사는 가끔 한인 타운에 나와 된장찌개 등 한국 음식을 즐긴다. 미국 프로골프에서 양용은 선수가 타이거 우즈를 꺾고 우승했을 때는 자기 일처럼 축하할 정도로 한국에 대한 깊은 애정과 관심을 갖고 있다.

▌제임스 레이니 전 주한 미국 대사

에모리대학은 지난 2009년 8월 16년간 이 대학 총장을 지낸 제임스 레이니 박사의 공적을 기려 일반 대학원 이름을 레이니대학원James T. Laney Graduate School으로 명명했다. 예일대에서 신학 박사학위를 받은 레이니 박사는 에모리대 신학대학장으로 재직하다 1977년부터 1993년까지 총장으로 재직해 에모리를 명문대로 발전시켰다. 총장 재임 당시 '에밀리 앤드 어니스트 우드러프 재단'으로부터 1억 500만 달러 상당의 기부금을 받았다. 이는 미국 대학 역사상 최고의 기부액으로, 이를 토대로 유명 학자 및 교수를 초빙해 대학을 획기적으로 발전시켰다.

레이니 전 대사는 북한 핵 문제를 비롯해 한반도 평화에도 지대한 관심을 갖고 있고, 지미 카터 전 대통령의 방북 등 미국 고위 인사의 평양 방문 시에는 동행을 하기도 했다. 그러나 대북 관계와 관련해서 이상론에만 치우치지 않고, 현실에 바탕을 둔 정책을 지향한다.

한국 문화 알리는 미 쌍둥이 자매

애틀랜타를 무대로 한국의 문화와 역사를 알리는 전도사 역할을 열심히 하는 미국인 쌍둥이 자매가 있다. 애틀랜타 외곽의 매리에타Marietta에 살고 있는 셸리 타이슨과 새라 타이슨이 그들. 쌍둥이 자매인 두 사람은 틈이 날 때마다 대학 등 학교나 지역 주민을 방문해 한국의 문화와 예술을 알리고 있다. 2009년 9월 3일 조지아 케네소 대학이 '한국의 해Year of Korea' 행사의 하나로 기획한 한국학 강의에서 자매를 처음 만났다. 한복을 입고 나온 자매는 프로젝터를 동원하고, 한국 관련 소품을 토대로 한국의 고대사와 현대사, 석굴암에서부터 현대조선소, 홍익인간에서부터 한류와 난타 등 다양한 주제에 걸쳐 한국을 소개했다. 또 참석자에게 한복을 입는 방법을 가르쳐주고, 잡채와 김치, 불고기 등 한국 음식을 준비해 맛을 보도록 하는 열성까지 보였다.

펜실베이니아주립대학에서 사회학을 전공한 셸리와 조지아주립대에서 역사학을 전공한 새라가 한국의 문화유산에 관심을 갖게 된 데는 주한 미군 장교 출신의 아버지 로이 타이슨과 어머니 강연희 씨의 영향이 컸다. 두 자매는 2005년 여름방학에 한국을 방문해 한국 문화에 푹 빠지기 시작했다. 이후 언니는 졸업 후 한국에서 2년간 영이 교사를 하면서 틈틈이 한국의 문화와 역사를 공부했고, 동생도 방학 때마다 한국에 와 사찰을 방문하거나 외국인들과 함께 여행을 하며 한국을 배워왔다. 특히 2005년 몇몇 한국인과 외국인이 합심해서 한국 고유의 정신과 문화를 외국에 알리자는 취지에서 만든 '한국의 정신과 문화증진프로젝트KSCPP'라는 비영리단체에 참여하면서 한국 문화의 전도사로서 본격적인 활동에 나서게 됐다. KSCPP는 한국의 유구한 역사와 뛰어난 전통 문화 예술이 외국에 홍보되지 않거나 중국이나 일본 문화의 일부로 잘못 알려진 점을 시정하자는 취지에서 조직된 비영리단체.[63] 현재 한국에는 110여 명의 회원이 그리고 외국에는 미국, 독일, 영국 등지에서 30여 명이 활동하고 있다. 이 단체는 특히 2005년부터 최근까지 《이순신 장군》《세종대왕》《충효예》《한국의 문화유산》 등 여섯 권의 책자를 영어, 독어, 불어 등으로 제작해 48만 7000여 권을 외국 대학 및 단체에 무료로 배포했다. 또 한복, 한글, 한국의 전통음악과 춤, 한국 음식을 전문적으로 소개하는 영상물을 만들어 외국의 대학과 도서관 등에 배포하고, 한국 문화에 대한 영어 강연도 지속적으로 하고 있다. 셸리와 새라 자매도 2007년부터 애틀랜타 지부를 결성해 남동부에 한국 문화를 알리는 전도사 역할에 나서고 있다.

▎셸리 타이슨과 새라 타이슨 자매

남부의 자랑스러운 한국인

여성·인권 운동 앞장선 한인 여의사

여성과 소수민족의 권익 신장에 앞장서다 세상을 떠난 한인 여의사의 발자취가 텍사스 댈러스에서 이어지고 있다. 댈러스를 무대로 의사, 민권운동가 및 사회봉사가로 다양한 활동을 펼치다 2003년 6월 51세를 일기로 세상을 떠난 수전 안 박사한국명 안인숙. 일곱 살 때 부모를 따라 미국에 이민 온 그녀는 1977년 텍사스주립대 의대를 졸업하고 신경과 전문의가 됐다. 31세에 의사면허를 관리하고 의사 시험을 감독하는 텍사스 주 의사자격감독위원에 임명됐다. 주 역사상 두 번째 여성 위원이자 최연소 감독 위원이다. 그녀는 의술뿐 아니라 여성과 아시안 등 소수민족의 권익 향상을 위해서도 폭넓은 활동을 전개했다. 댈러스 여성 단체인 '더 서미트'와 '미국여성의료인협회' 댈러스 지부를 창설하고, '댈러스여성센터' 이사로 활동했다.

그녀는 소수 인종의 권익 보호에도 적극 나섰다. 댈러스의 한 나이트클럽이 아시안계의 출입을 불허하는 차별 행위를 하자 중국·일본계 시민운동가들과 함께 시위를 벌여 이를 시정시켰다. 2001년에는 아시안계 지도자 육성을 위해 '댈러스 아시안 아메리칸 포럼' 창설을 주도했다. 그녀는 한 강연에서 "인종차별은 우리의 인간성을 좀먹는 독이나 마찬가지인 만큼 추방해야 한다"고 역설했다.

다양한 사회 활동 속에 바쁜 나날을 보내던 그녀는 안타깝게도 2002년 폐암 말기라는 충격적인 판정을 받았다. 삶을 정리하던 그녀는 아시아계 기자 단체인 아시안아메리칸기자협회AAJA 연차 총회장을 방문, "나는 의사로서 한 번에 환자 한 명만 치료할 수 있지만 여러분은 기자로서 사회에 큰 영향을 미칠 수 있고, 세상을 변화시킬 힘이 있다"고 격려했다. 그러면서 이 협회에 10만 달러를 기부했다. AAJA는 현재 매년 아시안 아메리칸의 인권 및 사회 정의를 위해 싸워온 기자를 선발해 '수전 안 추모상'을 수여하며 그녀의 유지를 받들고 있다.

또 친지와 친구들에게 부의금을 '댈러스여성재단'에 기부해줄 것을 요청했다. 재단 측은 당시 모인 100만 달러의 기부금을 토대로 '수전 안 박사 연사 초청 기금'을 만들어 매년 11월 연차 총회 때 저명인사를 초청해 연설을 듣고 있다.

수잔 안의 부친인 안재호 박사는 대구사범, 세브란스의대를 졸업한 뒤 1959년 미국으로 이민 와 왕성한 활동을 해온 한인 의료계 원로. 특히 1968년부터 여름휴가 기간을 활용해 한국을 방문, 고향인 경북 예천을 비롯해 시골의 무의촌 지역을 돌며 25년간 무의촌 봉사 활동을 하는 등 자신이 배운 의술을 사회와 고국에 베푸는 데 앞장서온 것으로 유명하다.[64]

고교 중퇴 청소년의 멘토, 서니 박

애틀랜타의 민간 단체인 '좋은 이웃되기 운동본부Good Neighboring Campaign' 설립자인 박선근미국명 서니 박 회장은 지역사회 활동에 적극 참여하고 한미 간 교류 증진에 앞장서온 대표적인 한인 중 한 명. 박 씨는 미국의 아홉 개 주 방위군이 고교 중퇴생을 대상으로 실시하는 '청소년 도전 프로그램Youth Challenge Program, YCP'에 참여 중인 청소년을 17년째 정기적으로 방문해 격려해왔다. YCP는 주 방위군이 고교를 중퇴한 청소년을 대상으로 군 기지에서 6개월간 합숙 교육을 통해 고등학교 교육 과정은 물론 기초적인 군사훈련과 각종 직업교육을 시켜 비행을 예방하고 사회에 진출케 하는 프로그램.[65] 박 총장은 지난 1996년부터 뉴저지, 조지아, 애리조나, 버지니아 등 아홉 개 주에서 실시되는 이 프로그램에 6개월마다 방문해왔다.

2008년 10월 조지아 주 남동부의 해안 도시 서배너Savannah 외곽의 포트 스튜어트Fort Stewart 기지에서 열린 YCP 행사를 취재했다. 박 총장은 240여 명의 청소년을 상대로 한 강연에서 자신의 인생 역정을 설명하며 그들에게 자신감을 불어넣었다. 그는 1974년 30대 중반의 나이에 미국에 건너올 당시 주머니에 단돈 200달러 밖에 없었다. 청소원과 식당 웨이터 그리고 자동차와 보험 세일즈를 통해 착실히 저축했다. 이민 생활 10여 년 만에 청소 용역업에 뛰어든 그는 성실을 바탕으로 30년 만에 열여덟 개 도시에 3200명의 직원을 가진 미 최대 건물 관리 용역 회사 중 하나인 GBM이란 기업의 대표가 된 자신의 경험을 소개했다. 그러면서 "여러분도 충분히 할 수 있다"고 강조했다. 특히 자신도 어려운 가정 사정으로 고교를 중퇴

했으며, 이민 초기 보험 세일즈를 하면서 영어가 서투른 데도 미국인보다 네 배나 많은 계약고를 올린 일화도 소개했다. 그러면서 "나보다 영어를 더 잘하고, 더 젊은 여러분이 못할 게 뭐가 있느냐"면서 "이프 서니 캔, 유 캔If Sunny Can, You Can"을 외쳤고, 강당에 모인 학생들은 "아이 캔"을 외치며 화답했다.

백악관 아태정책국정자문위원을 지낸 그는 2004년과 2008년 대선에서 한국계로는 유일하게 대통령 선거인단으로 선출돼 한 표를 행사했다. 또한 그는 조지아 주 항만청 부이사장으로 재직 중이며, 베리컬리지재단 이사 등 다양한 공익 활동을 전개 중이다. 2010년 6월에는 한국전 60주년을 맞아 미군 파병을 통해 한국의 자유를 지켜준 미국에 감사하는 광고판을 애틀랜타 고속도로변에 설치해 화제가 됐다. 또 매년 애틀랜타에서 한미 친선의 밤 행사를 열어 한국인과 미국인 간의 교류 증진에도 앞장서고 있다. 그는 미주 한인의 미국 정착을 지원하는 인터넷 뉴스 매체인 '케이아메리칸 포스트KAmerican Post'를 운영 중이다.[66] 특히 "미국에 이민 온 이상 한국을 쳐다보지 말고 능동적인 자세로 미국 사회에 파고들어 뿌리를 내리려는 주인 의식을 가져야 한다"고 강조하고 있다.

테네시의 슈바이처, 톰 김 박사

테네시 주에서 의료보험이 없는 저소득층 주민에게 거의 20년째 무료진료를 통해 인술仁術을 실천해온 한인 의사가 있다. 녹스빌Knoxville 등 테네시 주 네 개 지역에서 무료 진료소 Free Medical Clinic of America를 운영 중인 톰 김한국명 김유근 박사. 1981년부터 녹스빌에 정착해 12년간 개업했던 김 박사는 93년부터 일과 후 매일 서너 시간씩 무료 진료를 해오다 2005년부터는 아예 개인 병원 진료를 중단하고 무료 진료에 전념하고 있다. 녹스빌을 시작으로 폐광촌인 브라이스빌과 오크리지에 이어 2011년에는 극빈촌인 오나이더에 무료 진료소를 추가로 설립했고, 흑인 밀집 지역인 매그놀리아에 다섯 번째 진료소 설립을 추진 중이다.[67]

진료소를 찾는 이들은 당뇨·고혈압·콜레스테롤·암 환자 등으로, 하루 평균 35~40명이 찾는다. 진료소는 김 박사가 10년간 혼자 봉사해오다 2005년부터 10~25명의 의사가 함께 자원봉사자로 참여 중이다. 주 정부의 일부 재정 지원도 있지만 대부분 김 박사의 봉사에 감명받은 지역 교회와 주민이 내는 기부금으로 운영되고 있다. 지역 주민은 그를 '테네시의 슈바이처'로 부른다.

김 박사는 "독실한 기독교인으로서 '네 이웃을 사랑하라'는 말씀을 실천하고, 미국으로부터 받은 은혜에 보답하기 위해 무료 진료를 하게 됐다"고 설명했다. 이어 "세계에서 제일 잘사는 미국이지만 의료보험이 없는 사람이 5000만 명"이라며 "의료보험이 없어 병원에 가지 못하는 사람을 볼 때마다 안타까운 맘이 든다"고 말했다. 김 박사는 가난한 사람들을 위한 무료 진료소 확대를 위해 "하루에 One Day, 의사 한 명이 One Doctor, 환자 한 명을 One Patient, 교회의 도움 One Church 그리고 1달러의 기부 One Dollar로 무료 진료하자"는 '다섯 손가락 Five Fingers' 캠페인을 전개 중이고, 이를 소개하는 책도 냈다.

▌청소년에게 사인을 해주는 서니 박

▌무료진료소 운영하는 톰 김 박사

김 박사는 이 같은 봉사 활동으로 2002년 케네디 전 대통령의 부인 재클린 케네디 오나시스가 만든 '미국사회봉사단체AIPS'가 수여하는 '제퍼슨상'을 아시아인으로는 처음으로 수상했다. 또 2006년에는 마틴 루서 킹 목사 봉사상을 받았고, 낙스 카운티는 2003년 7월 22일을 '김유근의 날'로 지정해 감사의 뜻을 표시했다.

김 박사는 또 한국전 참전 용사의 희생에 보답하려는 노력도 하고 있다. 2003년 5월 녹스빌 한인 회장 시절, 지역 한인과 공동 모금을 통해 무게 2톤의 참전 용사 기념비를 한국에서 제작·운송해 테네시 주 국립묘지에 세웠다. 2010년 재향 군인의 날에는 사비로 한국전 60주년 감사 메달 100개를 만들어 테네시 지역 참전 용사들에게 전달했다. 한국 정부는 김 박사의 봉사 정신과 한미 우호에 기여한 공로를 인정해 국민훈장 석류장을 수여했다.

독도와 동해가 새겨진 오거스타 한국전 참전비
|

매년 4월 미국 프로골프PGA 투어 마스터스 골프 대회가 열리는 오거스타Augusta 시내에는 독도와 동해 명칭이 표기된 한국전 참전 기념비가 설치돼 있다. 오거스타 다운타운의 구시가지 4번가와 그리니 스트리트 사이에 위치한 이 기념비는 2004년 12월 4일에 세워졌다. 가로 20피트, 세로 9피트 크기의 검은 대리석으로 만들어진 기념비 중앙에는 한반도 지도가 그려진 가운데 동해는 'East Sea'로 표기돼 있고, 그 가운데에는 울릉도와 독도가

영문 명칭과 함께 선명하게 조각돼 있다. 기념비에는 또 '자유는 저절로 주어지는 게 아니다Freedom is not free'라는 영문 문구가 적혀 있다. 한국전쟁 당시 전사한 오거스타 출신 미군 장병 85명을 비롯해 실종 또는 포로로 잡혀 고생했던 조지아 동부 지역 10여 개 카운티 출신 미군 장병 수백 명의 이름도 기록돼 있다.

이 기념비는 오거스타 시에서 군용 트럭 제조 회사인 CMS를 운영해온 유진철 미주총련회장 가족이 20여만 달러를 기부해 설치한 것. 유 회장은 "한국전 당시 미군의 도움이 없었다면 오늘의 나도 존재할 수 없다는 생각에 기념비를 세우게 됐다"며 "특히 미국에 이민 와 기업을 하며 많은 혜택을 받은 만큼 이에 보답하겠다는 의미도 있다"고 말했다. 그는 "특히 미국 주요 지역의 참전비가 미군 재향군인이 주도해 동해를 대부분 '일본해'로

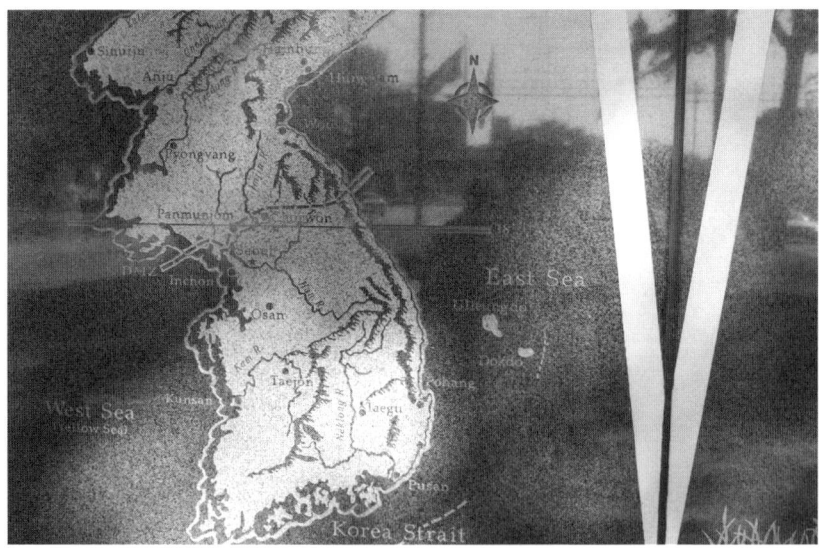

❙ 오거스타 한국전참전기념비

표기한 경우가 많은 것을 보고, 이를 동해로 표기하고, 독도가 한국 땅임을 분명히 하기 위해 기념비에 새겨 넣었다"면서 "미국 내 한국 관련 기념물 중에 독도가 새겨져 있는 조형물은 오거스타 기념비가 거의 유일할 것"이라고 말했다.

오거스타 한국전 참전 기념비는 시내 중심가에 위치해 있어 매년 미군 재향군인 기념 행사나 추모 행사가 열린다. 한국 정부는 2009년 10월 유 씨가 한국전 참전 용사 기념비를 건립하는 데 주도적 역할을 하고 한미 우호 관계 증진에 기여해온 공로를 인정해 국민훈장 동백장을 수여했다. 유 씨는 2012년에는 한미 관계 발전에 기여한 공로를 인정받아 리언 파네타 미 국방장관으로부터 표창장을 받았다. 유 회장은 2012년 초 댈러스에서 흑인의 반한 시위가 발생하자 유색인지위향상협회NAACP와 접촉해 이를 해결하는 등 인종 간 화합에도 앞장서기도 했다. 그는 "미국에는 유태인 협회, 흑인 인권 단체, 독일 커뮤니티, 아이리시 커뮤니티 등 다양한 소수 인종 커뮤니티가 있는데 이들과 서로 유대하면서 우리 한인의 위상을 높여야 한다"고 강조하고 있다.

플로리다 아팝카의 한인 집단 화훼 마을

세계적 관광지인 플로리다 올랜도에서 북서쪽으로 차로 20여 분 거리인 아팝카Apopka. 인구 3만 5000여 명의 전형적인 농촌 도시인 아팝카는 플로리다 주 원예 농업의 중심지다. 날씨가 온화해 꽃을 키우기에 적합한 기후

조건을 활용해 '세계 원예 산업의 수도horticulture capital in the world'를 지향하고 있다. 이곳은 100여 년 전부터 꽃 산업을 집중 육성해왔다. 시내에 들어서면 '플리머스 소렌토 로드'를 따라 꽃을 재배하는 대규모 비닐하우스가 거리 양쪽으로 잇따라 펼쳐진다. 거리에는, 영어 간판이지만 아리랑Arirang · 코러스Korus 오차드 · 박스Park's 오차드 등 한국을 연상할 수 있거나 남 · 문 · 김 등 한국 성을 딴 원예 농장 간판이 눈에 들어온다. 한인 40여 가구가 운영하는 농장 이름이다.

한인이 운영하는 원예 농장 규모는 5에이커의 소규모부터 60여 에이커의 대규모 농장까지 다양하다. 100여 년에 걸친 전통 속에 기업형으로 운영되는 미국 농장은 한인 농장 50여 개를 모두 합한 것보다 더 클 정도로 대형 농장이다. 한인이 재배하는 꽃도 호접란에서부터 신비디움 · 스팻 · 포터스 · 관엽식물 등으로 다양하고, 국산 난인 팔레놉시스 품종의 '오렌지드림'과 '옐로드림'도 재배되고 있다.

한인 원예 농장 친목 단체인 '한미원예협회'의 이상화 전 회장은 "아팝카 반경 20킬로미터 내에 40여 한인 가구가 집단으로 모여 농장을 운영하고 있다"며 "한 업종에 한인 이민자가 대규모로 종사하는 것은 드문 예"라고 말했다.

한인이 아팝카에 모이기 시작한 것은 1970년대 후반~80년대 초반이다. 올랜도 주변에 기독교 재단이 운영하는 플로리다 병원에 근무하던 한인 중 일부가 화훼 농장을 경영하기 시작했고, 이후 90년대 중반부터 미 각지의 한인이 몰려왔다. 2000년대 초반에는 한국에서 바로 이민을 온 경우도 있어 전성기 때는 50여 가구가 원예 산업에 종사했지만 2009년부터 시작된 경기 침체기를 거치면서 그 수는 다소 줄었다.

'코러스 오차드' 농장은 울산시와 울산시 북구청 및 농협단위조합이 지난 2002년 이곳에 수출 전진기지 형식으로 설립해 운영하는 농장. 이 농장의 황병구 사장은 "초기에는 많은 시행착오도 있었지만 10년간의 각고의 노력 끝에 농장이 이제 궤도에 올라서는 상황"이라고 말했다. 그는 "2004년 대규모 허리케인으로 피해를 보고, 또 지난 3년간 극심한 경기 침체로 꽃 재배 산업이 타격을 받으면서 많은 한인 농장주가 고전을 크게 겪였지만 특유의 부지런함을 바탕으로 어려움을 헤쳐나가고 있는 상황"이라고 전했다.

이민자에게 '밥퍼' 봉사하는 애틀랜타 한인

애틀랜타 인근 한인이 매주 토요일마다 형편이 어려운 소수 인종을 위해 도시락을 제공하는 '밥퍼' 봉사 활동을 6년째 계속하고 있다. 화제의 주인공은 조지아 주 애틀랜타 북서쪽의 매리에타Marietta 시에 거주하는 한인이다. 이들은 2007년 5월부터 매주 토요일이면 애틀랜타 외곽의 스와니Suwanee와 도러빌Doraville 등 인력시장이 형성되는 세 곳을 방문, 일자리를 찾지 못해 식사도 제대로 못 한 중남미계 이민자나 흑인 노숙자에게 도시락과 빵, 과일 등을 제공하고 있다. 초기에는 한 번에 200인 분 이상을 준비했으나 불법 체류자가 감소한 뒤 150인분을 준비한다. 초기 메뉴는 볶음밥과 튀김만두, 치킨이 담긴 도시락과 사과 등이 제공되다가 불고기덮밥과

┃ 저소득 이민자에게 '밥퍼' 봉사하는 한인

초코파이 등이 추가됐다.

2008년 8월 이 봉사 활동에 함께 참여한 적이 있다. 토요일 아침 도시락을 실은 미니밴이 스와니 도심의 한 공터에 도착하자 주변에 모여 있던 60여 명의 중남미계 노동자가 손을 흔들며 반가움을 표시했고, 뒤이어 그들은 곧바로 배식을 받아 식사를 했다. 이어 배식차가 한인 타운이 있는 도러빌에 도착하자 120여 명의 노동자가 몰려들어 준비했던 도시락은 모두 동나버릴 정도였다. 과테말라 출신의 코로넬 페레스 씨는 "지난 1주일 동안 다섯 시간밖에 일을 못 해 제대로 돈을 벌지 못했다"면서 "한국인이 매주 토요일마다 식사를 제공해 매우 고맙게 생각한다"고 말했다.

매리에타 한인이 '밥퍼' 봉사 활동을 하게 된 계기는 에이즈 치료에 도움이 되는 신약 개발로 유명한 최우백 박사와 부인 최신애 씨가 조지아 주에서 가장 힘든 처지에 있는 사람들에게 나눔을 주는 활동을 해보자고 제안하면서부터 시작됐다. 최 박사는 에모리대 선임 연구원으로 재직하면서 데니스 리오타화학과, 레이먼드 쉬나지소아과 교수와 함께 에이즈 치료 물질인 '라미부딘'과 '엠트리시타빈' 개발을 주도했다. 최 박사 등 에모리대 '트리오'가 개발한 치료 물질은 '엠트리바'와 '트루바다' 등 에이즈 치료제로 상품화됐고, 세계적인 제약사인 '길리아드Gilead'가 2005년 '엠트리바'의 기본 물질인 엠트리시타빈의 특허권을, 대학 지적재산권 거래로는 최고액인 5억 2500만 달러를 지불하고 에모리대로부터 인수했다.

최 박사는 "애틀랜타 다운타운의 노숙자 보호소는 정부의 지원을 받지만 불법 이민자는 이런 지원조차 못 받는 만큼 실질적인 도움이 필요할 것이란 판단에 따라 급식 봉사를 시작하게 됐다"고 말했다.

최 박사 내외가 주도한 봉사 활동은 임마누엘연합감리교회와 크리스털 한인교회 신도 및 인근 한인이 동참해 6년째 지속되고 있다. 매년 연말에는 별다른 옷가지도 없이 국경을 넘어온 불법 체류자에게 재킷 등 방한 의류를 제공하고 있다.

미국에서 히스패닉계 인구는 2011년 5000만 명을 넘어서 미국인 여섯 명당 한 명꼴일 정도로 증가했다. 히스패닉 인구는 높은 출산율로 흑인 인구를 이미 추월했고 30년 뒤에는 백인 인구도 추월할 전망이다. 장차 미국 사회의 주류 세력으로 부상할 히스패닉계와의 교류 및 화합 문제는 한인의 당면 과제 중 하나라는 점에서 매리에타 한인의 봉사는 소수 인종 간의 화합에 단초를 제공하고 있다.

남부의 북한 연구 주도한 박한식 교수

남북한 문제에 대한 관심이 높지 않은 남부에서 북한 문제 등 한반도 문제 연구를 주도해온 학자로 조지아대UGA 박한식 석좌교수가 있다. UGA 부설 국제문제연구소Globis 소장인 박 교수는 이채진클레어몬트 매케나대, 고병철 일리노이대 교수 등과 함께 재미 한인 정치학자 1세대다. 그는 1970년 조지아대 교수로 부임한 이래 남동부 지역에서 한국 정치와 남북 관계 및 북한 문제 연구를 주도해왔다. 특히 1990년부터 지금까지 50회 이상의 북한 방문을 통해 북한 체제의 객관적인 실상을 파악하고 이를 토대로 남북 관계 연구는 물론 정책 제안까지 발표해온 북한 문제 전문가다.

1994년 1차 북핵 위기 당시 그리고 2010년 8월에 지미 카터 전 미국 대통령의 평양 방문을 중재하거나 주선했다. 2009년에는 북한에 억류됐던 로라 링 등 미국 여기자 두 명의 석방을 위해 세 차례 방북하며 중재했다. 2003년 11월 북핵 위기 해소를 위해 북미 민간 전문가가 참여한 '워싱턴·평양 트랙 II 포럼'을 시작으로 2011년 10월 남북한과 미국의 민간 전문가가 참가한 '남북미 3자 트랙 2' 토론회를 개최하는 등 남북한 및 북미 간 대화에 앞장서고 있다.

박 교수는 또 중국이 개방되기 전인 1980년대 초반 수차례 중국 만주를 방문해 현지 한인 동포의 사진을 찍어 KBS 방송을 통해 보도해 300~500여 이산가족이 상봉하는 계기를 마련했다. 현재도 '이산가족 상봉Uniting Families, Inc'이라는 민간 단체를 결성해 재미 한인과 북한 이산가족 간 상봉을 추진 중이다.

박 교수는 이러한 공로를 인정받아 2010년 4월 세계 평화에 공헌한 인물에게 주는 '간디·킹·이케다 평화상Gandhi, King, Ikeda Community Builder's Prize'을 수상했다.[68] 이 상은 미국의 유명한 흑인 대학이자 마틴 루서 킹 목사의 모교인 모어하우스Morehouse대학과 킹인터내셔널채플이 2001년 제정한 상. 힌두교 신자인 인도의 마하트마 간디와 기독교 신자인 마틴 루서 킹 목사 및 일본의 사상가인 이케다 다이사쿠 국제창가학회SGI 회장이 각기 인종과 종교는 달라도 비폭력과 평화를 통한 인류애를 구현하는 공통 철학에 기반하고 있는 점을 기리기 위해 제정됐다.

박 교수는 이 평화상의 열 번째 수상자다. 역대 수상자 중에는 2001년 넬슨 만델라 전 남아프리카공화국 대통령과 미하일 고르바초프 전 소련 공산당 서기장을 비롯해 데스몬드 투투 남아공 대주교, 이츠하크 라빈 전 이스라엘 총리작고 후 수상, 평화 운동가인 베티 윌리엄스, 프레데리크 데 클레르크 전 남아공 대통령, 북아일랜드 폭력 사태 종식에 기여한 존 흄, 남아공 정치인 앨버트 루틀리 등 노벨평화상 수상자 여덟 명이 포함돼 있다. 또 국제적인 환경 운동을 주도한 하산 빈 타랄 요르단 왕자와 킹 목사의 부인인 코레타 스콧 킹 여사작고 후 수상도 수상자이다.

킹인터내셔널채플의 로런스 카터 학장은 시상식에서 "박 교수는 한반도에서 적대적인 남북한 간 평화 조성과 정착을 위해 상호 존중과 대화, 포용 정책이 가장 효과적인 방법임을 수십 년간 몸소 실천하고 입증해왔다"면서 "각국 시민이 평화와 인류의 발전을 위해 열심히 노력하도록 만드는 역할 모델이 된 만큼 그를 수상자로 선정했다"고 배경을 밝혔다.

박 교수는 할아버지가 일제 탄압을 피해 만주로 이사해 1939년 만주에

▎간디·킹·이케다 평화상 수상한 박한식 교수

서 태어났고, 이후 평양을 거쳐 대구에 정착한 특이한 인생 역정을 갖고 있다. 그는 "당시 만주에서는 국민당 정부와 중국공산당 간 내전이 격화되어 수많은 사람이 죽어갔다. 열 살 때 평양을 거쳐 대구에 정착했는데 곧이어 터진 한국전쟁을 통해 전쟁의 참상을 몸소 체험했고 이후 어떠한 일이 있어도 전쟁은 막아야 하며 평화가 중요하다는 것을 깨닫게 됐다"고 말했다.

이에 따라 그는 "학자로 활동하면서도 한반도에서 전쟁은 절대 있어서는 안 된다는 점을 남북한과 미국 모두에게 강조하고 있다"면서 "미국에 대해서는 북한에 대한 편견을 버리고 있는 그대로 실상을 보라고 조언하고 있고, 북미 간 상호 이해를 돕는 게 전쟁을 막는 길이라고 생각하며 활동 중"이라고 말했다.

주석

제1장

1. 메이슨 딕슨 라인에 관해서는, 제임스 M.바더맨, 이규성 옮김,《두 개의 미국사》, p67.
2. http://www.encyclopedia.chicagohistory.org
3. 장태한,《미국의 흑인 그들은 누구인가》, 고려대 출판부, p68.
4. http://gosoutheast.about.com/od/restaurantslocalcuisine/a/blackeyedpeas.htm 참고.
5. 선벨트의 개념에 관해서는, 제임스 M.바더맨,《두 개의 미국사》, pp214~218 참고.
6. '美캘리포니아가 배우고 싶은 텍사스의 노하우는?' 코트라 달라스 무역관,《해외시장정보》, 2011. 4. 25.
7. 'Transplant auto factories in USA turn 30 this year', USA TODAY, 2012. 4. 3.
8. 폴크스바겐 채터누가 공장에 관해서는, http://www.volkswagengroupamerica.com/chattanooga/index.html 참고.
9. 이구한,《이야기 미국사》, 청아출판사, p502 참고.
10. 윤치호 선생의 애틀랜타 생활과 관련해서는 이전,《애틀랜타 한인 이민사》, 푸른길, pp38~39. "EMORY-KOREA TIES: Growing Ever Stronger" EMORY/In the world,

제2장

11. http://www.coca-cola.co.uk/about-us/history-of-coca-cola-1941-1959.html
12. RTP의 역사에 관해서는, http://www.rtp.org/about-rtp
13. TMC의 역사에 관해서는, http://texasmedicalcenter.org/about-tmc/
14. KAMA에 관해서는, http://www.kamaus.org/ourhistory.html 참고
15. CDC의 역사에 관해서는, http://www.cdc.gov/about/history/timeline.htm
16. CRP의 역사에 관해서는, http://www.huntsvillealabamausa.com/new_exp/new_crp_toc.html
17. 텔레콤 코리도에 관해서는, http://wikimapia.org/16189641/Telecom-Corridor

제3장

18. 이진,《나는 미국이 딱 절반만 좋다》, 북&월드, pp42~43. 이진도 뉴잉글랜드계와 남부 연안 지방계로 나누어 유사한 분석을 내놓고 있다.
19. 이진, 같은 책, p104.

20 우태희,《오바마 시대의 세계를 움직이는 10대 파워》, 도서출판 새로운 제안, p79.
21 전국역사교사모임,《처음 읽는 미국사》, 휴머니스트, p277.
22 칙필레의 경영에 관해서는, http://www.chick-fil-a.com/Company/Highlights-Fact-Sheets
23 코이노니아 농장의 역사와 유래에 관해서는, http://www.koinoniapartners.org/
24 걸라 회랑 지대에 관해서는, http://www.gullahgeecheecorridor.org/
25 케이준의 역사에 관해서는, http://www.acadian-cajun.com/hiscaj1.htm
26 손영호,《가려진 역사의 진실을 향해 다시 읽는 미국사》, 교보문고, p145.
27 신문수,《시간의 노상에서 1》, 도서출판, p216.
28 이진, 같은 책, p58.
29 허리케인 등급에 관해서는,
   http://www.gohsep.la.gov/hurricanerelated/HURRICANECATEGORIES.htm
30 'Dixie Alley may see more tornado action than even Tornado Alley', USA TODAY, 2011. 4. 26.

제4장

31 투표권리법을 둘러싼 소송에 관해서는, 정상환,《검은 혁명》, 지식의 숲, p336 참고.
32 소수계 우대 정책을 둘러싼 소송에 대해서는, 정상환, 같은 책, p341.
33 로자 파크스에 관해서는, 짐 해킨스(Jim Haskins), 최성애 옮김,《로자 파크스 나의 이야기》, 문예춘추사.
34 http://www.splcenter.org/civil-rights-memorial/civil-rights-martyrs
35 케네스 C. 데이비스, 이충호 옮김,《말랑하고 쫀득한 미국사 이야기》, p204.
36 http://www.nps.gov/tuai/index.htm

제5장

37 최승은 · 김정명,《미국 명백한 운명인가, 독선과 착각인가》, 도서출판 리수, p25.
38 강한승,《미국 법원을 말하다》, 도서출판 오래, p226.
   드레드 스콧 대 샌퍼드(Dred Scott v. Sandford) 사건에 대해서는, 정상환, 같은 책 p62 참고.
39 미군이 참전한 전쟁에서의 희생자수에 대해서는,
   'CIVIL WAR-150years later, the conflict still reverberates', USA TODAY, special edition, 2011, April
40 한 예로 포트 섬터를 지키던 북부군 지휘관 로버트 앤더슨(Robert Anderson) 소령은 당시 남부연합에 속했던 조지아 주 주지사의 사위였다. 또 포트 섬터 공격에 앞장선 남부군의 피에르

딕시 Dixie
목화밭에서 오바마까지,
미국 남부를 읽는다

보리가드(P.G.T Beauregard) 장군은 사관학교 시절 앤더슨 소령의 제자였다. 전우와 가족, 친척 간 남·북부군으로 갈려 싸운 사례는 박정기,《남북전쟁 상》, 삶과 꿈, pp32~33. 참고.

41 박정기, 같은 책, p40.
42 남북전쟁의 전쟁사적 의미에 대해서는, 박정기, 같은 책, p137.
43 제임스 M.바더맨 지음, 이규성 옮김, 같은 책, p136.
44 이진희,《끝나지 않은 미국 남북전쟁》, 삼성언론재단 연수 보고서.
45 신문수, 같은 책, p68.
46 '링컨의 땅 일리노이 주, 링컨의 도시 스프링필드', 연합뉴스 2009. 2. 13. 참고.
47 박보균,《살아 숨 쉬는 미국역사》, 랜덤하우스중앙, p70.
48 '美하원, 노예제 사과결의안 채택', 연합뉴스, 2008. 7. 30.
    '美상원 '노예제 사과' 결의안 채택', 연합뉴스 2009. 6. 19.
49 이현송,《미국 문화의 기초》, 한울 아카데미, p27.
    손영호, 같은 책, P169.
50 눈물의 여정에 대해서는 유종선,《주머니속의 미국사》, 가람기획, pp114~117.
    손영호, 같은 책, pp190~191.
51 세미놀족의 투쟁에 관해서는 이희철,《선샤인 스테이트 플로리다》도서출판 생각나눔, p81.
52 나바호족의 먼 길에 대해서는, http://www.legendsofamerica.com/na-navajolongwalk.html
53 인디언 보호구역의 실태에 관해서는, 손영호, 같은 책, p201.
54 운디드 니 등 인디언의 투쟁에 관해서는 디 브라운(Dee Brown), 최준석 옮김,《나를 운디드 니에 묻어주오》, 나무심는사람, 2003.

제6장

55 미 중부군사령부에 관해서는, http://www.centcom.mil/
56 FORSCOM에 관해서는, http://www.forscom.army.mil/
57 http://www.benning.army.mil/
58 http://www.soaw.org/about-us
59 http://www.bragg.army.mil/Pages/Default.aspx
60 http://www.jtfgtmo.southcom.mil/xWEBSITE/index.html

제7장

61 한국전참전용사회의 역사에 관해서는, http://www.kwva.org/
62 푸에르토리코 병사들의 한국전 참전에 관해서는, http://www.valerosos.com/news.html

63 http://www.kscpp.net/
64 안재호, 《안재호 자서전: 인정을 받고 인정을 준 의사의 생애》, 백문사, 1995.
65 http://ngycp.org/site/state/la/node/15065
66 http://www.kamerican.com/GNC/new/index.php
67 무료 진료소에 관해서는, http://freemedicalclinic.net/
68 간디·킹·이케다상에 관해서는,
    http://www.morehouse.edu/about/chapel/peace_exhibit/gki_prize/index.html

참고 문헌 및 사이트

강준만, 《미국사 산책》, 인물과 사상사, 2010.
강한승, 《미국 법원을 말하다》, 도서출판 오래, 2011.
김광기, 《우리가 아는 미국은 없다》, 동아시아, 2011.
김준봉, 《이야기 남북전쟁 1, 2》, 문무사, 2002.
박보균, 《살아 숨 쉬는 미국역사》, 랜덤하우스 중앙, 2005
박정기, 《남북전쟁 상, 하》, 삶과 꿈, 2002.
손세호, 《하룻밤에 읽는 미국사》, 랜덤하우스, 2007.
손영호, 《가려진 역사의 진실을 향해 다시 읽는 미국사》, 교보문고, 2011.
신문수, 《시간의 노상에서 1,2 》, 솔 출판사, 2010.
외교통상부, 《미국 개황》, 2008.
우태희, 《오바마 시대의 세계를 움직이는 10대 파워》, 새로운 제안, 2008.
유종선, 《주머니 속의 미국사》, 가람기획, 2008.
유종선, 《한 권으로 보는 미국사 100장면》, 가람기획, 1998.
이구한, 《이야기 미국사》, 청아출판사, 2011.
이전, 《애틀랜타 한인 이민사》, 푸른길, 2002.
이진, 《나는 미국이 딱 절반만 좋다》, 북&월드, 2001.
이현송, 《미국 문화의 기초》, 한울 아카데미, 2011.
이희철, 《선샤인 스테이트 플로리다》, 생각나눔, 2010.
임영대, 《아메리카》, 세종출판사, 2009.
장태한, 《미국의 흑인, 그들은 누구인가》, 고려대학교 출판부, 2012.
전국역사교사모임, 《처음 읽는 미국사》, 휴머니스트, 2012.
정경민, 《미국 누비기》, 필맥, 2005.
정상환, 《검은 혁명》, 넥서스, 2010.
정희준·서현석 외, 《미국 신보수주의와 대중문화 읽기》, 책세상, 2007.
최승은·김정명, 《미국 명백한 운명인가, 독선과 착각인가》, 리수, 2008.
디 브라운Dee Brown, 최준석 옮김, 《나를 운디드니에 묻어주오》, 나무심는사람, 2003.
로자 파크스Rosa Parks, 최성애 옮김, 《로자 파크스 나의 이야기》, 문예춘추사, 2012.
앨런 와인스타인Allen Weinstein, 데이비드 루벨David Rubel, 《사진과 그림으로 보는 미국사》, 시공사, 2004.
제임스 M.바더맨James M.Vardaman, 이규성 옮김, 《두 개의 미국사 – 남부인이 말하는 미국의 진실》, 심산, 2004.
케네스 C.데이비스Kenneth C. Davis, 이충호 옮김, 《말랑하고 쫀득한 미국사 이야기》, 푸른숲 주니어, 2010.

하워드 진Howard Zinn, 김영진 옮김, 《살아 있는 미국 역사》, 추수밭, 2007.

Shellby Foote, 《The Civil War:A Narrative 1,2,3》, Vintage Books:A Division of Random House NY, 1986.
USA TODAY, 〈Civil War-150 years later, the conflict still reverberates(Special Edition)〉, 2011.

---

http://www.rtp.org
http://www.texasmedicalcenter.org
http://www.state.tx.us
http://www.civilwar.org
http://www.encyclopedia.chicagohistory.org
http://gosoutheast.about.com/od/restaurantslocalcuisine/a/blackeyedpeas.htm
http://www.asok.or.kr/
http://www.cdc.gov
http://www.huntsvillealabamausa.com/new_exp/crp/about/facts.html
http://www.koinoniapartners.org/
http://www.gullahgeecheecorridor.org
http://www.gastateparks.org/DahlonegaGoldMuseum
http://www.kamaus.org/ourhistory.html
http://www.legendsofamerica.com/na-navajolongwalk.html
http://www.centcom.mil
http://www.jtfgtmo.southcom.mil/xWEBSITE/index.html
http://www.benning.army.mil/
http://www.soaw.org/about-us
http://www.kwva.org/
http://www.nps.gov/tuai/index.htm
http://www.valerosos.com/news.html
http://www.morehouse.edu/about/chapel/peace_exhibit/gki_prize/index.html

---

딕시Dixie
목화밭에서 오바마까지,
미국 남부를 읽는다